IPA-IAO

Forschung und Praxis

Band T 15

Berichte aus dem
Fraunhofer-Institut für Produktionstechnik
und Automatisierung (IPA), Stuttgart,
Fraunhofer-Institut für Arbeitswirtschaft
und Organisation (IAO), Stuttgart, und
Institut für Industrielle Fertigung und
Fabrikbetrieb der Universität Stuttgart

Herausgeber: H. J. Warnecke und H.-J. Bullinger

Verteilte, offene Informationssysteme in der betrieblichen Anwendung

IAO-Forum
25. Januar 1990 in Stuttgart

Herausgegeben von H.-J. Bullinger

Springer-Verlag Berlin Heidelberg GmbH 1990

Dr.-Ing. Dr.h.c. Dr.-Ing. E.h. H.J. Warnecke
o. Professor an der Universität Stuttgart
Fraunhofer-Institut für Produktionstechnik und Automatisierung (IPA), Stuttgart

Dr.-Ing. habil. H.-J. Bullinger
o. Professor an der Universität Stuttgart
Fraunhofer-Institut für Arbeitswirtschaft und Organisation (IAO), Stuttgart

ISBN 978-3-540-52352-9 ISBN 978-3-662-10785-0 (eBook)
DOI 10.1007/978-3-662-10785-0

Originally published by Springer-Verlag Berlin Heidelberg New York in 1990.

Gesamtherstellung: Copydruck GmbH, Heimsheim

2362/3020–543210

VORWORT

Computerunterstützte Informationsverarbeitung wird in den Unternehmen immer mehr zu einem entscheidenden Einflußfaktor im Wettbewerb, und die Gestaltung von Informationssystemen gewinnt an strategischer Bedeutung. Rechnersysteme sind in heutigen Unternehmen überwiegend zentral organisiert. Neue Technologien ermöglichen jedoch die dezentrale Nutzung von Rechnerleistung. Die Nutzung verteilter Hard- und Software rechnet sich und räumliche Distanzen verlieren an Bedeutung. Häufig entstehen jedoch lediglich Insellösungen mit dezentraler Datenhaltung (PCs, Workstations) im Unternehmen. Aspekte der Dezentralisierung, Vernetzung und Verteilung von Informationssystemen treten deshalb in der betrieblichen Praxis immer stärker in den Vordergrund. Die Vorträge behandeln Anwendungen in mittelständischen Unternehmen und Großbetrieben. Der aktuelle Stand der Forschung und Entwicklungstrends werden behandelt. Auswirkungen auf das strategische Management auf dem Weg hin zu verteilten Informationssystemen im Rahmen eines CIB-(Computer Integrated Business) Konzeptes werden diskutiert.

Die vorliegende Veröffentlichung wendet sich an Informationsmanager, Organisatoren, EDV-Leiter und auch Leiter von Fachbereichen, die sich einen Überblick über in der Praxis bestehende verteilte Informationssysteme verschaffen und sich über die Entwicklungstrends auf diesem Gebiet informieren wollen.

Stuttgart, Januar 1990 H.-J. Bullinger

INHALT

Strategische Bedeutung verteilter Informationssysteme

Prof. Bullinger

1 Verteilte, offene Informationssysteme heute und morgen

In den letzten Jahren läßt sich ein zunehmender Trend zu vernetzten Rechnersystemen beobachten. Die Vorteile verbundener Systeme, welche unabhängigen Rechnersystemen eine Interaktion, Kooperation und gemeinsame Nutzung von Ressourcen erlauben, wurden mehr und mehr erkannt. So wird unter anderem zunehmend auf deren bessere Zuverlässigkeit, Erweiterbarkeit, bessere Antwortzeiten und Leistung sowie reduzierte Kostensteigerungen gesetzt. Verteilte Informationssysteme spielen für Wettbewerbserfolge allerdings auch eine nicht zu unterschätzende strategische Rolle. Sie bilden die unabdingbare Basis für eine computer-integrierte Informationsverarbeitung im Unternehmen. Computer-integrierte Fertigung (CIM) sowie integrierte Bürokommunikation oder gar der integrierte Rechnereinsatz für die gesamte Leistungserstellung und Auftragsabwicklung im Unternehmen (CIB) sind ohne den Einsatz verteilter Informationssysteme kaum denkbar.

Im Rahmen dieses Beitrags wird die Rolle verteilter Informationssysteme für die Verwirklichung eines CIB-Konzeptes verdeutlicht. Des weiteren werden vier Integrationsstufen, welche aus organisatorischen und qualifikatorischen Gründen mehr oder weniger alle auf dem Weg zur Gestaltung des unternehmensspezifischen CIB-Systems durchlaufen werden müssen, skizziert.

1.1 Dimensionen der Verteilung - Grundsätzliche Möglichkeiten

Der Weg zu verteilten Informationssystemen beginnt mit der Entwicklung von zentralisierten Rechnersystemen hin zu "Sets" verschiedener, physikalisch verstreuter, autonomer Rechnersysteme. Diese sind in der Regel in Kommunikationsnetze eingebunden. Vielfach beschränkt sich diese Rechneranbindung auf den bloßen Informationsaustausch im Sinne eines Filetransfers. In jüngerer Zeit läßt sich jedoch eine weitergehende Integration hin zu einer kooperierenden Menge von Einzelkomponenten beobachten. Ein gemeinsames Ziel kann somit durch kooperierende Rechner in einem Netzwerk erreicht werden.

Um die Gestaltung großer Informationssysteme zu erleichtern, ist eine gedankliche Zerlegung in kleinere handhabbare Teile sinnvoll. Nach einer derartigen konzeptionellen Komplexitätsreduktion folgt in den weiteren Schritten eine Integration der Einzelteile entsprechend den gegebenen Zielen und Anforderungen. Analog der in Gedanken vorgenommenen Zerlegung findet die

Verteilung bei der Gestaltung des operativen Systems statt. **Verteilung und Integration sind damit zwei zusammengehörige Konzepte.**

Eine Verteilung kann entlang verschiedener Dimensionen vorgenommen werden. Diese Dimensionen spiegeln stets auch die Kriterien wieder, nach denen zerlegt wird. Enslow unterscheidet drei Dimensionen der Verteilung (vgl. Enslow (1978)). Diese orientieren sich an den Hauptkomponenten eines Rechnersystems und umfassen die **Hardware**, die Programme, welche die **Kontrolle** über die Informationsverarbeitung haben, und die **Daten**. Reim und Ness führen drei entsprechende Kriterien der Zerlegung an und ergänzen zwei weitere Dimensionen der Verteilung: die der "**Funktion**" und die der "**Verarbeitung**" (vgl. Reim / Ness, (1987)). Diese Dimensionen werden im folgenden kurz beschrieben:

- **Hardware**
  Ein verteiltes Informationssystem besteht aus minimal zwei Rechnern, wobei jeder seine eigenen Prozessoren und lokalen Speicher hat. Die Kommunikation zwischen diesen Rechnern muß durch irgendeine Form von Kommunikationsnetzwerk gewährleistet sein. Man spricht hier von der physikalischen Verteilung, dem wichtigsten Attribut verteilter Informationssysteme. Die physikalische Verteilung wird konzeptionell durch eine Zerlegung nach dem Kriterium "Ort" erreicht und beschreibt die geographische Verteilung von Computernetzen entlang des Domain-Prinzips; meistens in drei hierarchischen Stufen, die die geographische Verteilung wiederspiegeln (Organisation, Bereich, einzelne Arbeitsstation).

- **Kontrolle**
  Für die Verwaltung der in einem verteilten Informationssystem vorhandenen Ressourcen sowie für die Koordination der auf den eigenständigen Prozessoren ablaufenden Prozesse muß irgendeine Art der Kontrolle vorhanden sein. Eine Zerlegung nach dem Kriterium "Kontrolle" kann im Hinblick auf zeitliche Aspekte oder auf Kausalitätsaspekte erfolgen. Es wird hier auch zwischen der Kontrolle über die Verarbeitung, der Kontrolle über die Kommunikation und der Kontrolle über die Daten unterschieden. Die Kontrolle wird in dem Zusammenspiel zwischen der Anwendungssoftware und dem Betriebssystem erreicht. Sie kann unter verschiedenen Strategien verwirklicht sein (zentralisiert, hierarchisch oder gar unter vollständiger Autonomie der eigenständigen Prozessoren). Es wird versucht, das Informationssystem für den Nutzer transparent zu machen,

d. h. das Informationssystem erscheint wie ein einziges einheitliches System und die physikalische Verteilung wie auch die Heterogenität der Komponenten bleiben völlig verborgen.

- **Daten**
  Die Daten stellen eine der Hauptressourcen in Informationssystemen dar. Datenverteilung wird konzeptionell erreicht durch Zerlegung nach dem Kriterium "Objekt". Sie läßt sich realisieren durch Vervielfältigung, d. h. durch das Halten von Kopien an verschiedenen Orten, oder durch Aufteilung, d. h. durch das Halten von Teilmengen eines Datenpools an verschiedenen Orten. Mit Hilfe der Datenverteilung läßt sich eine höhere Toleranz gegenüber Ausfällen sowie eine gesteigerte Leistung der Datenverarbeitung durch erzeugungs- und verarbeitungsnahes Halten erreichen.

- **Funktion**
  Programme können in Module aufgeteilt werden, die bestimmte, dedizierte Funktionen realisieren. In verteilten Systemen werden dedizierte Funktionen von bestimmten Knotenrechnern wahrgenommen. Eine konzeptionelle Zerlegung nach dem Kriterium "Funktion" erlaubt es, spezifische Funktionen entsprechend der gegebenen anwendungsspezifischen Erfordernisse auf bestimmte Rechner zu verteilten. So werden beispielsweise Print-Server innerhalb eines verteilten Sytems im Büro eingesetzt oder es werden sogenannte Engineering Workstations für Ingenieure vorgesehen.

- **Verarbeitung**
  Die Dimension der Verarbeitung oder Bearbeitung beschreibt die Zuordnung von Aufgaben zu Ausführenden und kann leicht mit der Verteilung der Kontrolle über Verarbeitung verwechselt werden. Sie ist jedoch absolut unabhängig von letzterer. Verteilte Verarbeitungskontrolle in Verbindung mit zentralisierter Verarbeitung findet bei den üblichen Time-Sharing-Betriebssystemen auf Zentralrechnern statt. Ein Informationssystem, welches zentralisierte Kontrolle in Verbindung mit verteilter Verarbeitung realisiert, verfügt über eine Art Dispatcher (oder auch Exekutionsmonitor), der über die Zuteilung auf die einzelnen Verarbeitungsressourcen wacht.

Informationssysteme können im Hinblick auf eine dieser Dimensionen allein oder auf mehreren Dimensionen unterschiedlich stark dezentralisiert sein. Der Begriff Verteilung wird bei Dezentralisation im Hinblick auf mindestens eine

Dimension verwendet. In Abbildung 1 ist dies beispielhaft bezüglich der Dimensionen Hardware, Kontrolle und Daten wiedergegeben.

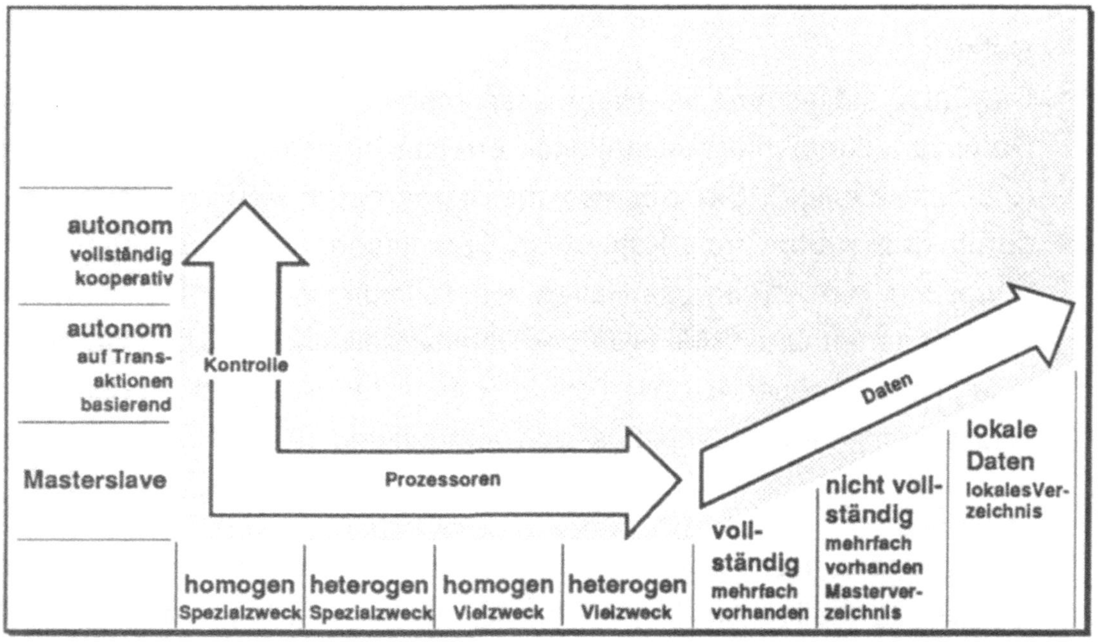

Abbildung 1: Die Dimensionen der Verteilung in Informationssystemen (nach Enslow (1978))

1.2 Integration auf der Basis verteilter Informationssysteme - Entwicklungstrends

Bis in die achtziger Jahre hat sich der Einsatz der Informationstechnologie auf die Unterstützung einzelner Verrichtungen in Insellösungen zur Maschinensteuerung sowie im stark arbeitsteilig organisierten Büro konzentriert. Es dominierten funktional ausgerichtete Lösungen die den funktionalen Organisationsstrukturen angepaßt waren. Ein typisches Beispiel ist hier die Entwicklung im Bereich der Textverarbeitung. Bedingt durch die monofunktional ausgerichtete Technologie wurden Schreibarbeiten an einer zentralen Stelle konzentriert um so eine Maximierung der Arbeitsergebnisse einzelner Verrichtungen zu erreichen. Derartige Ansätze wurden von zentralisierten Informationssystemen getragen. Es wurde häufig versucht, die Arbeit im technischen und administrativen Büro durch starke, ausgeprägte Arbeitsteiligkeit in Verbindung mit einer speziellen (Technik-) Unterstützung rationeller zu gestalten und Kosten zu sparen. Zum Einsatz kamen häufig Großrechnersysteme, Systeme der mittleren Datentechnik und Anfang der achtziger Jahre vermehrt auch PC-Systeme (vgl. Abbildung 2).

Zeitraum:	Charakteristikum:	**Anzahl der Anwender** (weltweit gegen Ende des Zeitabschnitts; in tausend)
1944 - 50	Pionierzeit der Computer-Entwicklung	3
1951 - 57	Erste kommerzielle Systeme	20
1958 - 64	Ausbreitung von Groß-rechner-Systemen	140
1965 - 71	Ausbreitung mittlerer Systeme	1.000
1972 - 78	Ausbreitung von Bild-schirm-Systemen	7.000
1979 - 85	Datenverarbeitung mittels PC	50.000
1986 - 92	Integrierte IS-Netzwerke, verkäuferorientierter Markt	350.000
1993 - 99	Integrierte IS-Netzwerke, käuferorientierter Markt	2.450.000

Abbildung 2: Die Entwicklungsstufen der Informationstechnik (nach IDC (1989))

Ganz natürlich sind im Zuge der technischen Entwicklung bis Ende der siebziger Jahre in vielen Unternehmen mehr oder weniger isolierte Informationsverarbeitungsinseln entstanden. Eine Trennung zwischen dem technischen und dem kaufmännischen Bereich hat auch dazu geführt, daß die zur Unterstützung eingesetzten Informationssysteme getrennt entwickelt wurden. Bisher dominierten beispielsweise Mainframes den Buchhaltungsbereich, Workstations wurden im CAD-Bereich eingesetzt und PC-Lösungen fanden sich im Schreibbüro. Für spezielle Aufgaben in den Unternehmen haben sich bisher dedizierte Systeme als Insellösungen herausgebildet, etwa im Bereich CAD, PPS, Maschinensteuerung oder Büro.

Mittlerweile hat die Informations- und Kommunikationstechnik ein Entwicklungsstadium erreicht, welches eine Unterstützung ganzheitlicher Prozesse erlaubt. Durch die Verzahnung von Nachrichtentechnik, Datenverarbeitung und konventioneller Bürotechnik werden zunehmend multifunktionale Systeme einsetzbar. Eine Verzahnung des Büro- bzw. Verwaltungsbereiches mit dem Produktionsbereich wird mehr und mehr durch eine Vernetzung von Rechnersystemen ermöglicht. Gerade die Kommunikationsfähigkeit auf der Basis von Rechnernetzen erlaubt es nun, Informationssysteme in verteilten

Architekturen zu gestalten und so bereichsübergreifende Prozesse angemessen zu unterstützen. Wesentlich in diesem Zusammenhang sind Konzepte der dezentralen Verarbeitung und Datenhaltung. Auf der Basis verteilter Informationssysteme eröffnet sich nun die Chance, Arbeitsaufgaben zu reintegrieren und durch das Aufheben überzogener Arbeitsteilung auch die Arbeitsinhalte zu verändern. Funktional ausgerichtete Sichtweisen lassen sich zunehmend durch systemübergreifende, prozeßorientierte Sichtweisen ersetzen.

Neben zentralisierten datenbankorientierten Ansätzen werden Integrationsansätze auf der Basis verteilter Systeme in den neunziger Jahren ein sehr starkes Moment entwickeln. Unterstützt wird diese Entwicklung durch Betriebssysteme, welche Mechanismen zur Unterstützung verteilter Verarbeitung bieten (z. B. UNIX mit Inter Process Communication und Sockets), durch die internationalen Kooperationen in der Normung (OSI) sowie durch Entwicklungen im Bereich der Architekturen (IBM: SNA und SAA, SUN: NFS, DEC: NAS) und der Anwendungen verteilter Systeme (vgl. Kläger (1989)).

Die Entwicklung im Markt der Informationstechnologie ist heute von einem wichtigen Wandel bestimmt, dem vom Verkäufer- zum Käufermarkt. Geprägt ist dieser Wandel vom Streben nach offenen Architekturen sowie nach dezentralisierten Informationssystemen (vgl. auch Abbildung 2). Die Entwicklung der Informationssysteme befindet sich gegenwärtig in einer geradezu revolutionären Phase. Der Zweck ihres Einsatzes ist im Begriff ein völlig neuer zu werden. Dies ist auch begründet in einem grundlegenden Wandel des Informationsverständnisses, nach welchem Information als Ressource wie Arbeit und Kapital begriffen wird. So sollen nun mit Hilfe der Informationstechnologien der achtziger Jahre Wettbewerbsstrategien systematisch unterstützt werden (vgl. hierzu Zahn (1989)). Aktuelle empirische Untersuchungen deuten auf diese neue strategische Orientierung in den Unternehmungen hin (vgl. Höring (1989), Roger Tomlin & Company (1988)): Nicht mehr Kostensenkung und Personalreduktion werden als die entscheidungsrelevanten Nutzenfaktoren bei der Einführung von Informations- und Kommunikationstechnologien gesehen, sondern Faktoren wie eine Verbesserung der Konkurrenzfähigkeit, der Management-Effektivität, des Kundendienstes und/oder der Produktqualität. Die Effizienzorientierung bei der Planung und Gestaltung von Informations- und Kommunikationstechnologien wird zunehmend um Effektivitätsaspekte ergänzt. Damit stellt sich die Einbindung der bestehenden Informationsverarbeitungsinseln in ein einheitliches, vernetztes Informationssystem als Aufgabe für die kommenden

Jahre. Gefordert sind Systeme, die eine flexible Entscheidungsunterstützung im Sinne einer IDV ermöglichen. Es muß ein durchgängiger Informationsfluß gewährleistet werden.

Die schrittweise Integration der verschiedenen Informationsverarbeitungsinseln kann nun durch eine Verteilung hinsichtlich der beschriebenen Dimensionen der Dezentralisation Stück für Stück erreicht werden. Neben der Verteilung der Verarbeitung bezüglich des Ortes spielt die Verteilung von Funktionen in einem Netzwerk sowie die der Kontrolle über Betriebsmittel eine wesentliche Rolle. So werden zunehmend z. B. Spezialressourcen für umfangreiche Kalkulationen und Simulationen im Ingenieurbereich, für Graphik-Anwendungen, für schwierige numerische Probleme etc. im System verteilt angesiedelt. Auf diese Weise lassen sich verteilte Informationssysteme mehr und mehr anwendungsspezifisch optimieren. Spezialressourcen werden zunehmend genau da eingesetzt, wo sie auch benötigt werden.

1.3 Dimensionen der Verteilung - Zwei Beispiele aus der Praxis

Anhand einer beispielhaften Anwendung für das "Technische Controlling" läßt sich der Einsatz verteilter Systeme verdeutlichen. Traditionelle Systeme (Stücklistensysteme, Personalverwaltungs-Systeme, CAD, usw.) haben sehr eingeschränkte Möglichkeiten einer entscheidungsorientierten Datenaufbereitung. Typisch für diese Systeme ist eine starre Auswahl von Daten in Verbindung mit einem gezielten organisatorischen Verwendungsort. Die Nutzung von CAD-Daten sieht beispielsweise in CAM-Systemen ganz anders aus als in Anwendungssystemen im Bereich Marketing. Während im ersten Fall Geometrie- und Stücklistendaten von Interesse sind, spielen für das Marketing nur solche Daten aus dem CAD-System eine Rolle, die die Angebotsspezifikation und die Erstellung von Angebotszeichnungen unterstützen (vgl. dazu Bullinger, Lay und Warschat (1987), S. 58). Oft bestehen keine oder nur geringe Möglichkeiten eines flexiblen Zugriffs auf die im Unternehmen erstellten Daten und Informationen. Vielfach werden auch lediglich batchorientierte Listen mit geringer Aussagekraft in periodischen Abständen erstellt. Eine Anpassung der Auswertungen an variierende Fragestellungen in den verschiedenen Unternehmensbereichen ist nur schwerfällig möglich. Die in derartigen Systemen erstellten Daten und Informationen werden in der Regel zentralisiert gehalten und sind sehr anwendungsspezifisch strukturiert. Wird hingegen eine freie Auswahl der verschiedenen im Unternehmen erstellten Daten und

Informationen unterstützt, so lassen sich flexible entscheidungsorientierte Anwendungssysteme realisieren. Eine Dezentralisierung hinsichtlich der Daten sowie der Einsatz von Werkzeugen der individuellen Datenverarbeitung auf geographisch verteilten Knotenrechnern ist hierzu nötig.

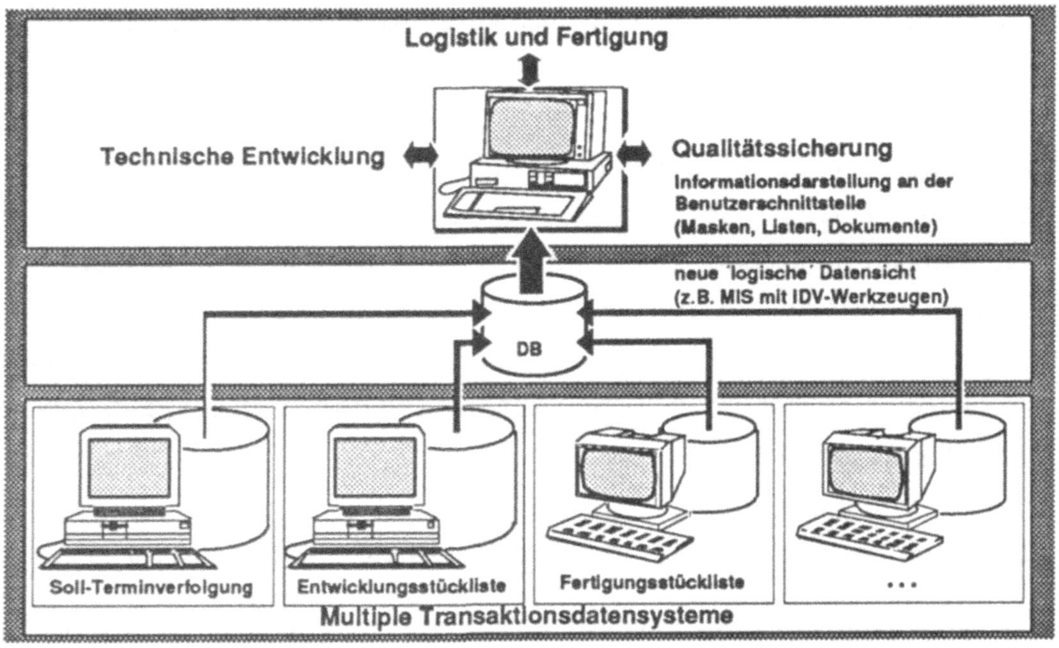

Abbildung 3: Technisches Controlling auf der Basis verteilter Informationssysteme

Das in Abbildung 3 skizzierte Anwendungsbeispiel für das "Technische Controlling" verdeutlicht die lokale Erstellung, Verarbeitung und Speicherung von Informationen am jeweiligen Ursprungsort. Diese Informationen und Daten können jedoch jederzeit für weitere, nicht am Entstehungsort relevante, Auswertungen abgefragt werden. Man spricht in diesem Zusammenhang von der Integration multipler Klassen von Transaktionsdaten, da mit Hilfe von Transaktionsmechanismen eine Konsistenz der in mehrfachem Zugriff befindlichen Daten in einem solchen Informationssystem sichergestellt werden kann. Ein derartiges Anwendungskonzept erlaubt es, neue "logische" Datensichten zu generieren. Diese lassen sich je nach den gegebenen Anforderungen aus den verteilt gehaltenen Daten und Informationen erzeugen.

Ein weiteres Beispiel (Abbildung 4) gibt einen Ausschnitt aus der Architektur des verteilten Informationssystems am Fraunhofer-Institut für Arbeitswirtschaft und Organisation wieder.

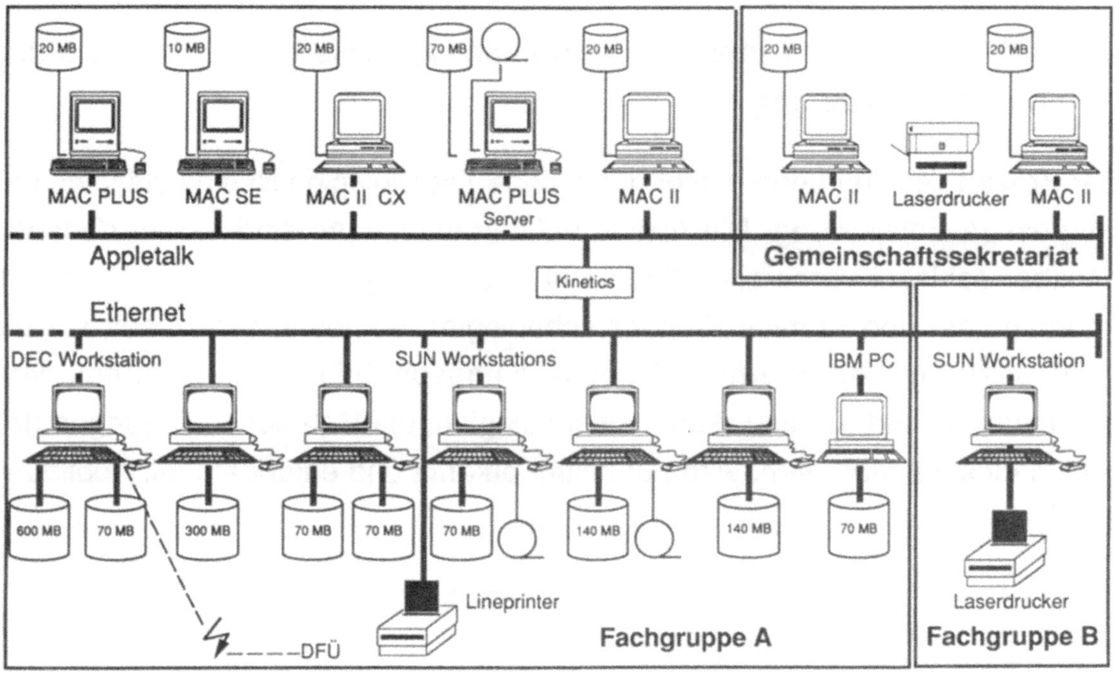

Abbildung 4: Ein Ausschnitt aus dem verteilten Informationssystem am IAO

Hier werden die unterschiedlichsten Arbeiten von der Erstellung von Bürodokumenten über die Verwaltung von Projekten bis hin zur Softwareentwicklung abgewickelt. Die in die Netzwerke eingebundenen Rechner (SUN, DEC, IBM, Apple) sind auf die entsprechenden lokalen Anforderungen ausgerichtet und mit der dort benötigten Funktionssoftware ausgestattet. So dienen die Apple-PCs vorwiegend der Erstellung und Bearbeitung von Dokumenten und die UNIX-Arbeitsstationen werden für die Softwareentwicklung eingesetzt. Der gemeinsame Zugriff der Arbeitsstationen auf Daten und Programme ist über entsprechende Server realisiert. Der Namensdienst (Yellow-Pages) wird von einer Arbeitsstation als Server wahrgenommen und steht innerhalb des Netzes der Arbeitsstationen für ein ortstransparentes Dateisystem zur Verfügung. Mit der Verteilung der UNIX-Benutzerverzeichnisse sowie durch die Bereitstellung von Anwendungsprogrammen auf Serverrechnern wird so eine weitgehende Datenverteilung erreicht. Eine Kommunikation und somit der Informations- und Datenaustausch zwischen den unter UNIX laufenden Maschinen, den IBM-Rechnern und den Apple-PCs ist ebenfalls möglich. Das Beispiel verdeutlicht auch die räumliche Verteilung verschiedener Rechner sowie ihre Integration über drei Gruppen hinweg.

2 Die Bedeutung verteilter Informationssysteme für die Realisierung des CIB-Konzeptes

Der Prozeß der Erneuerung alter durch neue Technologien ist eine ständige und langfristige Entwicklung. Die meisten Unternehmungen sind darauf dennoch denkbar schlecht vorbereitet. Die Sicht des Managements auf die Rolle von Informations- und Kommunikationstechnologien ist heute noch meist auf die Verbesserung der internen Abläufe eingeschränkt. Das Potential von Informations- und Kommunikationstechnologien, die Rahmenbedingungen des Geschäftes zu verändern, wird nur selten erkannt und erkundet (vgl. Abbildung 5).

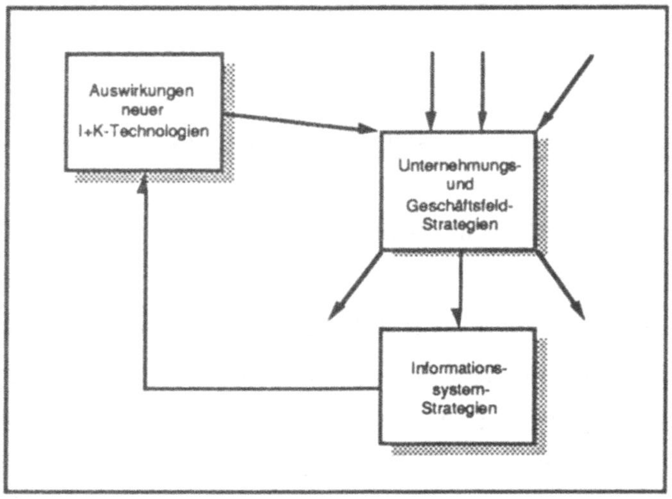

Abbildung 5: Die Rolle von Informations- und Kommunikationstechnologien als strategischer Geschäftsfaktor (nach Ward (1986), S. 150)

Die Sichtweise der Informationsverarbeitung als interne Rationalisierungsstrategie tritt zunehmend in den Hintergrund. Krcmar unterscheidet vier Phasen bei der Entwicklung sogenannter wettbewerbsorientierter Informationssysteme (vgl. Krcmar (1988), S. 15 f): Zunächst entstehen wettbewerbsorientierte Informations- und Kommunikationssysteme eher zufällig, oft als Abfallprodukt bei der Lösung unternehmensbezogener Probleme. Im nächsten Schritt werden dann systematisch neue Möglichkeiten erkundet, wodurch auch die Wettbewerber zu ähnlichen Erkundungen gezwungen werden. In der darauffolgenden Phase ist dann ein dynamischer Wettbewerb innerhalb eines Geschäftsfeldes oder einer Branche installiert, was in der Folge Ausweichstrategien und veränderte Rahmenbedingungen auf dem Markt zur Folge hat (siehe Abbildung 6).

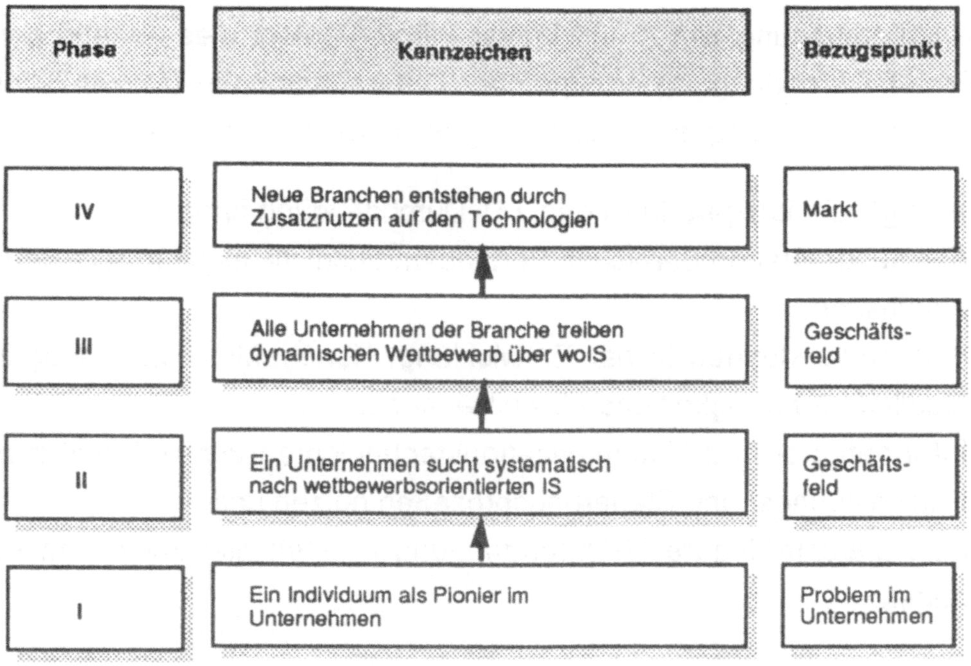

Abbildung 6: Marktgeschehen beim Einsatz von Informations- und Kommunikationssystemen (Krcmar (1988), S. 16)

Vor dem Hintergrund der skizzierten technischen Entwicklung wie auch der dargestellten Phasen der Entwicklung wettbewerbsorientierter Informationssysteme wird deutlich, welche Bedeutung einer Verlagerung des Entscheidungsschwerpunktes bei der Informationssystemplanung von der Auswahl der Geräte zur Entscheidung über Nutzeranwendungen und entsprechende Systemarchitekturen zukommt. Hatten Entscheidungen zur Informationssystem-Planung bisher einen eher dispositiven und operativen Charakter, so wird die Notwendigkeit zur strategischen Ausrichtung nun immer dringlicher. Eine langfristige orientierte, in die strategische Unternehmensplanung eingebundene Infrastrukturplanung nimmt neben der technisch-organisatorischen Anwendungsplanung einen immer wichtigeren Stellenwert ein. Sie stellt einen langfristigen Strategieansatz für Unternehmungen in sich ändernden Wettbewerbsumwelten dar.

Die strategische Bedeutung der Ausrichtung der informationstechnischen Infrastruktur auf eine computer-integrierte Informationsverarbeitung im Unternehmen steht mittlerweile außer Frage. Hierbei gilt es unter der Berücksichtigung langfristiger Standards, offene und systemübergreifende Lösungen zu ermöglichen. Der integrierende Charakter zukünftiger verteilter Hardware- und Softwarearchitekturen und der auf ihrer Basis realisierbaren Informationssysteme spielt in diesem Zusammenhang eine wesentliche Rolle. Eine empirische Untersuchung von Arnulf Meyer-Piening belegt dies anhand der funktionalen IT-Durchdringung erfolgreicher Unternehmungen (Meyer-Piening, A. (1989)). Es wurde festgestellt, daß erfolgreiche Unternehmungen:

- eine gleichmäßigere funktionale IT-Durchdringung haben,
- den kundennahen Bereichen Vertrieb und Logistik eine größere Bedeutung beimessen,
- ihre Anwendungen in der Entwicklung, Konstruktion und Fertigung auf Qualität, Schnelligkeit und Flexibilität ausrichten,
- Informations- und Kommunikationstechnologien zur Unterstützung von Entscheidungs- und Steuerungsprozeßen nutzen und
- eine gleichmäßigere IT-Durchdringung in allen hierarchischen Ebenen haben.

Die entsprechenden Entwicklungsphasen einer funktionalen IT-Durchdringung sind in Abbildung 7 wiedergegeben.

Sowohl für den Bereich der computer-integrierten Fertigung (CIM - Computer Integrated Manufacturing) als auch für die Bürokommunikation wird argumentiert, daß computer-integrierte Informationsverarbeitung

- neue Beziehungen zu Produkten und Märkten schafft,
- die Durchsetzung neuer Unternehmensstrategien und die Wahrnehmung neuer Wettbewerbschancen erlaubt sowie
- Organisation und Führungsaufgaben verändert.

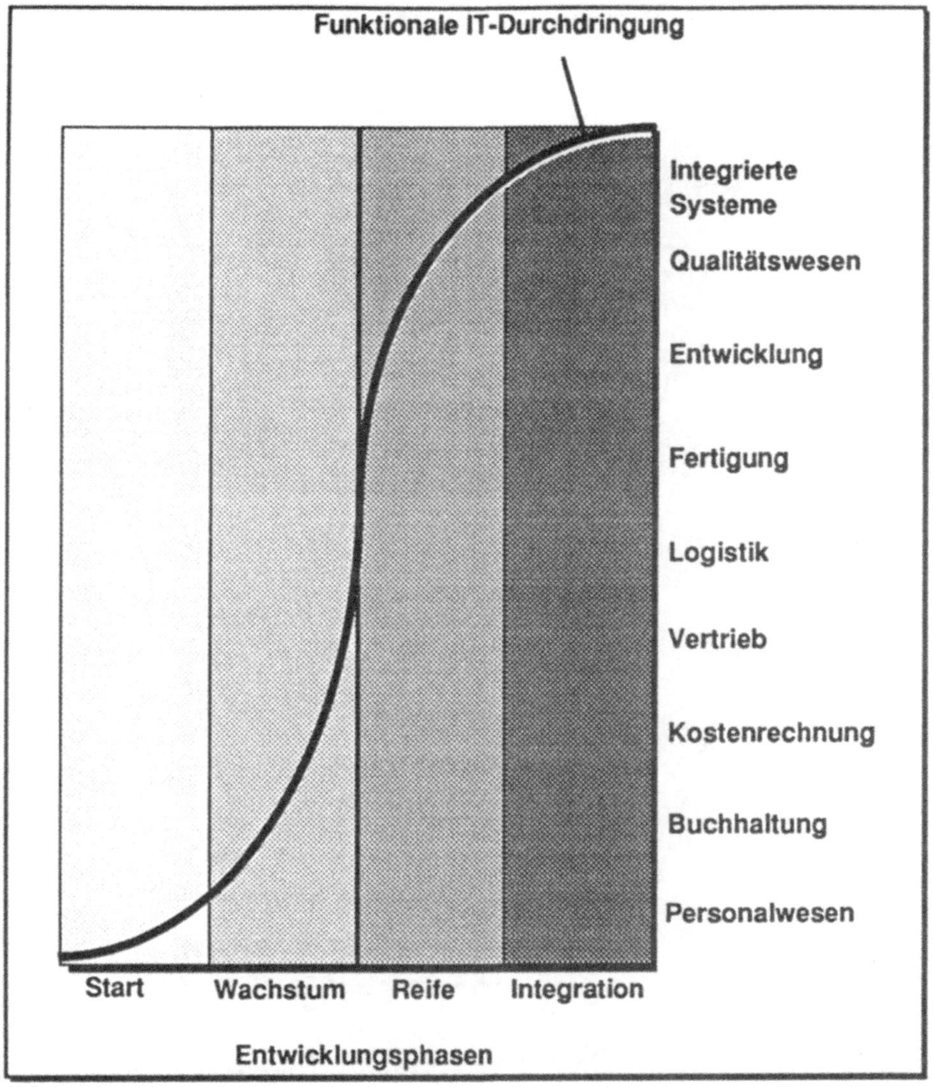

Abbildung 7: Entwicklungsphasen einer funktionalen IT-Durchdringung (nach Meyer-Piening, A. (1989))

Eine intergrierte Planung für CIM-Konzepte als auch für Bürokommunikationskonzepte führt zu Synergieeffekten und erlaubt es, bisher nicht genutzte Potentiale für das Unternehmen wirksam zu machen. Die Integration bisher getrennt entwickelter informationstechnischer Infrastrukturen auf der Basis verteilter Informationssysteme ist hierfür grundlegende Voraussetzung. Die Unternehmensstrategie kann also weder CIM (Computer Integrated Manufacturing) noch CIO (Computer Integrated Office) heißen, sondern muß CIB - "Computer Integrated Business" lauten (siehe auch Abbildung 8). In den folgenden Kapiteln befaßt sich dieser Beitrag mit der Frage, ob und wie CIM-Konzepte und Büroautomations-Konzepte integriert zu planen sind und welche Vorgehensweisen dazu geeignet sind.

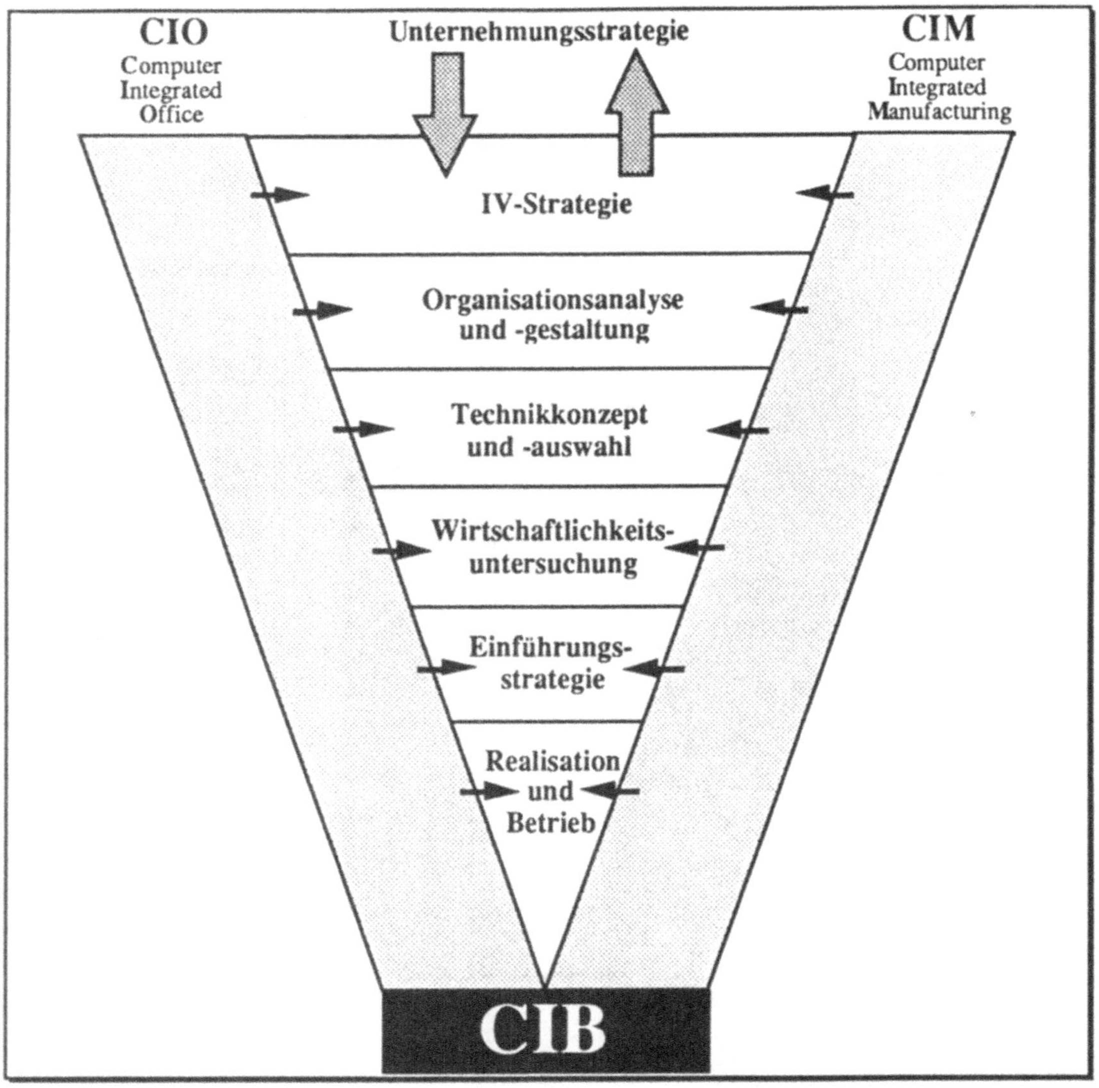

Abbildung 8: Das CIB-Konzept

3 CIB - Ein unternehmensindividuelles Konzept der Informationsverarbeitung

Zunächst soll das Gesamtspektrum der technischen Realisierungssysteme vorgestellt werden, um im Anschluß daran eine erste Definition eines CIB-Konzeptes vorzustellen.

3.1 Das Spektrum der informationstechnischen CIB-Komponenten

Generell sind folgende Arten technischer Informations- und Kommunikationssystemen als Realisierungssysteme für ein CIB-Konzept von Bedeutung:

3.1.1 Technische Informations- und Kommunikationssysteme

Hierbei handelt es sich in erster Linie um Systeme, die auf der Fertigungsebene im Einsatz sind. So z. B. CAM-Systeme zur Steuerung und Überwachung der Fertigungs- Handhabungs-, Transport- und Lagereinrichtungen sowie CAQ-Systeme mit den Aufgaben der Prüfplanung, der Prüfprogrammierung und der Qualitätsanalyse. Auf der Planungsebene werden CAP-Systeme zur Fertigungs- und Montageplanung und zur NC-Programmierung eingesetzt. Des weiteren kommen auch CAD- und CAE-Systeme zur Unterstützung beim Konstruktionsprozeß und beim Produktentwurf zum Einsatz.

3.1.2 Betriebswirtschaftliche Informations- und Kommunikationssysteme

Zentrales Element der betriebswirtschaftlichen Informations- und Kommunikationssysteme stellt das Produktionsplanungs- und -steuerungssystem einer Unternehmung dar. Auf der Planungsebene werden von ihm Aufgaben der Primärbedarfsplanung, der Materialdisposition, der Termin- und Kapazitätsplanung und der Auftragsüberwachung wahrgenommen. Im Fertigungsbereich umfassen PPS-Systeme die Betriebsdatenerfassung und die Fertigungssteuerung einschließlich der Kontrolle von Mengen, Zeit und Kosten. Auf der administrativen Ebene eines Betriebes sind kaufmännische Informationssysteme wie z. B. "Kostenrechnung", "Finanzbuchhaltung" und "Lohn und Gehalt" angesiedelt. Auf der Ebene der Informationssysteme im engeren Sinne sind die Managementinformationssysteme (MIS), die Entscheidungsunterstützungssysteme (DSS) und die wissensbasiertene Entscheidungsunterstützungssysteme positioniert.

3.1.3 Büroautomationssysteme (OA-Systeme)

Informationssysteme zur Unterstützung von Büroprozessen setzen sich aus Dokumentenverarbeitungssystemen zur Text- und Grafikerstellung, Electronic-Mail-Systemen und aus diversen Unterstützungssystemen wie Kalendermanagement, Dictionaries, Kalkulationsprogramme, Projektmanagement etc. zusammen. Die Hauptaufgabe dieser Systeme zielt auf die Unterstützung von Dokumentenverarbeitungs-, Kommunikations-, Planungs- und Informationsfunktionen im Bürobereich. Dabei steht der "Werkzeugcharakter" dieser Systeme im Vordergrund, d. h. Anwendungen können nicht bis ins Detail vorstrukturiert werden.

Das Gesamtspektrum an technischen Unterstützungssystemen ist in Abbildung 9 wiedergegeben.

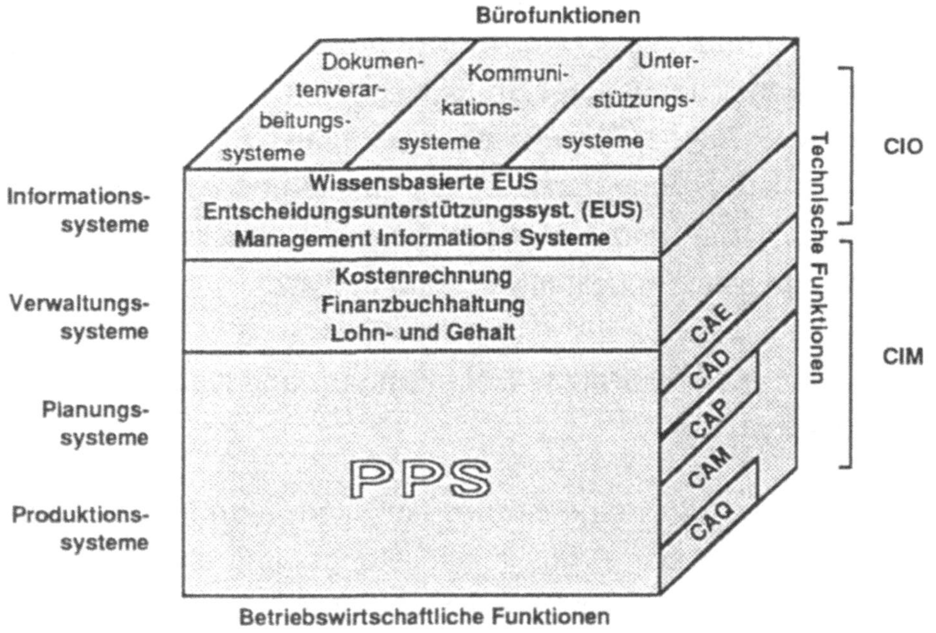

Abbildung 9: Das Gesamtspektrum an technischen Unterstützungssystemen

3.2 Das Konzept des Computer-Integrated Business

Vor diesem Hintergrund soll nun definiert werden, was unter einem CIB-System zu verstehen ist, nämlich ein Informations- und Kommunikationssystem, das

- aus der Unternehmensstrategie abgeleitet ist,
- auf der Basis einer einheitlichen Infrastruktur beruht und
- nicht als technische Maximallösung, sondern unter optimaler Ausnutzung von Synergien gestaltet ist

3.2.1 Der Bezug zur Unternehmensstrategie

Die Ausgestaltung der Rechnerunterstützung im Produktionsbereich sowie im technischen und administrativen Büro muß situativ erfolgen. Dies bedeutet, daß eine Vielzahl, oft auch strategisch bedeutsamer Einflußfaktoren bei der Gestaltung des Informations- und Kommunikationssytems zu berücksichtigen sind. Grundsätzlich sind mehrere Stoßrichtungen bezüglich der Ausgestaltung des Informations- und Kommunikationssystems denkbar. So kann die Konfiguration entsprechend den situativen Erfordernissen auf eine operative, strategische oder strukturelle Flexibilität ausgerichtet werden. Unter operativer Flexibilität wird die quantitative Anpassungsfähigkeit der betrieblichen Basissysteme an mengenmäßige Nachfrageschwankungen verstanden. Strategische Flexibilität zeigt eine Unternehmung dann, wenn sie die Fähigkeit besitzt, über quantitative Anpassungen hinaus auch auf qualitative Anforderungen zu reagieren. Strukturelle Flexibilität ist insbesondere in technologieintensiven Unternehmungen erforderlich, deren Produkt-Dienstleistungsmix sich häufig ändert und deren Produkte und/oder Dienstleistungen relativ kurzlebig sind. Organisatorische Änderungen werden dabei ohne Störungen des betrieblichen Prozesses realisiert.

3.2.2 Zugrundelegung einer einheitlichen Infrastruktur

Hier spielen sowohl allgemeine Standardisierungsansätze im Bereich der OSI (Open Systems Interconnection, z. B. MAP von Boeing und TOP von GM) als auch unternehmensindividuelle Standardisierungsbemühungen eine wesentliche Rolle. Letztere betreffen vor allem den Bereich der technischen Basissysteme (Workstations, Kommunikationssysteme, Datenbank- und Archivierungssysteme), der grundlegenden Softwarewerkzeuge, der Applikationssysteme und der Mensch-Maschine-Kommunikation. Die Realisation wird dabei in Richtung verteilter Systeme gehen. Die Notwendigkeit der Einhaltung der technischen Standards in den Bereichen Kommunikation, Betriebssysteme und Datenverwaltung wird dadurch unterstrichen, daß die integrative Entwicklung des administrativ-betriebswirtschaftlichen Bereichs mit den technischen Systemen in erste Linie über den Zugriff auf gemeinsame Datenbanksysteme und der Kommunikation zwischen verteilten Systemen gewährleistet wird. Eine gemeinsame und kompatible Planung der technischen Infrastruktur wird dadurch unumgänglich.

3.2.3 Ausnutzung von Synergien durch die optimale Gestaltung der technischen Lösung

Nur wenn die technische Lösung mit den langfristigen Zielen und den organisatorischen Gegebenheiten abgestimmt ist, die Qualifikationsstruktur der Mitarbeiter nicht überfordert und eine angepaßte Vorgehensweise gewählt wurde, ist eine Effizienz- und Effektivitätssteigerung zu erwarten. Häufig ist die technische Maximallösung dabei nicht die geeignetste.

Die in vielen Fertigungsbetrieben anzutreffende monofunktionale Ausrichtung auf fertigungstechnische Zieltechnologien wird also im Rahmen eines CIB-Konzeptes systematisch und auf der Basis der Unternehmensstrategie auf Büroautomations-Technologien ausgeweitet. Durch eine aus den Wettbewerbsstrategien abgeleitete integrierte Technologieplanung der Informationssyteme in Büro und Fertigung werden synergetische Effekte erzielt. Diese erfordern eine ganzheitliche Betrachtung von Markt, Produkt- und Fertigungstechnologie. Nachfolgend wird nun der Weg zur Realisierung eines Computer Integrated Business dargestellt.

4 Integrationsstufen zur Realisierung eines Computer-Integrated Business

Die Informations- und Kommunikationssysteme einer Unternehmung werden zukünftig selbstverständlicher Bestandteil der Unternehmungsstrategie sein. Die Planung und Gestaltung eines unternehmungsindividuellen CIB-Systems wird zunehmend als Managementaufgabe erkannt und erfordert grundsätzliche Überlegungen zur langfristigen Unternehmungsstrategie, Organisationsstruktur, Führungskonzeption und Personalentwicklung (vgl. Bullinger, Niemeier und Schäfer (1987)). Die Realisierung des unternehmensspezifischen CIB-Systems vollzieht sich in mehreren Stufen, die aus organisatorischen und qualifikatorischen Gründen mehr oder weniger alle durchlaufen werden müssen. Im wesentlichen handelt es sich um vier Integrationsstufen, die nachfolgend skizziert sind. Der Entwicklungspfad geht von "Stand-Alone" - Informationssystemen über bereichsintegrierte und bereichsübergreifende Lösungen bis hin zu unternehmensweiten Informationssystemen. Die meisten Praxisbeispiele findet man dabei auf den Integrationsstufen eins und zwei.

4.1 Integrationsstufe 1: Bereichsisolierte (Stand-Alone) - Informationssysteme

Bei Systemen zur Lösung von administrativ-dispositiven Aufgaben finden auf dieser Stufe in erster Linie isolierte Datenverarbeitungssysteme für dedizierte Aufgabenstellungen wie Finanzbuchhaltung, Auftragsbearbeitung, Textverarbeitung, Finanzplanung u. a. ihren Einsatz. Während es sich bei kleineren und mittleren Unternehmungen primär um Einzelplatzsysteme handelt, findet man bei größeren Unternehmungen in der Regel ausbaubare Mehrplatzsysteme. Im Konstruktions- und Fertigungsbereich sind das die aufgabenspezifischen

Systeme wie CAD-Systeme, Roboter, NC-Maschinen etc., die nicht in ein übergeordnetes Informationssystem integriert sind. Durch den Einsatz dieser isolierten, arbeitsplatzorientierten Technologien kommt es im lokalen Umfeld zu einer Verbesserung der Input-Output-Relationen, zu verkürzten Bearbeitungszeiten und zu einer qualitativen Verbesserung der Arbeitsergebnisse. Die Vorteile der Einführung von Stand-Alone-Systemen sind darin zu sehen, daß die bestehende Organisationsstruktur nur unwesentlich beeinflußt wird und klare Wirtschaftlichkeitsaussagen über die Investitionen gemacht werden können. Auf der anderen Seite können jedoch durch die vorhandenen Medienbrüche die durch einen übergeordneten Informationsverbund erzielbaren Synergieeffekte nicht realisiert werden. Die Charakteristika bereichsisolierter Informationssysteme sind zusammenfassend in Abbildung 10 dargestellt.

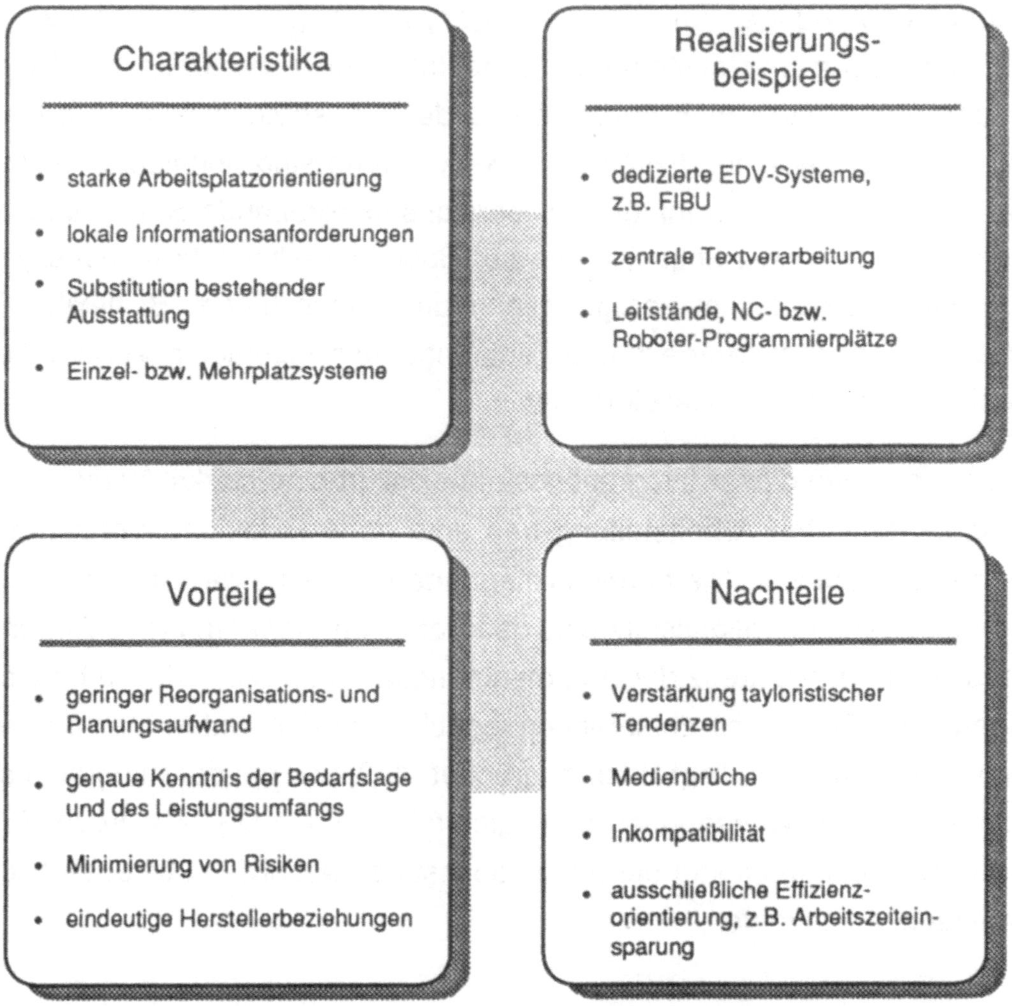

Abbildung 10: Charakteristika bereichsisolierter Informationssysteme

Der Übergang zur nachfolgenden Integrationsstufe wird dadurch angestoßen, daß die Medienbrüche zunehmend als behindernd empfunden werden. Zur Behebung dieser Probleme werden dann mehr und mehr integrierte Softwarepakete auf der Basis von Zentralrechnerkonzepten eingesetzt. Der Datenaustausch zwischen bisher getrennten Softwarefunktionen wird so über eine Integration auf der Ebene der Software ermöglicht.

4.2 Integrationsstufe 2: Bereichsintgrierte Informationssysteme (CAx-Konzepte)

Die zweite Stufe der Integration von Informations- und Kommunikationssystemen stellt die bereichsintegrierte Lösung dar (vgl. Abbildung 11). Auf der betriebswirtschaftlichen Seite sind dieser Integrationsstufe die integrierten Produktionsplanungs- und -steuerungssysteme (PPS) zuzuordnen. Eine organisatorische und systemtechnische Integration zwischen der betriebswirtschaftlich-planerischen Funktion und den Konstruktions- und Fertigungsabläufen, d. h. zwischen PPS und CAx-Systemen sind höchstens rudimentär vorhanden. Auch finden integrierte, bereichsübergreifende Büroautomationssysteme wie Projektierungssysteme auf Basis verteilter Informationssysteme noch keinen Einsatz. Im Fertigungsbereich können hier z. B. flexible Fertigungssysteme, computergestützte Fertigungs- und Montageinseln und flexible Transferstraßen zum Einsatz kommen.

Bei Unternehmen dieser Integrationsstufe existiert eine starke Ausprägung der bereichsorientierten Arbeitsteilung und eine hohe Funktionsorientierung der Organisationsabläufe. Die bereichsintegrierten Systeme der Stufe zwei haben gegenüber der Integrationsstufe eins den Vorteil der höheren Flexibilität und der verbesserten Transparenz der Unternehmungsabläufe. Die erzielten bereichsinkrementellen Suboptima entsprechen jedoch nicht dem unternehmungsweiten Gesamtoptimum. Dies liegt darin begründet, daß, wie bei der Integrationsstufe eins, die potentiell vorhandenen Synergieeffekte nicht realisiert werden können. Die technische Infrastruktur der Integrationsstufe zwei bilden fast ausschließlich Zentralrechnerkonzepte.

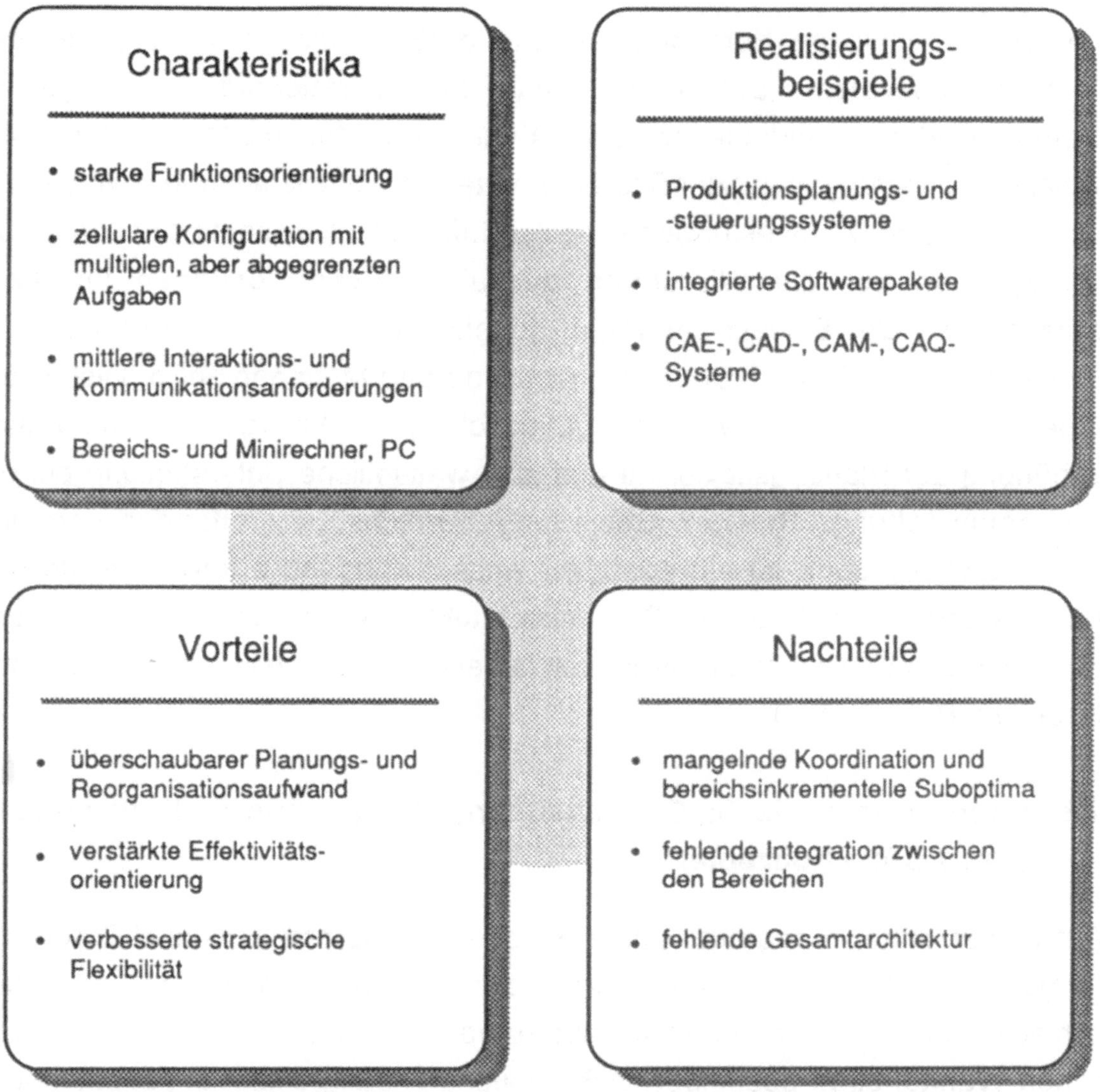

Abbildung 11: Charakteristika bereichsintegrierter Informationssysteme

Die auf dieser Integrationsstufe bestehenden Nachteile lassen sich durch die sukzessive Vernetzung der Rechnerressourcen zwischen den einzelnen Bereichen überwinden. Hierzu ist es nötig, daß bereichsübergreifende Sichtweisen entwickelt werden. Auf der organisatorischen Seite spielen Prozeßsichtweisen eine wesentliche Rolle. Auf der Seite der technischen Unterstützungssysteme sind umfassendere Kenntnisse bezüglich aller Komponenten verteilter Systeme sowie ihrer Abhängigkeiten erforderlich. Der Prozeß der Weiterentwicklung hin zur nächsten Integrationsstufe läßt sich durch den Einsatz von Entscheidungsunterstützungssystemen, Werkzeugen und Hilfsmitteln, die die Modellierung alternativer Architekturen sowie die Simulation der Arbeitsabläufe auf der Basis dieser Modelle erlauben wesentlich erleichtern. Rechnergestützte Modellierungs- und Gestaltungswerkzeuge erlauben eine graphisch interaktive Planung und Gestaltung des Informationssystems in all seinen wesentlichen Komponenten. Sie erhöhen die Verständlichkeit des Informationssystems und können auch als operationale, intersubjektive Kommunikationsgrundlage zwischen Führungskräften dienen. Simulatoren, welche Auswertungen auf der Basis der erstellten Modelle erlauben, werden zur Optimierung der Architektur des verteilten Informationssystems eingesetzt. Sie ermöglichen es, die Wirkungen der alternativen Lösungen interaktiv aufzuzeigen. Der Einsatz derartiger, gegenwärtig im Rahmen des ESPRIT-Projektes 2071 (COMANDOS - Construction and Management of Distributed Open Systems) in Entwicklung befindlicher, Werkzeuge verspricht eine Erhöhung der Planungsflexibilität und eine wesentliche Unterstützung bei der Systemgestaltung. Bei der Gestaltung bereichsübergreifender verteilter Informationssysteme ist ein adaptiver Ansatz dringend erforderlich, da das Informationssystem in seiner Gesamtarchitektur den evolutionären Veränderungen in den Unternehmensstrukturen laufend anzupassen ist (vgl. dazu Horn, Ness und Reim (1988)).

4.3 Integrationsstufe 3: Bereichsübergreifende Informationssysteme (CAx / CAx - Konzepte)

Auf dieser dritten Integrationsstufe werden die "Automationsinseln" der vorhergehenden Stufe durch Rechnernetze verbunden. Abteilungen aus unterschiedlichen betrieblichen Funktionsbereichen werden nun durch den erforderlichen Wandel stark beeinflußt. Dabei müssen häufig selbst organisatorische Aufbaustrukturen verändert werden. Integrationsstufe drei stellt die Verkettung verschiedener Insellösungen dar. So z. B. die CAD / CAM-Kopplung, eine gemeinsame Grunddatenverwaltung, welche beispielsweise über eine automatische Generierung von Stücklisten und die Übergabe der Datenstrukturen an ein PPS-System realisiert sein kann. Ebenso denkbar ist eine Verbindung von Arbeitsplanerstellung und NC-Programmierung.

Auf dieser Integrationsstufe ist eine starke Beeinflussung der organisatorischen Strukturen durch den Technikeinsatz zu beobachten. Zielsetzung des Technikeinsatzes ist eindeutig, eine stärkere Wettbewerbsorientierung zu ermöglichen, die strukturelle Flexibilität der Unternehmung zu verbessern und Synergien zwischen den Bereichen auszunutzen. Damit verbunden ist ein wesentlich höherer Reorganisations- und Planungsaufwand, da die zum Einsatz kommenden verteilten Informationssysteme nicht nur größer, sondern auch zunehmend heterogener werden. Ebenso wächst die Abhängigkeit von diesen

Systemen. Es tritt das Ausfallrisiko technischer Teilsysteme verstärkt auf. Die Charakteristika bereichsübergreifender Informationssysteme sind in Abbildung 12 dargestellt.

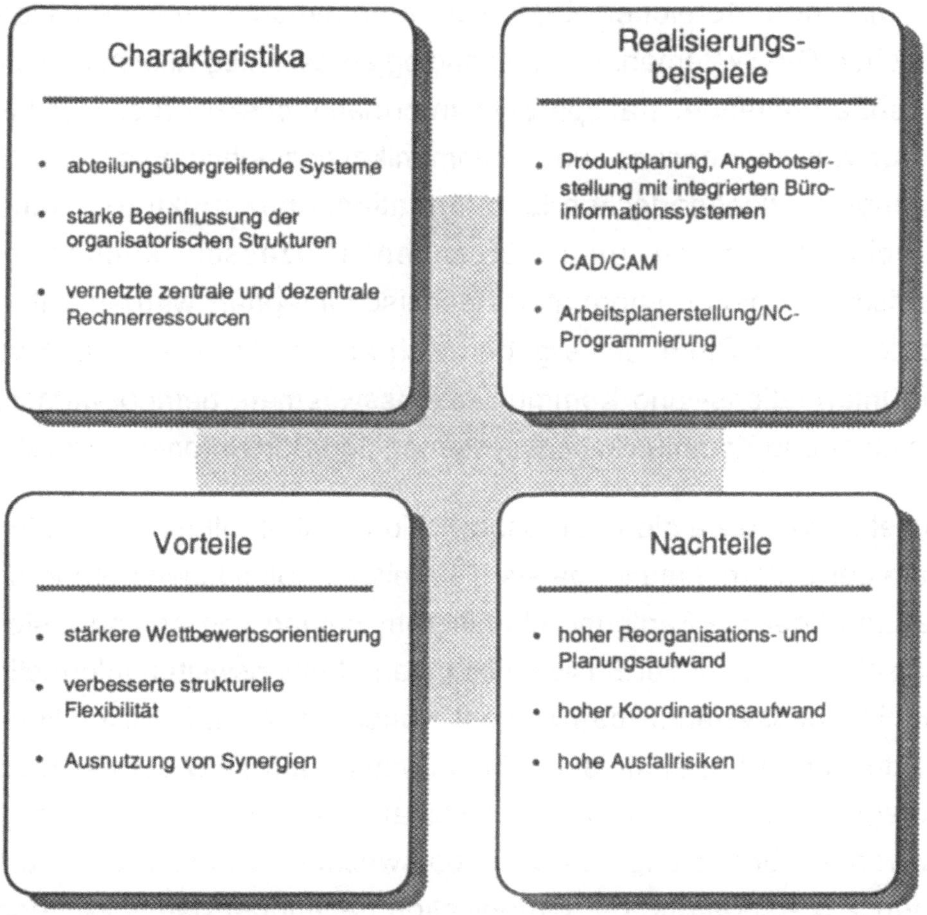

Abbildung 12: Charakteristika bereichsübergreifender Informationssysteme

Mit zunehmender Komplexität der eingesetzten verteilten Systeme wird es nun sinnvoll zur Unterstützung bei der Planung und Reorganisation mehr und mehr rechnergestützte Modellierungs- und Gestaltungswerkzeuge sowie entsprechende Werkzeuge zur Simulation einzusetzen. Werkzeuge zum Sicherheits- und Risikomanagement bieten sich an, um das gestiegene Ausfallrisiko der Systeme in den Griff zu bekommen. So läßt sich beispielsweise die Verwaltung der Nutzerberechtigungen wie auch die Abschätzung von Ausfallrisiken durch graphisch interaktive Werkzeuge unterstützen und vereinfachen. Des weiteren können Werkzeuge zur graphisch interaktiven Verwaltung der Nutzerkataloge eingesetzt werden, um den Koordinationsaufwand so gering wie möglich zu halten.

4.4 Integrationsstufe 4: Unternehmungsweite Informationssysteme (CIB - Konzepte)

Computer-Integrated Business (CIB) basiert auf einer Verknüpfung von Ansätzen aus den Bereichen CIM, Büroautomation sowie den klassischen betrieblichen DV-Systemen. Basistechnologien der Integrationsstufe vier bilden bereichsübergreifende, transparente Informationsnetzwerke. Der integrative Charakter von Informations- und Kommunikationstechnologien ermöglicht es, durchgängige, flächendeckende Informations-Infrastrukturen aufzubauen. Entsprechend den zu unterstützenden Prozessen können nun alle hierarchischen Ebenen informationstechnisch integriert werden. Integrationspotentiale auf der Stufe vier ergeben sich aus einer Verknüpfung von technischen Informations- und Kommunikationssystemen, betriebswirtschaftlichen Informations- und Kommunikationssystemen und Büroautomationssystemen.

Prozeßketten wie etwa die Auftragsabwicklung haben oft eine zentrale Stellung innerhalb der Unternehmung, da sie die meisten Abteilungen berühren und von der Planung über die Fertigung bis hin zum Betrieb von Anlagen reichen. Die Angebotserstellung auf der Basis eines unternehmungsweiten Informations- und Kommunikationssystems, das sowohl Konstruktion und Kalkulation auf der organisatorischen Seite, als auch CAD-System und PPS auf der technischen Seite integriert, kann beispielsweise zu einer wesentlichen Beschleunigung und qualitativen Verbesserung des Angebotswesens führen. Dies bedingt eine tiefgreifende Veränderung der Organisation gegenüber den vorangegangenen Integrationsstufen. Die Zusammenführung von Unternehmensfunktionen und der Übergang von arbeitsteilig organisierten Arbeitsvorgängen zu prozeßorientierten Abläufen erfordern technologisch orientierte Verfahrensketten auf der Basis bereichsübergreifender Datenbasen. Auf dieser Integrationsstufe ist bei der Planung und Gestaltung eine starke Prozeßorientierung erforderlich, welche bis hin zur Re-Integration von Tätigkeiten führen kann.

Den Vorteilen der erhöhten Unternehmungsflexibilität, größerer Kundennähe und einer Reduzierung der Durchlaufzeit, stehen die Nachteile einer erhöhten Technologiekomplexität, einer hohen Kapitalbindung und sich dynamisch verändernder Organisations- und Koordinationsstrukturen mit den damit zusammenhängenden Risiken gegenüber (vgl. Abbildung 13). Somit sind die organisatorischen wie auch technischen Anforderungen an das Management des verteilten Informationssystems gestiegen. Es muß nun durch entsprechende organisatorische wie auch technische Maßnahmen sichergestellt werden, daß die mit der Einführung der computer-integrierten Informationsverarbeitung gewonnenen Vorteile nicht durch sich dynamisch verändernder Organisations- und Koordinationsstrukturen abgeschwächt werden. Hiezu ist es notwendig, daß in enger Kooperation zwischen den technischen und auch organisatorischen Fachbereichen das Informationssystem an die variierenden Anforderungen angepaßt wird. Es ist also dafür zu sorgen, daß im Sinne eines adaptiven Ansatzes das technisch / organisatorische Gesamtsystem laufend entsprechend den gegebenen Zielen und Aufgaben konfiguriert wird. Diese erfordert eine CIB-gerechte Integration der technischen und organisatorischen Funktionen im Unternehmen. Die mit der Integrationsstufe drei eingeführten Werkzeuge für das Management verteilter Informationssysteme sind auf dieser Integrationsstufe zwingend notwendig, um das verteilte Informationssystem effizient verwalten zu können.

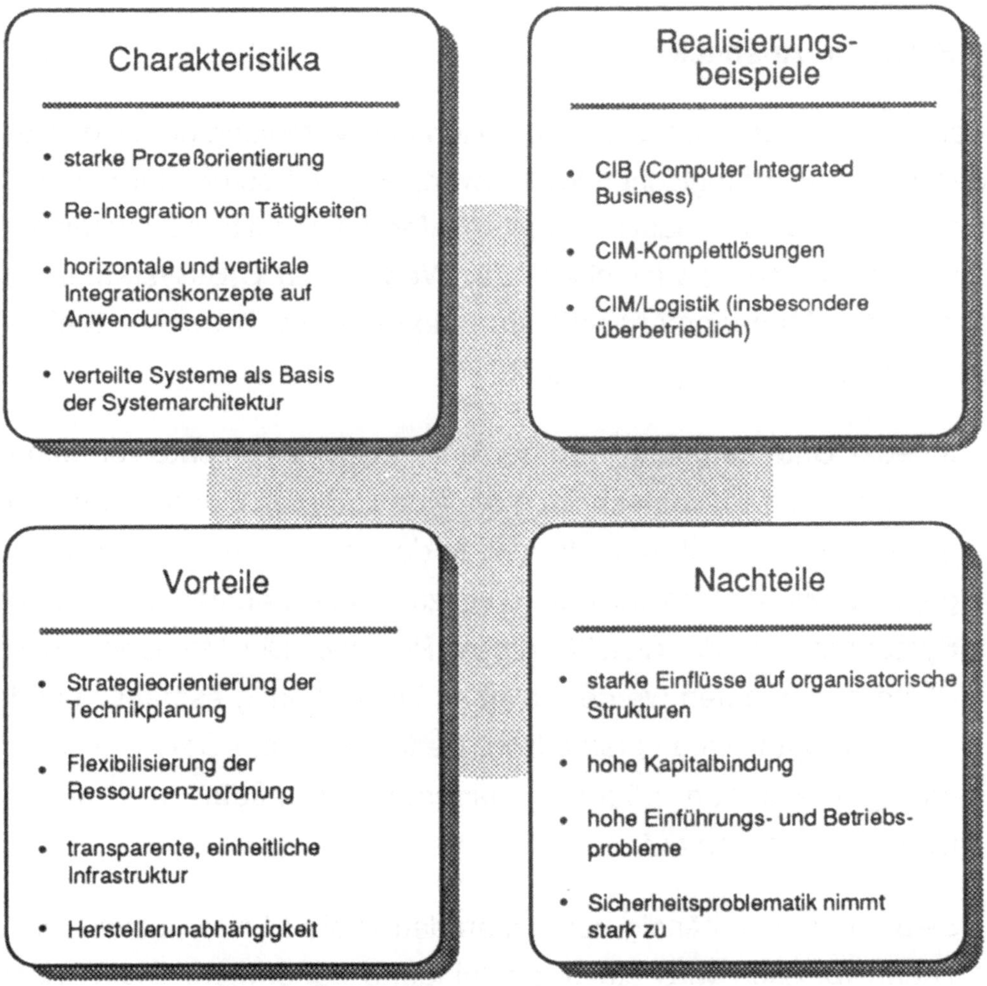

Abbildung 13: Charakteristika unternehmungsweiter Informationssysteme

Während eine Unternehmung sich seitens der Techniklieferanten eine stärkere Unabhängigkeit schaffen kann, besteht auf der anderen Seite die Gefahr, daß sie durch überbetriebliche Kommunikationsnetze stärker in die Informationsverarbeitung der Großabnehmer eingebunden wird. Der Austausch von CAD-Daten, die Einplanung von Aufträgen direkt in den Rechner des Zulieferers und elektronische Bestellsysteme sind erste Ansätze für Entwicklungstendenzen in diese Richtung. Ob in einer solchen Situation sich gerade auch mittelständische Unternehmungen die erforderliche Selbständigkeit und Flexibilität erhalten können, ob es gelingt, anstelle abhängiger Unternehmungen in der Informationskette beispielsweise sogenannte "virtuelle Unternehmungen", d. h. einen flexiblen Verbund weiterhin selbständiger Unternehmungen zur Erfüllung auch komplexer Kundenwünsche, aufzubauen, ist eine wesentliche Herausforderung für das Management der nächsten Jahre.

5. Fazit und Ausblick

Wie einleitend aufgezeigt, sind Integration und Verteilung die beiden Seiten der Medaille für den strategischen Wettbewerb. Ein computer-integriertes Business läßt sich nur auf der Basis verteilter Informationssyteme systematisch und erfolgversprechend verwirklichen. Der Weg hin zu CIB-Systemen ist vorgezeichnet, das Management muß ihn allerdings noch gehen. Einige Hürden müssen noch übersprungen werden:

- In jeder Unternehmung wird geplant - auch der Einsatz von Informations- und Kommunikationstechnologien. Nur wird dieser in der einen Unternehmung mehr implizit und informal, in der anderen mehr explizit und formal geplant. Wesentlich für den Weg zum unternehmensspezifischen CIB-System ist nun die Qualität dieser Planung. Die Methoden, welche den Planern angeboten werden, bleiben bisher häufig esoterisch und sind oft nur für Eingeweihte verständlich. Dadurch tritt die Gefahr einer technisch unangemessenen Lösung, insbesondere sogar in Richtung einer Übertechnisierung auf.

- Selbst bei sich ständig verbessernden Preis / Leistungsverhältnissen im Technikbereich wird die Kapitalbindung zunehmen. Die Wirtschaftlichkeitsrechnung kann sich nicht mehr ausschließlich an vordergründigen ökonomischen Kennzahlen orientieren (vgl. VDI (Hrsg., 1987), Fröschle und Niemeier (1988)). Geht man davon aus, daß der Umgang mit

Informationen eine Rolle bei der Erringung von Wettbewerbsvorteilen für die Unternehmung spielt, dann sind vor allem wettbewerbsorientierte Planungsansätze dringend erforderlich (vgl. Fröschle, Niemeier und Schäfer (1988)).

- Insbesondere fehlen durchgängige Planungs- und Gestaltungswerkzeuge, welche eine Verknüpfung von der Unternehmungsstrategie über die organisatorische Planung bis hin zum technischen Konzept ermöglichen (vgl. Bullinger und Niemeier (1987), Niemeier (1987)). Trotz rechnerunterstützter Methoden darf dabei die Kreativität des Planers und Organisators nicht auf der Strecke bleiben (vgl. Niemeier (1987a)). Die technischen Potentiale, welche durch verteilte Informationssysteme nun gegeben sind, eröffnen hohe organisatorische Gestaltungsspielräume. Diese wurden bislang kaum ausgeschöpft. Organisationsstrukturen und –abläufe wurden in der Regel erst dann durchdacht, wenn beispielsweise das Softwarepaket eine Anpassung erforderlich macht.

- Es werden weitaus höhere Einführungs- und Betriebsprobleme auf die Unternehmung zukommen. Bei einer fehlenden organisatorischen Resonanz, sei es durch mangelnde Mitarbeiterqualifikation, sei es durch ein unangemessenes Organisationskonzept, besteht die Gefahr, daß CIB-Systeme zu teuren Investitionsruinen werden.

- Fragen der Betriebssicherheit, d. h. der Verfügbarkeit, der Zuverlässigkeit und der Wartbarkeit aller technischen Komponenten und Fragen der Informationssicherheit, d. h. der Vertraulichkeit, der Integrität, der Überprüfbarkeit und der Identifizierbarkeit muß zukünftig wesentlich mehr Aufmerksamkeit gewidmet werden (vgl. Meitner, Ness und Reim (1988))

Sicherlich lassen sich alle diese Hürden nicht von heute auf morgen überwinden. Es bedarf eines systematischen und konsequenten Vorgehens unter Beteiligung der Unternehmensleitung, der Organisatoren, der Datenverarbeitungsbereiche wie auch der Fachabteilungen. Kenntnisse über die Komponenten verteilter Informationssysteme, deren Funktion und Abhängigkeiten müssen in die Managementebenen und Fachabteilungen getragen werden, um auf diese Weise ein bereichsübergreifendes Denken auch im Hinblick auf die technischen Hilfsmittel zu erreichen.

Weiterhin ist es nun notwendig Wissen über Methoden und Werkzeuge zur Unterstützung des Gestaltungsprozesses aus organisatorischer wie auch technischer Sicht zu erlangen und systematisch zum Einsatz zu bringen. Abbildung 14 gibt abschließend einen Auszug aus dem Methodenspektrum des IAO wieder Nachfolgend genannte Methoden und Werkzeuge wurden speziell für das Management verteilter Informationssysteme entwickelt:

IRE — (Interdisciplinary Requirements Engineering) ist eine technisch / organisatorische Methode zur Ermittlung der jeweiligen Anforderungen an ein Integriertes Informationssystem. Die Methode erlaubt dabei zwischen der oft rein technischen Betrachtungsweise der Systemfachleute und der problemorientierten Anwendersicht bei der Spezifikation des Systems konstruktiv zu vermitteln.

DISDES — (Design and Management of Distributed Information Systems) unterstützt die Modellierung und Bewertung von Büroabläufen und Organisationsstrukturen. Darauf aufbauend erlaubt es die Ermittlung von Anforderungen an verteilte Informationssysteme als Basis eines CIB-Systems.

UsrAdm — (User and Host Administration) unterstützt die Modellierung des verteilten Rechnersystems, die Abfrage von Informationen von der Systembeobachtungseinrichtung, die Erkennung von Engpässen und das Anstoßen von Änderungen der Systemkonfiguration. Somit wird eine Anpassung des Systems an die strukturellen Änderungen des Unternehmens in adaptiver Weise ermöglicht.

RiskMa — (Risk Management for Distributed Information Systems) unterstützt die Ermittlung von Gefahren und die Auswahl von Sicherungsmaßnahmen im verteilten Informationssystem. Insbesondere werden Abhängigkeiten im System analysiert.

Authorize — (Authorization in Computer Networks) dient zur Definition und zum Verteilen von Zugriffsberechtigungen. Die Verwaltung von Zugriffskontrollisten wird ebenso unterstützt.

SOF — (System Observation Facility in Distributed Information Systems) ist eine im verteilten Informationssystem integrierte Servicefunktion, die Informationen für das Systemmanagement sammelt und verdichtet. Es ist eine Basisfunktion für die Werkzeuge UsrAdm und RiskMa.

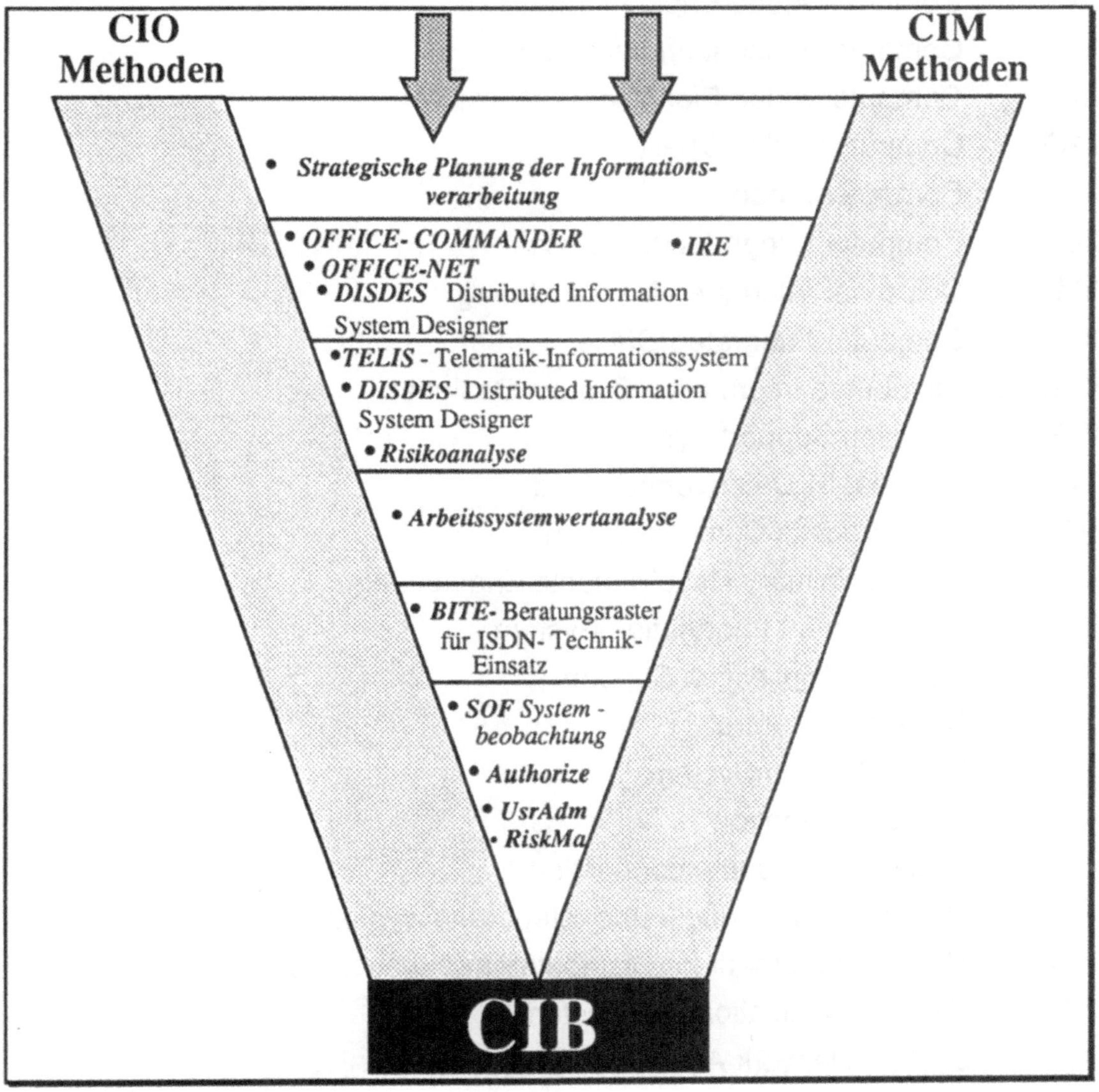

Abbildung 14: Das IAO-Methoden-Spektrum zum CIB-Konzept

Abkürzungen

CAD	Computer Aided Design
CAE	Computer Aided Engineering
CAM	Computer Aided Manufacturing
CAP	Computer Aided Planning
CAQ	Computer Aided Quality
CAx	Computer Aided ...
CIB	Computer Integrated Business
CIM	Computer Integrated Manufacturing
CIO	Computer Integrated Office
DISDES	Distributed Information System Designer
DSS	Decision Support System
IDV	Individuelle Datenverarbeitung
IPC	Inter Process Communication
IRE	Interdisciplinary Requirements Engineering
MIS	Management Information System
NAS	Network Application Support
NC	Numerical Control
NFS	Network Filing System
OA	Office Automation
OSI	Open Systems Interconnection
PPS	Produktionsplanungs- und -steuerungssystem
RiskMa	Risk Management for Distributed Information Systems
SAA	System Application Architecture
SNA	System Network Architecture
SOF	System Observation Facility in Distributed Information Systems
UsrAdm	User and Host Administration
woIS	wettbewerbsorientiertes Informationssystem
YP	Yellow Pages

Literatur

Bullinger, H.-J.; Lay, K.; Warschat, J. (1987)
Perspektiven für die Integration von CA-Komponenten", in: Technische Rundschau, 1987, Heft 22, S. 54 - 60.

Bullinger, H.-J., Niemeier, J. und Schäfer, M. (1987)
Aufbauorganisation des Informationsmanagements, in: Nachr. Dok. 38, 1987, S. 193 - 199

Bullinger, H.-J., Niemeier, J. (1987)
Analyse und Gestaltungsmethoden im Bürobereich, in: Paul, M. (Hrsg., 1987), Computerintegrierter Arbeitsplatz im Büro, Berlin u. a. 1987, S. 36 - 63

Enslow, P. H. (1978)
What is a "distributed" system?, in: Computer, Januar 1978, S. 13 - 21

Fröschle, H.-P. und Niemeier, J. (1988)
Assessment of Benefits of Information Technology in the Office: A Concept for Economic Evaluation and a Case Study, in: Bullinger H.-J.; Protonotarios E. N., Bouwhuis D., Reim, F. (Hrsg., 1988), EURINFO ´88, Concepts for Increased Competitiveness, First European Conference on Information Technology for Organizational Systems, S. 190 - 197

Fröschle, H.-P., Niemeier, J., Schäfer, M. (1988)
Wettbewerbsorientierung ist Leitstern für die Technikplanung, in: Computerwoche, 20. Mai 1988, S. 41, 43, 27. Mai 1988, S. 52, 3. Juni 1988, S. 40 - 42

Höring, K. (1989)
Technikeinsatz, wirtschaftlicher Erfolg und Unternehmensstrategie, in: Technologie Zentrum Nord (Hrsg., 1989), Büroautomation, 2. TZN. Kongreß, Unterlüß 1989

Horn, C.; Ness, A., Reim, F. (1988)
Construction and Management of Distributed Office Systems, 1988, in: Bullinger H.-J.; Protonotarios E. N., Bouwhuis D., Reim, F. (Hrsg., 1988), EURINFO ´88, Concepts for Increased Competitiveness, First European

Conference on Information Technology for Organizational Systems, S. 378 - 385

IDG-CSE (Hrsg., 1989)
Informations-Controlling - Synergien zwischen Controlling und Informations-Management, München 1989

Kläger, W. (1989)
Software-Auswahl in der UNIX-Welt, Fraunhofer-Institut für Arbeitswirtschaft und Organisation (IAO), Stuttgart, November 1989

Krcmar, H. (1989)
Informationsmanagement und Controlling - Siamesische Zwillinge oder feindliche Brüder, in: IDG-CSE (Hrsg., 1989), S. 15 - 39

Meitner, Ness und Reim (1988)
Sicherheit in verteilten Bürosystemen: Anforderungen und Vorschläge zur Umsetzung, in: Fähnrich, K.-P. (Hrsg., 1988), Fortschritte der neuen Informations- und Kommunikationstechniken, ONLINE-Tagungsband zu Kongress VI, Hamburg 1988

Meyer-Piening, A. (1989)
Strategische Informationsplanung in erfolgreichen Unternehmen - Ergebnisse einer empirischen Untersuchung, A. T. Kearney GmbH, Stuttgart, Oktober 1989

Niemeier, J. (1987a)
Kreativität bleibt wichtig in der Praxis, Organisations-Engineering nutzt rechnergestütze Methoden und Werkzeuge, in: VDI-Nachrichten, Nr. 45, 6. November 1987, S. 23

Niemeier, J. (1987b)
Methoden zur Planung und Gestaltung von Bürokommunikation, in: Handbuch der modernen Datenverarbeitung, 136, 1987, S. 19 - 40

Reim, F.; Ness, A. J. (1987)
Gestaltung und Betrieb von verteilten Systemen im Büro: Dimensionen der Integration, in: Fähnrich, K.-P. (Hrsg., 1987), Fortschritte der neuen Informations- und Kommunikationstechniken, ONLINE-Tagungsband zu Kongress VII, Hamburg 1987

Roger Tomlin & Company (1988)
Clues to Sucess. Information Technology Strategies for Tomorrow. An Amdahl Executive Institute Reseach Report, 1988

VDI (Hrsg., 1987)
VDI-Richtlinie 5015 (Gründruck), Technikbewertung der Bürokommunikation

Ward, J.M. (1986)
Strategic Information Systems (IS) Management, in: Pergamon Infotech (Hrsg., 1986): Information Management. State of the Art Report, S. 147 - 158

Zahn, E. (1989)
Strategiegerechter Einsatz von Informations- und Kommunikations-Systemen im Unternehmen, in: Bullinger, H.-J. (Hrsg., 1989), Integrationsmanagement - Zukunftssichere Konzepte für eine praxisgerechte Büroplanung und Bürogestaltung, Tagungsband zum Büroforum 1989, S. 61 - 77

Welchen Einfluß haben verteilte Informationssysteme auf die betriebliche Organisation?

J. Niemeier und F. Reim

1 Zukunftssichere Konzepte für eine praxisgerechte Planung und für den Betrieb verteilter Informationssysteme

Aktuelle Untersuchungen deuten auf eine neue strategische Orientierung in den Unternehmungen hin: Nicht mehr Kostensenkung und Personal-Reduktion werden als die wesentlichen Nutzenfaktoren bei der Einführung von Informationstechnologie vom Management gesehen, sondern Faktoren wie eine Verbesserung der Konkurrenzfähigkeit, der Management-Effektivität, des Kundendienstes und/oder der Produktqualität.

Informationssysteme und insbesondere verteilte Informationssysteme stellen innovative und mächtige Unterstützungspotentiale bereit und erlangen immer häufiger die Rolle eines strategischen Erfolgsfaktors für die Unternehmung. Das Management des Produktionsfaktors "Information" erfordert zwingend eine Ergänzung der tradierten Basisorientierung an betrieblichen Funktionsbereichen wie Marketing, Produktion, Logistik. Das Unternehmen der Zukunft muß ganzheitlich gestaltet sein. EDV-Spezialisten, Organisatoren und Techniker können nicht länger ihre Bereiche isoliert optimieren: Integration ist gefragt! Damit werden leistungsfähige, wirtschaftliche und benutzergerechte Organisationen realisiert.

Typische Fragen in der Praxis sind heute:

- Was an Rechnerunterstützung ist heute und in naher Zukunft machbar, was davon ist für unsere Unternehmung brauchbar? Wie können verteilte Informationssysteme eingesetzt werden, um die Wettbewerbsfähigkeit zu erhalten oder zu verbessern?

- Sind organisatorische Änderungen notwendig und sinnvoll, um den Betrieb verteilter Informationssysteme zu optimieren?

- Welche Rolle spielen Organisation und Qualifikation der Mitarbeiter für den Erfolg einer technischen Lösung? Welche Maßnahmen sollten ergriffen werden?

- Welcher Stellenwert kommt einer langfristigen Infrastrukturplanung zu? Welche Rolle spielen dabei die Kommunikationsnetzwerke?

- Wie kann sichergestellt werden, daß verteilte Informationssysteme auch zukünftig bedarfsgerecht ausgelegt sind?

Die organisatorische Einbindung der Informationstechniken hat damit einen erheblichen Wandel durchgemacht. Im Rückblick lassen sich seit der ersten kommerziellen Installation einer elektronischen Datenverarbeitungsanlage Anfang der fünfziger Jahre bis zur ganzheitlichen Betrachtung als "Computer Integrated Business" mehrere Phasen der Entwicklung unterscheiden.

Phase 1: Erste technische Erfahrungen

In der ersten Phase von 1950 bis etwa 1965 sind die Geräte physisch groß und haben vorwiegend Tabellieraufgaben zu bewältigen. Die Programmierung erfolgt in Maschinencode. Mit der Entwicklung von höheren Programiersprachen und Compilern wird die Anpassung an die Anwendungen zunehmend einfacher. Die Leistungsfähigkeit der Anlagen steigert sich stetig. Die Abteilung Datenverarbeitung beginnt sich in dieser Phase als gesonderte Abteilung zu etablieren. Sie ist kein Bestandteil bisheriger Abteilungen. Der interne Datenverarbeitungsbetrieb mit schnellerem Arbeitstempo ist von der Datenein- und -ausgabeorganisation getrennt. Er wird von Spezialisten durchgeführt, die alle der Datenverarbeitungsabteilung zugeordnet sind. Die Auswirkung der neuen Technik auf die Gesamtorganisation sind noch gering. Mit der fortschreitenden technischen Entwicklung bietet sich Rechnerunterstützung jedoch für immer mehr Aufgaben an.

Phase 2: Optimierung der Arbeitsteilung

Als zweite Phase kann man den Zeitraum ab 1965 betrachten. Bis 1970 sind ca. 6000 Datenverarbeitungssysteme weltweit installiert. Auf dem Gebiet der Software werden große Fortschritte gemacht. Transaktionsorientierte Software, die die Voraussetzung für spätere Formen der Dialogverarbeitung darstellen, entsteht. Die Anwendersoftware wird zunehmend differenzierter und spezialisierter. Auch die Programmiersprachen orientieren sich stärker an den Benutzeranforderungen.

Die Stellenbildung orientiert sich an einer arbeitsteiligen Erledigung der Aufgaben. Im Bürobereich basiert sie auf einer typisierenden Unterscheidung von Führungsaufgaben, Fachaufgaben, Sachbearbeitungsaufgaben und Unterstützungsaufgaben, die sich in Bezug auf die jeweilige Problemstellung, den Informationsbedarf, die Kooperationsbeziehungen und Lösungswege unterscheiden und von Mitarbeitern mit unterschiedlicher Basisqualifikation erfüllt werden. Die Büroarbeit ist sowohl zwischen den einzelnen hierarchischen Stufen als auch teilweise auf der gleichen hierarchischen Ebene stark arbeitsteilig organisiert. Die Arbeitsabläufe vor allem der Sachbearbeitungs- und Assistenzkräfte sind stark auf einzelne Verrichtungen orientiert.

Im technischen Bereich findet zur gleichen Zeit eine ähnliche Entwicklung statt. Die Automatisierung einzelner Verrichtungen in der Fertigung wird vorangetrieben. Trotzdem verlaufen beide Entwicklungen weitgehend isoliert voneinander.

Mit der Rechnerunterstützung wird die Maximierung der Arbeitsergebnisse einzelner Stellen angestrebt. Es geht in dieser Phase um die Erhöhung der isolierten technikbezogenen Wirtschaftlichkeit. Leistungsindikatoren sind Menge, Schnelligkeit, Qualität und Zuverlässigkeit.

Qualifikations- und Weiterbildungserfordernisse sind relativ gering, da Hintergrundwissen zumindest für Sachbearbeitungs- und Assistenzkräfte nicht erforderlich ist. Auch die technik-bezogene notwendige Qualifikation ist auf die Bedienung von monofunktionalen Arbeitsmitteln beschränkt (z.B. Textautomat).

Der zentralisierte Einsatz der Informationssysteme führt zu einer Verstärkung der Arbeitsteilung, wodurch die Attraktivität der Arbeitsinhalte sinkt und der Koordinations- und Kontrollaufwand steigt. Die verstärkte Verrichtungszentralisierung verursacht, daß die Arbeitsabläufe stärker zergliedert und unflexibler werden. Weitere Schwachstellen sind zu beobachten:

- Hohe Durchlaufzeiten einzelner Vorgänge durch hohe Transport- und Liegezeiten, sowie lange Kommunikations-, Kontroll- und Rüstzeiten.

- Der nur einzelarbeitsplatzorientierte optimierende Technikeinsatz führt zu Medienbrüchen und Wiederholungstätigkeiten ohne Wertzuwachs. Zudem führt die Ablage von Information an verschiedenen Arbeitsplätzen zu redundanter, jedoch in der Systematik uneinheitlicher Speicherung und damit zu einer eingeschränkten Zugriffsmöglichkeit für andere.

- Die einseitige Qualifikation der Mitarbeiter verhindert deren flexiblen Einsatz.

- Die arbeitsteilige Organisation der Arbeit bedeutet vor allem für die Sachbearbeitungs- und Assistenzkräfte den Verlust der Beziehung zur Gesamtaufgabe bzw. den Gesamtzusammenhang und führt zu Motivationsverlust.

- Die Organisation der Datenverarbeitungsabteilung formalisiert sich langsam. Ihre Zuständigkeit beschränkt sich auf den kaufmännischen Bereich. Die Fachleute sind in Betriebssystem- und Anwendersoftwarespezialisten, Systemanalytiker und Programmierer aufgegliedert.

Diese stark arbeitsteilig ausgerichtete Organisation ist bis Ende der siebziger Jahre vorherrschend. Durch eine vorgangsorientierte Bearbeitung wird ab dieser Zeit versucht, die Nachteile der Verrichtungszentralisation zu vermeiden.

Phase 3: Rückdelegation und Reintragration

Als dritte Phase kann man die Zeit ab Ende der siebziger Jahre bezeichnen. Die Abteilung Datenverarbeitung ist jetzt meist klar gegliedert. Meist ist sie im kaufmännischen Bereich angesiedelt. Technische Anwendungen fallen nicht in ihre Kompetenz. Diese sind technischen Abteilungen, beispielsweise der Fertigungsvorbereitung, unterstellt. Der Benutzer ist selbst, zunächst durch Bereitstellung der Datenverarbeitung über Bildschirm und Tastatur, später durch Verarbeitungskapazitäten vor Ort mit einem Personal- oder Arbeitsplatzcomputer, an der Datenbearbeitung beteiligt.

Die Reintegration von Aufgaben auf einzelne Arbeitsplätze wird angestrebt. Idealtypischerweise können hier drei Typen unterschieden werden:

- o Die Anlagerung von Routinetätigkeiten an qualifizierte Aufgabenbereiche (Abwärts-Integration)
- o Anreicherung von Routinetätigkeiten mit qualifizierten Aufgabenelementen (Aufwärts-Integration)
- o Zusammenziehung sachverwandter Aufgaben auf gleicher Hierarchieebene (Rundum-Sachbearbeitung)

Voraussetzung für die genannten Möglichkeiten der Aufgabenintegration pro Arbeitsplatz ist stets die Vorgangsintegration bzw. der Übergang von der verrichtungszentrierten zur vorgangsorientierten bzw. prozessorientierten Arbeitsstrukturierung.

Die Aufgabenintegration erfordert Qualifikation und damit gezielte Weiterbildungsaktivitäten. Die fachliche Qualifikation in Bezug auf Zusammenhangswissen, die Fähigkeit zur Eigenverantwortlichkeit und Wahrnehmung der Entscheidungsautonomie, Team- und Kooperationsfähigkeit sowie die Findung innovativer Problemlösungen soll gezielt verbessert werden. Die technische Qualifikation in Bezug auf das gesamte Leistungsspektrum der Informationssysteme und deren Bedienung wird gefördert. Die soziale Qualifikation in Bezug auf die Kommunikations- und Kooperationsfähigkeit mit fachfremden Partnern, die Fähigkeit zur Delegation und Motivation sowie die Schulung anderer wird als notwendig erachtet.

In dieser Phase ist eine zunehmende Erweiterung des reinen Kostendenkens durch zusätzliche Betrachtung von Nutzenkategorien zu beobachten. Bezugspunkt der Erhöhung der Wirtschaftlichkeit ist das Subsystem bzw. subsystembezogene Verfahrensabläufe. Leistungsindikatoren sind Gesamtdurchlaufzeiten, Beschleunigung und qualitative Verbesserung von Verfahrensabläufen im technischen wie im kaufmännischen Bereich sowie Tätigkeitsverschiebungen zwischen Betroffenen.

Die Schwachstellen dieser Phase sind:

- o Die Einbindung der Datenverarbeitung als gesonderte Abteilung für zu einer gewissen Loslösung von den eigentlichen Aufgaben innerhalb des Unternehmens.
- o Der verbreitete Informationssystemeinsatz hat im Unternehmen zwischenzeitlich zu strukturellen Abhängigkeiten geführt. Bestehen bereits Anwendungen, lassen sich neue Anwendungssysteme nur mit großem Aufwand einführen.
- o Unwirtschaftliche Nutzung der Qualifikation bei Abwärtsintegration.
- o Unsachgemäßes Verhalten in der Führungsebene, die nicht bereit oder fähig ist, die mit der Veränderung der Aufbau- und Ablauforganisation einhergehende notwendige Veränderung des Führungsverhaltens (vom Fachvorgesetzten zum Motivator) zu akzeptieren und mitzuvollziehen.
- o Unzureichende Schulungsaktivitäten und mangelnde Aufklärung und Beteiligung der Mitarbeiter beeinträchtigen die Akzeptanz und die Arbeitsmotivation.

Die technischen Kommunikationsmedien werden in dieser Phase ständig weiter ausgebaut. Kleine Computer und Mikrocomputer sowie die Telekommunikation werden verstärkt eingesetzt. Die zunehmende Rückführung der Arbeitsteilung, weg von einer isolierten Verrichtungsorientierung hin zu einer zunehmenden Prozeßorientierung in der ablauforganisatorischen Gestaltung von administrativen und technischen Büroprozessen ist mit dem Ende der achtziger Jahre zu beobachten. Diese wird durch Verknüpfung verschiedener, bereits vorhandener Anwendungen möglich. Dazu wird die Vernetzung der häufig dezentral vorhandenen Geräte erforderlich.

Phase 4: Computer Integrated Business (CIB)

In dieser Phase setzt sich eine geänderte Sicht auf das Büro und seine Funktionen wie auch auf den Produktions-/Fertigungsbereich durch. Nicht das isolierte Büro oder die isolierte Fertigung, sondern die Orientierung am Gesamtunternehmen kommt in den Mittelpunkt der Betrachtung.

Das Informationssystem im klassischen Bürobereich steht neben den technischen (CAM, CAD etc.) und den betriebswirtschaftlichen (PPS, MIS, etc.) Informationssystemen. Als Tendenz kann jedoch angenommen werden, daß das klassische Büro mit seinen Unterstützungsfunktionen wie Dokumentenerstellung, Projektmanagement etc. in der herkömmlichen räumlichen Konzentration und stellenmäßiger Zusammensetzung bei einer Verwirklichung des Konzeptes CIB mehr und mehr verschwinden wird. Denkbar sind bereichsübergreifende Informationssysteme, die z.B. bei der Angebotserstellung die organisatorische als auch die technische Seite integrieren und somit zu einer Beschleunigung und qualitativen Verbesserung des Angebotswesens führen.

Die Verknüpfung bisher weitgehend unabhängiger Informationssysteme zu verteilten Informationssystemen birgt große Integrationspotentiale. Alle hierarchischen Ebenen eines Unternehmens erhalten zusätzliche prozeßorientiere Funktionen. Die Gestaltung der Arbeitsinhalte und -abläufe führt zu einer größeren Aufgabenintegration, wodurch Zeit- und Kostenverluste reduziert werden sollen. Rationalisierung und Vernetzung orientiert sich somit immer weniger an der Automatisierung von Einzelfunktionen, sondern mehr an der Optimierung zusammenhängender Arbeitsprozesse über Bereichsgrenzen hinaus. Eine höhere Wirtschaftlichkeit wird auf gesamtorganisatorischer Ebene gesucht. Leistungsindikatoren sind die Funktionstüchtigkeit der Organisation, zunehmende Kunden- und Wettbewerbsorientierung und deren notwendige Voraussetzungen wie Innovationsfähigkeit und Flexibilität.

Im wesentlichen sind bezüglich der Qualifikations- und Weiterbildungserfordernisse ähnliche Aussagen wie unter der 3. Phase möglich. Besonders herausgehoben werden sollte jedoch die Fähigkeit zur Zusammenarbeit von Mitarbeitern aus dem technischen und dem kaufmännischen Bereich. Gefordert ist eine ganzheitliche prozeßorientierte Qualifizierung.

Typische Schwachstellen dieser Phase sind:

- o Hohe Abhängigkeit des gesamten Unternehmens von der Verfügbarkeit des verteilten Informationssystems.
- o Noch nicht ausreichende Standardisierungen im Bereich des Datenmanagements, der Kommunikationssysteme und der Benutzerschnittstellen.

- o Das Fehlen von Planungs- und Gestaltungswerkzeugen, die eine durchgängige Vorgehensweise von der Definition der Unternehmensstrategie über die organisatorische Planung bis hin zum technischen Konzept ermöglichen könnten.
- o Das Fehlen von Unterstützung bei Änderungen und Anpassungen des laufenden Informationssystems.
- o Unzureichende Möglichkeiten der Nutzungsabrechnung und damit der Kostenzuordnung was sich insbesondere bei bereichübergreifenden Anwendungen als hinderlich erweist.
- o Unzureichende Berücksichtigung von Aspekten des Datenschutzes und der Datensicherheit.

Computer Integrated Business benötigt den integrierten Informationssystemeinsatz für die gesamte Leistungserstellung und Auftragsabwicklung eines Unternehmens. Es ist ohne verteilte Informationssysteme nicht realisierbar. Notwendig ist die Entwicklung einer Systemarchitektur, die eine flexible Gestaltung eines Integrationskonzeptes auf Anwendungsebene ermöglicht. Notwendig ist damit ein bereichsübergreifendes Informationsmanagement, das den durchgängig rechnerunterstützten Informationsfluß gestaltet.

2 Voraussetzungen für das erfolgreiche Informationsmangement verteilter Informationssysteme

Der Erfolg des Computer Integrated Business in der Zukunft wird entscheidend von den Möglichkeiten abhängen, wie den genannten Schwachstellen entgegen gewirkt werden kann. Den folgenden werden 4 Voraussetzungen kommt beim Einsatz verteilter Informationssysteme besondere Bedeutung zu.

Voraussetzung 1: Aufgabengerechte, technische Gestaltungsmöglichkeiten - Application Management

Als Grundlage für die technische Gestaltung des Einsatzes verteilter Informationssysteme sind folgende Kenntnisse anzusehen (vgl. auch Lorin (1988)):

- o Kenntnis der verfügbaren Informationssystemkomponenten.
- o Kenntnis der Abhängigkeiten zwischen den einzelnen Informationssystemkomponenten.

- o Kenntnis der Leistungsfähigkeit einzelner Informationssystemkomponenten sowie deren mögliche gegenseite Beeinflussungen.

- o Kenntnis des Systemverhaltens bei Teilausfällen.

Als Vorgehensweise wurde evolutives Entwickeln von Informationssystemen von Floyd (1984), Gilb (1987) und Iivari (1982) vorgeschlagen. Ihm liegt die Annahme zugrunde, daß sich die Umgebung des Systems und die Anforderungen unvorhersehbar ändern. Bis zu 70% der Kosten für Informationssysteme entstehen bei einem phasenorientierten Ansatz in der sogenannten Wartungsphase (vgl. Jarke (1989)). Die Modifizierbarkeit des Systems ist daher eine ultimative Forderung. Dies führt zu einem iterativen Vorgehen beim Entwurf des Systems mit häufigen Durchläufen durch einen Gestaltungszyklus, und zum Auftreten aufeinanderfolgender Versionen des Systems. Eine Trennung in eine Gestaltungsphase und eine Betriebs- bzw. Wartungsphase kann nicht mehr vorgenommen werden (vgl. Floyd (1984), Iivari (1982), Lehman (1985) und Luqi (1989)).

Evolutives Entwickeln führt zu häufigen Änderungen eines Software-Programms. Diese spiegeln sich entweder in einer modifizierten Software-Struktur oder in zusätzlichen - neuen oder angepaßten bestehenden - Software-Objekten wieder. Kramer, Magee, Ng (1989) führen dafür den Begriff "Configuration Programming" ein. Die Software Evolution besteht aus der Konfiguration bestimmter Klassen von Anwendungen basierend auf vorgefertigten Software-Objekten. Unterstützung bei der Software-Evolution besteht aus folgenden Teilschritten (vgl. Tsichritzis, Nierstrasz (1988)): Aufgabenzerlegung, Auswahl der benötigten Software-Objekte aus einer Bibliothek wiederverwendbarer Objekte, Konfiguration der gewählten Objekte, Evolution der Objekt-Bibliothek.

Voraussetzung 2: Aufgabengerechte, organisatorische Gestaltungsmöglichkeiten - Organizational Management

Für die organisatorische Gestaltung des Einsatzes verteilter Informationssysteme sind folgende Kenntnisse als Grundlage zu betrachten (vgl. auch Lorin (1988)):

- o Kenntnis der organisatorischen Einheiten und deren Aufgaben.

- o Kenntnis des Unterstützungsbedarfs einzelner organisatorischer Einheiten.

- o Kenntnis der Abhängigkeiten zwischen organisatorischen Einheiten.

o Eine Vorstellung über die Benutzungsintensität und den -ort von Unterstützungsfunktionen, so daß sich Anforderungen an die Art der Bereitstellung der Informationssystemkomponenten ergeben.

o Kenntnis über erhaltenswerten Grad an lokaler Autonomie.

Daraus ergibt sich die Notwendigkeit neuer Kooperationsstrukturen zwischen Fachwelt, Fachbereichsorganisator und technischer Welt (Anwendungsentwickler, Systemmanager).

Werkzeuge zur Unterstützung dieses fachübergreifenden Prozesses sind notwendig. Im Zusammenspiel mit der technischen Gestaltung des verteilten Informationssystems ist insbesondere die Ableitbarkeit von Anforderungen an Anwendungsentwicklung und System Management von Bedeutung. Existierende Ansätze zur organisatorischen Gestaltung lassen jedoch häufig die konzeptionelle Orientierung auf Informationssysteme vermissen.

Werkzeuge, die speziell zur Unterstützung der Anforderungsspezifikation dienen, beschränken sich häufig auf graphische Darstellungen bei der Erhebung und Dokumentation der Anforderungen. Da die gewonnenen Informationen nicht in einer Wissensbank gehalten werden, sind sie für Software-Entwicklung oder System-Konfiguration kaum nutzbar (vgl. Jarke (1989)). Eine Anbindung an die Teilaufgaben des Application Management und des System Management ist dadurch erschwert.

Die erforderlichen neuen Kooperationsstrukturen zwischen Fachwelt, Fachbereichsorganisator und technischer Welt führen dazu, daß der Organisator neue, zusätzliche rechnerunterstützte Hilfsmittel zur Verfügung haben wird, um so die vorhandene Einbindung von Informationssystemen in organisatorische Abläufe bei der organisatorischen Umgestaltung erreichen zu können.

Voraussetzung 3: Möglichkeit der Anpassung und Weiterentwicklung des Gesamt systems - System Management

Das System Management umfaßt eine Reihe operativer Aufgaben. Bacon et al. (1988) unterscheidet fünf miteinander in Beziehung stehende Aufgaben: Konfigurations-, Fehler-, Sicherheits-, Nutzungsabrechnungs- und Leistungsmanagement. Im Zusammenhang mit Anpassung und Weiterentwicklung kommt dem Konfigurationsmanagement große Bedeutung zu. Um ein laufendes verteiltes Informationssystem an neue Anforderungen anpassen und es weiterentwickeln zu können, wird dieses beobachtet und modifiziert. Dadurch soll in jeder Situation ein möglichst optimales Funktionieren gewährleistet werden.

Für die Anpassung und Weiterentwicklung verteilter Informationssysteme werden folgende Kenntnisse und Fähigkeiten vorausgesetzt (vgl. auch Lorin (1988)):

- o Kenntnis über existierende Funktionen und Anwendungen.
- o Kenntnis über Möglichkeiten der Einbindung existierender oder neuer Anwendungen.
- o Fähigkeit zur raschen Systemänderung, um die Anpassung an neue Anforderungen zu ermöglichen.
- o Offenheit für neue Technologien und Verfahren, um eine Erweiterung des Informationssystems zu ermöglichen.

Das System Management wird dabei als intrinsischer Teil eines verteilten Informationssystems betrachtet (Bacon et al. (1988)), da erst dadurch ein betrieblicher Einsatz möglich ist. Eine Kopplung an die Anwendung und die Organisationsstruktur ist erforderlich, um damit eine Einbindung in betriebliche Abläufe zu erreichen.

Voraussetzung 4: Unterstützung bei der integrierten Betrachtung von technischer und organisatorischer Gestaltung in einem sich ständig ändernden System - Information System Engineering

Die oben genannten 3 Voraussetzungen wachsen zusammen. Unabhängige Gestaltungsprozesse für die Teilaufgaben wird es zukünftig nicht mehr geben. Es entsteht ein neuartiger, umfassenderer Gestaltungsprozeß: das Information System Engineering. Das Information System Engineering ist die integrierte Betrachtung von Application Management, Organizational Management und System Management (Abb. 1).

Information System Engineering setzt folgendes voraus (vgl. auch Lorin (1988)):

- o Ein klares Verständnis der Zusammenhänge zwischen organisatorischen Einheiten und Informationssystemkomponenten.
- o Ein klares Verständnis der Zusammenhänge zwischen den einzelnen Informationssystemkomponenten.

CIB bedeutet auf der organisatorischen Ebene die Integration von Unternehmensorganisation, Anwendungs- und Systemmanagement.

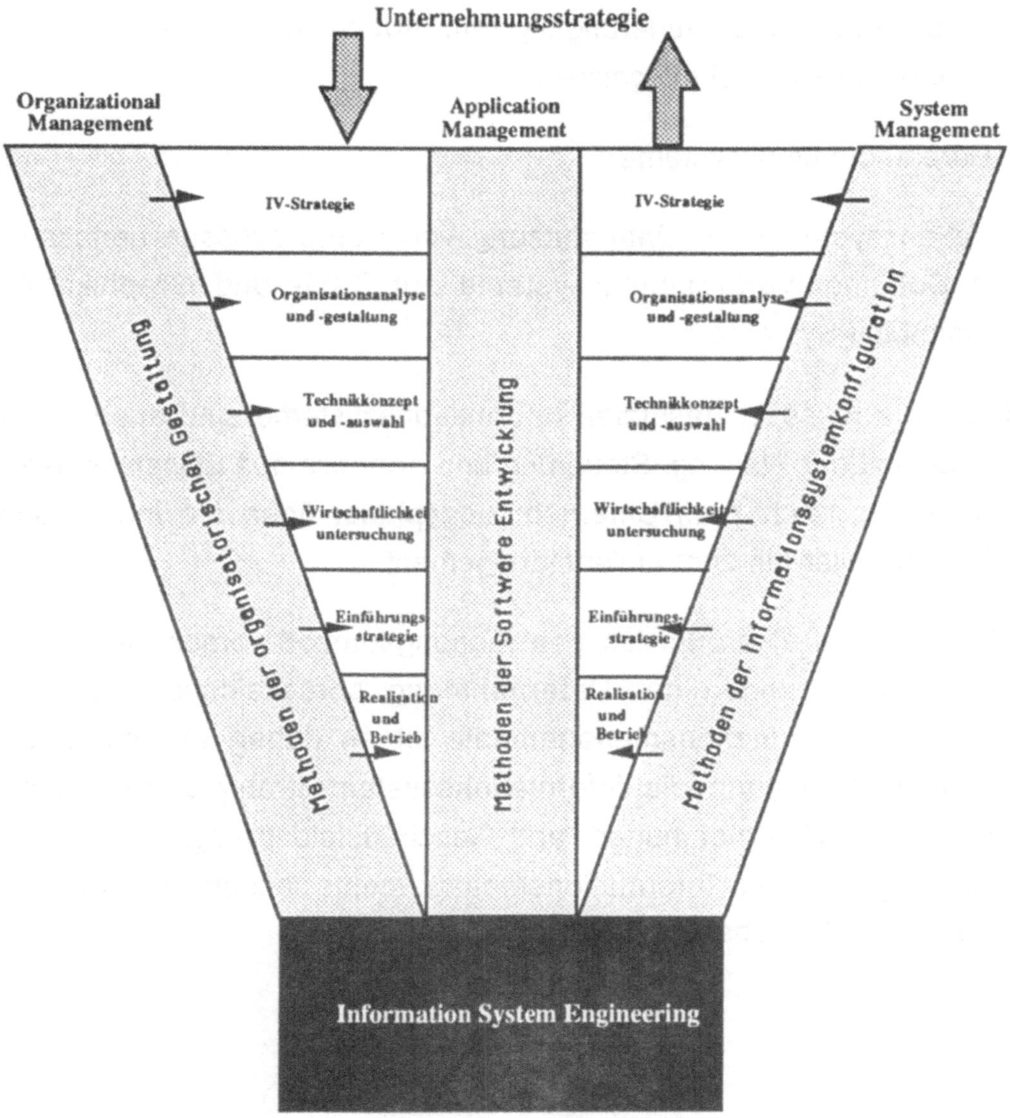

Abb. 1: Das Information System Engineering im Rahmen von CIB

3 Einbindung verteilter Informationssysteme in den Managementprozeß

Bei der Festlegung eines CIB-Konzepts sind generell folgende Arten von Informationssystemen zu betrachten (vgl. Bullinger, Niemeier und Huber (1987)):

o Technische Informationssysteme

Technische Informationssysteme werden in erster Linie im Fertigungsbereich eingesetzt. Dazu gehören die verschiedenen Arten von CAM-Systemen aber auch Systeme zur Planungs- und Konstruktionsunterstützung.

o Betriebswirtschftliche Informationssysteme

Zentrales Element der betriebswirtschaftlichen Informationssysteme ist das Produktionsplanungs- und -steuerungssystem. Auf der administrativen Ebene gehören dazu z.B. die Kostenrechnungssysteme.

o Büroautomationssysteme

Informationssysteme zur Unterstützung von Büroprozessen umfassen unter anderem Dokumentverarbeitungssysteme zur Text- und Graphikerstellung und Electronic-Mail-Systeme.

Vielfältig wie diese eingesetzten Informationssysteme sind auch die betriebliche Rollen, die mit der Planung, Steuerung und Kontrolle des Einsatzes beauftragt sind. Das Spektrum reicht vom Unternehmungsplaner über den Informationsmanager und DV-Controller hin zum Linienmanagement.

Der Einsatz setzt einen umsichtigen Planungsprozeß voraus, der auch die strategischen Anforderungen der Unternehmung berücksichtigt. Die Aufgabe des strategischen Informationsmanagements ist es daher, in Kooperation mit der Unternehmungsplanung die Informationssystem-Strategie als einen integralen Bestandteil der Unternehmungs- und Geschäftsfeldstrategie zu planen. Die vielfältigen Aufgaben des Informationsmanagements lassen sich wiederum drei in Abb.2 dargestellten Ebenen zuordnen.

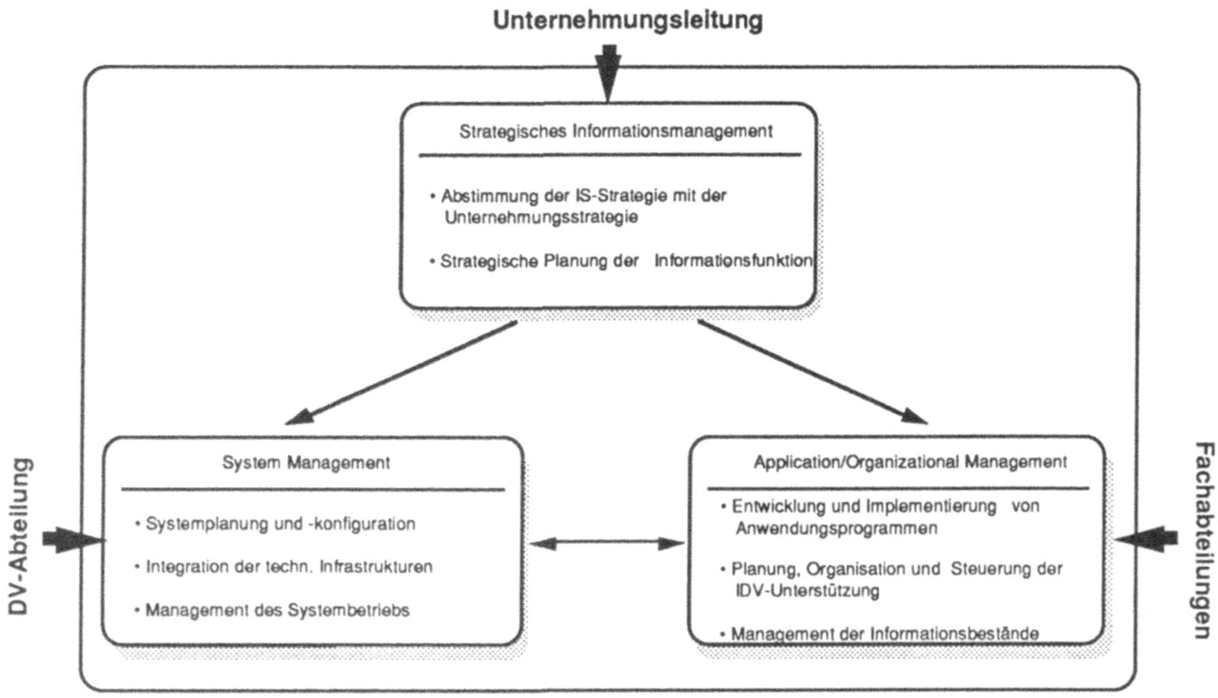

Abb. 2: Aufgaben des Informationsmanagements (nach Klein, Kautzsch und Lukas (1988), S.13)

In diesem Rahmen soll das Informationsmanagement

- o die Fähigkeit zur Strategieentwicklung unterstützen, insbesondere um die geringe strukturelle Flexibilität und die unzureichende Flexibilität der Objektbereiche auf grundsätzliche Veränderungen des Wettbewerbsumfeldes zu verbessern,
- o ein koordiniertes, planmäßiges Vorgehen ermöglichen, das darauf ausgerichtet ist, den Entscheidungsspielraum der Divisionsmanager nur hinsichtlich des Alternativenraums, weniger dagegen eine detaillierte Vorgabe der einzelnen Handlungen selbst vorzuschreiben (vgl. Fuchs-Wegner und Welge (1974), S. 167) und
- o eine effiziente Planung und Nutzung gemeinsamer Ressourcen sicherstellen. Dabei ist von besonderer Bedeutung, daß Investitionen in die Technikinfrastruktur in das Konzept passen, damit ihr Nutzen erhalten bzw. erweitert wird.

Diese Aufgabenfelder sind nicht voneinander unabhängig, sie unterscheiden sich aber in der Reichweite der Aufgaben des Informationsmanagements und den Beziehungen zu anderen Führungsaufgaben (Abb. 3).

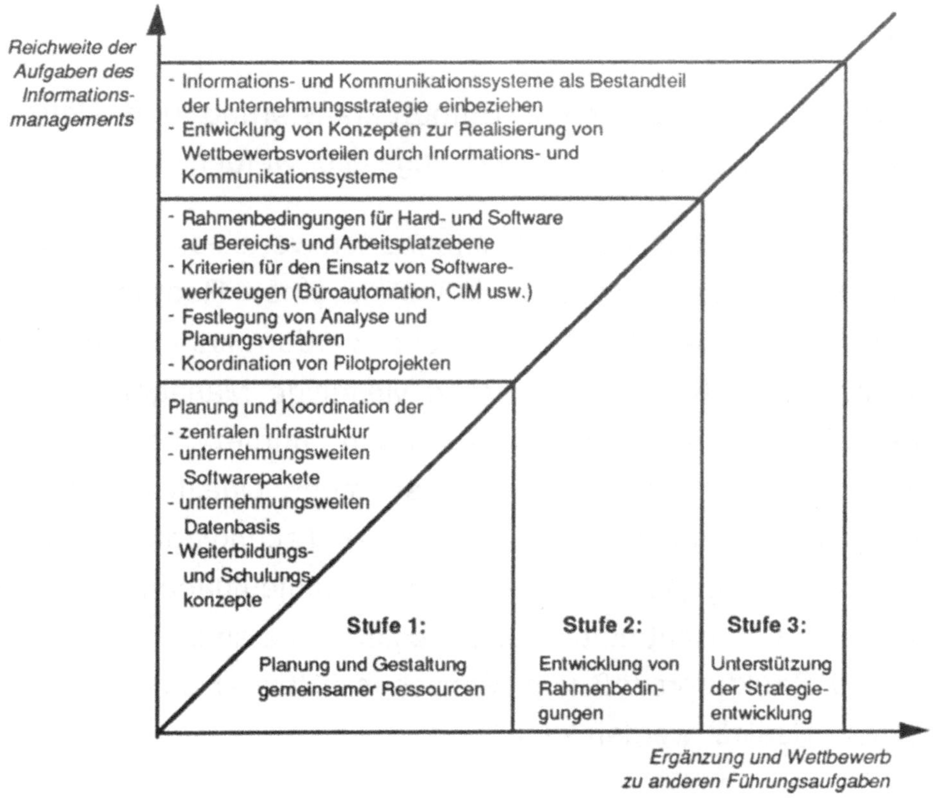

Abb. 3: Aufgabenfelder des Informationsmanagements

In der Praxis findet man bislang vor allem Konzepte für die Stufe 1 (Planung und Gestaltung gemeinsamer Ressourcen) und Stufe 2 (Entwicklung von Rahmenbedingungen).

Die im Rahmen von CIB angestrebte Integration bedeutet, daß tatsächlich mehrere Fachabteilungen mit Anwendungsmanagement befaßt sein können. Die Verteilung der Informationssysteme in die Fachabteilungen bewirkt, daß es nicht ausreichen wird, das Systemmangement alleine der DV-Abteilung zu überlassen. Hier wird Know-How in den Fachabteilungen benötigt.

Die Botschaften aus der "CIM-Welt" gleichen dabei denjenigen aus der "BK-Welt". Mit integrierenden verteilten Informationssystemen sollen (vgl. dazu beispielsweise von Eiff (1989)), S. 109 f.):

- o Hierarchien kostenwirksam verflacht und Entscheidungsprozesse beschleunigt werden,
- o die Flexibilität und Produktivität insbesondere auch in produktionsnahen Bereichen gesteigert werden,
- o das unterschiedliche Fach-Know-How in den verschiedenen Geschäftsbereichen einer Unternehmung schnell und zielgerichtet aktiviert werden, und auch
- o die seit langem überfällige Entbürokratisierung und Rationalisierung verkrusteter Verwaltungsbereiche eingeleitet werden.

Bei aller Euphorie über das Potential integrierter, verteilter Informationssysteme darf dabei nicht übersehen werden, daß ohne einen Reorganisationsaufwand kaum eine substantielle Wirkung erreicht werden kann. Das Planen und Realisieren integrierter Konzepte erfordert vielfältige Managementaufgaben mit strategischer Bedeutung. Wie diese auch immer heißen mögen, ob Integrationsmanagement, Informationsmanagement, Qualifikationsmanagement, Engpaßmanagement, Kostenmanagement oder Technologiemanagement (vgl. dazu Schulz und Bölzing (1988)), diese Managementaufgaben entstehen aus der Notwendigkeit, daß CIB nicht durch Technologieeinsatz an sich, sondern nur durch einen Lern- und Strukturprozeß von Menschen in Organisationen und gestaltet durch Menschen, Realität werden kann.

Dabei ist abzusehen, daß Wissen über Anwendungs- und Systemmanagement in den Fachabteilungen vorhanden sein muß, da nur so ein flexibler und reibungsloser Betrieb erreicht werden kann. Der Qualifizierungsbedarf in diesen Abteilungen steigt.

Durch die Prozeßorientierung werden Medienbrüche verhindert, die Durchlaufzeiten verkürzen sich. Bestehende Bereichs- und Abteilungsgrenzen werden dabei in Frage gestellt. Die Kostenzuordnung zu Abteilungen kann problematisch sein.

Der Einsatz verteilter Informationssysteme wird zu einer größer werdenden Abhängigkeit des Unternehmens von der Technik führen. Sowohl die Ausfallsicherheit als auch die Sicherheit gegen Mißbrauch sind Themenbereiche, die noch nicht zufriedenstellend gelöst sind. Insbesondere bei der Anbindung von externen Zulieferern in der Produktion lauern dort sicher einige Risiken.

4 Literatur

Bacon, J.M.; Horn, C.; Langsford, A.; Mullender, S.J.; Zimmer, W. (1988), MANDIS: Architectural Basis for Management, in: Research into Networks and Distributed Applications/ Hrsg. von R. Speth, Amsterdam,New York, Oxford, Tokyo: North-Holland, 1988, S. 795-809.

Bullinger, H.-J., J. Niemeier und H. Huber (1987), Computer Integrated Business (CIB)-Systeme, in: CIM Management, 1987, 3, S. 12 - 19.

Eiff, W. von (1989), Informationsmanagement in der Unternehmenspraxis, in: Praktische Anwendungen moderner Bürotechnologien/ Hrsg. von S. Fuhrmann; T. Pietsch, Berlin 1989, S. 109 - 130.

Floyd, C. (1984), A Systematic Look at Prototyping, in: Approaches to Prototyping/ Hrsg. von R. Budde; K. Kuhlenkamp; L. Mathiassen; H. Züllighoven., Berlin; Heidelberg; New York; Tokyo: Springer, 1984, S. 1-18.

Fuchs-Wegner, G. und M.K. Welge (1974), Kriterien für die Beurteilung und Auswahl von Organisationskonzepten, in: Zeitschrift für Organisation, 1974, 2, S. 71 - 82, 3, S. 163 - 170.

Gilb, T. (1987), Evolutionäres Entwickeln - Eine alternative Methode des Software-Engineering, in:Computer Magazin, 16, 1987, 1/2, S. 17-19.

Iivari, J. (1982), Taxonomy of the Experimental and Evolutionary Approaches to Systemeering, in: Evolutionary Information Systems/ Hrsg. von J. Hawgood, Amsterdam: North-Holland, 1982, S. 101-119.

Jarke, M. (1989), The DAIDA Demonstrator: Development Assistance for Database Applications, in: ESPRIT '89, Proceedings of the 6th Annual ESPRIT Conference, Brussels, Nov. 27 - Dec. 1/ Hrsg. von Commission of the European Communities, Dordrecht, Boston, London: Kluwer Academic Publisher 1989, S. 459-474.

Klein, S., T. Kautzsch und A. Lukas (1988), Informationsmanagement und Strategie: Information ist Führungssache, in: Gablers Magazin, 1988, 7, S. 10 - 15.

Kramer, J.; Magee, J.; Ng, K. (1989), Graphical Configuration Programming, in: COMPUTER, 22, 1989, 10, S. 53-65.

Langsford, A. (1988), MANDIS: An Experiment in Distributed Processing.In: Research into Networks and Distributed Applications EUTECO 88/ Hrsg. von R. Speth, Amsterdam: North-Holland 1988, S. 787-794.

Lehman, M.M. (1985), Program Evolution.In: Program Evolution, Processes of Software Change/Hrsg. von M.M. Lehman; L.A. Belady, London: Academic Press 1985, S. 9-39.

Lorin, H. (1988), Aspects of Distributed Computer Systems. Second edition. New York u.a.: John Wiley &

Sons 1988.

Luqi (1989), Software Evolution Through Rapid Prototyping.In: COMPUTER, 22, 1989, 5, S. 13-25.

Schulz, H. und D. Bölzing (1988), Lenkung von CIM-Investitionen, in: CIM-Management, 6, 1988, S. 54 - 6

Sloman, M. (1987), Distributed Systems Management - A Report.London: Imperial College, Department of Computing, April 1987.

Tsichritzis, D.; Nierstrasz, O. (1988), Application Development Using Objects, in: Information Technology f Organisational Systems/ Hrsg. von H.-J. Bullinger; E.N. Protonotarius; D. Bouwhuis; F. Reim, Amsterdam, New York, Oxford, Tokyo: North-Holland 1988, S. 15-23.

* Diese Arbeit wurde von der Kommission der Europäischen Gemeinschaften im Rahmen des ESPRIT-Projekts 2071 "Construction and Management of Distributed Open Systems" (COMANDOS) gefördert.

Fernzugriff auf Datenbanken

W. Lamersdorf

Remote Database Access

Winfried Lamersdorf

IBM European Networking Center
Tiergartenstraße 8
D-6900 HEIDELBERG
West-Germany

Abstract

The increasing popularity of computer networks allows for providing database services not only for a local but also for a remote set of potential user. In such an environment, the, in general, heterogeneous nature of computer hard- and software involved requires 'Open Systems' communication facilities for transferring, e.g., request/ response messages between peer communication partners over the network. A corresponding set of general communication services has been standardized by the 'International Standards Organization' (ISO) in the framework of 'Open Systems Interconnection' (OSI). This paper reports on problems related to and solutions provided by the international standardization work on 'Remote Database Access' (RDA) which aims at communication support for accessing remote databases in an open systems computer network environment.

1. Introduction

Advanced computer network infrastructures are becoming increasingly important for supporting *distributed and cooperative* work patterns. In such an environment, multiple computer nodes with different characteristics and capabilities can be interconnected in order to communicate with and support each other.

Distributed cooperative work involves, in general, execution of a variety of sub-tasks at distinct locations. For any such sub-task in order to be specified independently of the underlying computer network characteristics, support by an appropriate abstract **communication interface** is required. Using such an interface, cheap and locally interconnected personal workstations can access - via wide-area and other local area networks - dedicated and powerful server nodes in order to jointly realize integrated distributed applications. In many cases, a 'client/ server' approach [14] provides for an appropriate conceptual framework to describe the cooperation of such distributed communication partners.

An important area of applications for distributed cooperative work and the related communication services is that of remote access to **databases in computer networks**. In many cases, databases represent a costly to collect and to maintain set of data on which they offer information retrieval and management services to a great number of user. Based on an appropriate communication infrastructure, such centralized database application scenario can be generalized into application environments where database users and providers can be located at different sites. This allows distributed and data intensive applications to share all benefits as well as all (in many cases high !) costs of data management among a much greater number of users in an, in principle, unlimited open network environment. A fundamental requirement for providing remote access to database services in an open systems network environment is an adequate set of both generic and (database) application specific communication functions, based on commonly agreed 'Open Systems' communication protocols.

This paper first outlines requirements and architectural alternatives for supporting distributed and data intensive applications in open systems network environments. It then concentrates on communication support for accessing remote databases in open computer networks. The paper presents technical foundations, status, and most recent developments of an emerging International Standard on 'Remote Database Access' (RDA) as currently produced by the 'International Standards Organization' (ISO) SC21 WG3 ('Databases') in the framework of 'Open Systems Interconnection' (OSI).

2. Database Applications in Open Systems

2.1 Communication System Support

In many cases, open and heterogeneous networks interconnect and integrate subnetworks (i.e. local, wide-area networks, etc.) of many different kinds which, in turn, interconnect a wide variety of machines which many different hard- and software characteristics. In order to provide for network integration in such an environment, an overall agreement about communication interfaces and protocols used has to be reached. This is, e.g., achieved by *standardized communication services and protocols* as internationally specified in the 'Open Systems Interconnection' framework. Within the ISO/OSI reference model [3], protocols and services for the lower-layer communication services are currently well defined, whereas some of the required upper-layer services (i.e. those which provide for abstract and dedicated support for specific applications) are still missing or under discussion.

In addition to the *general* communication mechanisms which each system has to provide in order to be able to communicate at all in an open systems environment, adequate *application specific* interfaces also have be added within each local environment for supporting dedicated application functions. Such an application interface is - since it is defined specifically for a local computer environment - also generally subject to international standardization. As opposed to the generic communication support, this application specific communication interface is tailored to a specific class of applications only (e.g. message handling, remote file access, remote database access etc.).

2.2 Databases Applications in Networks

An important area of applications of distributed systems is that of **access to remote databases** in an open network environment. With the support of such a service, all benefits as well as costs of the valuable and costly to maintain database resources can be shared among a great number of users. In order to support such applications, application oriented communication services are required for supporting 'Remote Database Access' (RDA). Such application oriented communication services concentrate on providing dedicated support for a specific set of communication problems which are different for each class of distributed applications and, thus, beyond the scope of the generic communication system functions. In the framework of the ISO/OSI reference model, application specific communication standards belong to the 'application' layer (layer 7) of the 7-layered model.

In a distributed database application environment, a frequent form of communication between two cooperating communication partners can, in many cases, be described by the concepts of a '**Client/ Server**' or 'Requestor/ Server' [14] model. In such a cooperation, a database client (or: requestor) asks for services from a database server which is able and willing to provide such services. According to such a model, clients can also request services from a number of different servers. Also, sites which play the role of servers in one environment, can also become clients in a different context. In other cases, for example, complete (e.g. local area) subnetworks could play the role of compound servers providing, collectively, services to other nodes in a distributed client/ server network environment. It may also be possible that client systems (workstations and mainframes) maintain their own databases locally. According to such an approach, more complex distributed database server systems which are administered jointly (e.g. all database servers within a certain local area computer network) are collectively referred to from remote sites via only one single user interface.[1] So, the client/server approach provides an appropriate model for describing the communication behaviour of peer system components at different levels of abstraction.

As opposed to the more general client/ server model, for the first phase of RDA standardization it is assumed that there is no direct cooperation between any servers involved in a distributed remote database application. According to the client/ server model as currently supported by a standardized ISO/OSI RDA communication connection, a single RDA client acts as the coordinator, responsible for an applications using it to access and coordinate one or more remote databases.

2.3 Architectural Choices for Distributed Database Applications

Based on applying the requestor/ server approach to distributed database applications, alternate database architectures in open computer networks can be classified as a *generalization* from centralized to completely distributed systems (see, e.g., [13]). Such a generalization starts from **centralized** database systems which, historically, have been developed and maintained for large local computer systems. It then leads to environments of **distributed**, computer systems (i.e. local processing power and communication links to interconnect such systems) in which also database applications can be integrated in a cooperative networking environment. The stepwise generalization of database systems from a centralized to different variations of a distributed environment can be briefly described as follows:

2.3.1 Centralized Database Systems

In a centralized database environment, all DBMS functions to support data query and manipulation requests, as well as all data reside on only one computer node. The DBMS allows access to the data to be shared among a number of 'parallel' users. In this context, also two alternate ways of generalizing such an architecture shall be summarized under 'centralized' database systems:

---

[1] Note that because of the heterogeneity of networks, computers, operating systems, and database systems, the provision of an interface for remote users in an open systems network environment heavily relies on the existence of *standardized* open systems communication services and protocols as provided, e.g., by 'Remote Database Access', RDA [4].

- Centralized *multi-processor* database systems allow for distributing the location of the data (including the immediate access to it) among a (in general small) number of locally interconnected processors. In a centralized database system, however, all management of parallel user requests for the combined set of all data as well as all data management functions are executed centrally. So, users may access data on all processors only through one centralized DBMS.

- Based on long-distance communications networks, *remote terminal access* to centralized databases can also be achieved based on so called 'TP-monitor' systems. Here, all data management functions as well as all data are still under the control of one, centralized database system. Only the end user interface of some specific application is distributed to, in general, very simple remote sites (application terminals). In such an architecture, a TP-monitor component supervises and handles requests from the remote stations locally at the database system site where they are executed by the respective centralized DBMS functions.

2.3.2 Remote Database Access

The next step in generalizing a centralized database system into a networking environment would then allow for complete database applications to reside on remote computer nodes. All DBMS functions, however, still reside on one dedicated database 'server' node. In this model, the interaction between a remote application, called the database 'client', and the centralized and dedicated DBMS, called the database 'server', follows a client/ server approach.

In an open system environment, the communication links between clients and server have to provide dedicated support for such database applications. Here, interfaces to such communication links have to be generally agreed, i.e. *standardized*, according to a so called **Remote Database Access** protocol [4], [5].

2.3.3 Federated Databases

The basic idea underlying a **Federated Database** architecture [2] is that of a fairly loose cooperation of independent databases which, however, still provide some support for global (distributed) database integration. This leads to a very loose cooperation of the involved databases and not much system support in executing distributed requests. In such an architecture, definition and execution of distributed database operations is completely up to the application programmer. It also means that, in general, for federated databases there exists no global conceptual schema for the integrated distributed database, although some, partial, database integration is supported at the user interface for some classes of applications.

In federated database systems, some global coordination (e.g. naming conventions, im- and export mechanisms etc.) is provided by global rules which have to be obeyed by all local DBMS implementations. For instance, distributed user requests are first translated into a generally understood 'internal' representation, and may then be routed independently from each other to the respective local database components. This leads to still a fairly high degree of autonomy of the involved databases systems, but also supports a distributed application by some system-wide coordination functions.

Practical examples of such an architecture are, e.g., cases where hierarchically structured organizations need computer-based support for data management at different levels of their organization. For example,

- within a department, the wide-spread use of intelligent workstations and appropriate software support allows for data management for 'private' or locally restricted use at a '**personal level**',
- for the common needs of a department, common data management functions are provided at a '**departmental level**', and - may be in several stages
- data management support for whole (sub-) organizations is provided at the '**organizational level**'.

As - at least occasionally and potentially - organizational units at **all** levels have to interwork, an **integrated** data management should be supported by an appropriate distributed DBMS. But for, e.g., organizational, privacy, financial, optimization, etc. reasons, a high degree of **autonomous** responsibility over their own data has to remain with all respective local data management functions, too.

A federative distributed database environment as depicted above provides an architectural compromise between system-wide integration on the one hand side and local site autonomy on the other based on a distributed and only partially integrated data management system. Members of such a federation may join or leave the integrated environment at any time - based only on their own and local decision. A distributed database management systems to support such kinds of federative database applications has been designed and implemented in a uniform database and programming language context as described in [1].

An even looser, partial integration of pre-existing and independently managed database systems of any kind for specific and relatively rare tasks is sometimes also called a **multi-database** system.

2.3.4 Distributed Databases

Tightly coupled **Distributed Database Systems** integrate different databases distributed among different sites in a network closely by providing the application program with a logical view of only one, logically centralized database. So, at the user interface of a distributed database, there is only one global conceptual schema; all integrity and consistency constraints are expressed and enforced at the global database level. As a consequence, distributed databases require close cooperation, i.e. only little independence of all participating local database management systems. This reduces local control and autonomy quite considerably. On the other hand, much more support is given by a distributed database management system to relief the application programmer from problems of data distribution in a networking environment. Specifically, this means that a user may access data on a remote site without knowing it's exact location ("distribution" or "location" transparency).

In a distributed database environment, database operations are executable both at the local and at the remote (i.e. global) level. An integrated distributed *transaction management* involves - potentially - different and independent local (sub-) transaction management components at different sites. An integrated 'global' transaction management aims at guaranteeing the ('ACID'-) transaction properties also at the global level. This can, in general, only be achieved at the expense of an additional management overhead and of restrictions to the respective autonomy of the involved local database components.

Distributed databases may be either *homogeneous* or *heterogeneous* systems. The former type integrates local database system which are based on the same conceptual database model (e.g. relational or hierarchical), the latter those which are based on different databases models or, at least, designed differently based on the same database model.

3. Remote Database Access

3.1 International RDA Standardization

3.1.1 History

Internationally a first draft for an RDA standard within the application layer of the ISO/OSI reference model has been completed by the 'European Computer Manufacturers Association' (ECMA) in 1985. It was the - via national member bodies - forwarded to the 'Database' working group (WG3) of the subcommittee on 'Open Systems Interconnection' (SC21) of ISO/IEC JTC1. There, a dedicated RDA 'Rapporteur Group' was founded in 1987 which produced a first 'Draft Proposal' on RDA in 1988. During 1989 this proposal was discussed and modified internationally and shall be balloted as a '2nd Draft Proposal' in 1990. Current RDA standardization plans aim at achieving a - technically stable - 'Draft International Standard' on RDA in 1990/91, and an 'International Standard' a year later than that.

3.1.2 Basic RDA Model

The basic communication model underlying the RDA standard is that of a 'Database Client' (e.g. on a personal workstation) using the ISO/OSI RDA communication services to access a remote 'Database Server' which provides database services from its local database management system to a set of (local or) remote clients in an open systems network environment (see Figure 1).

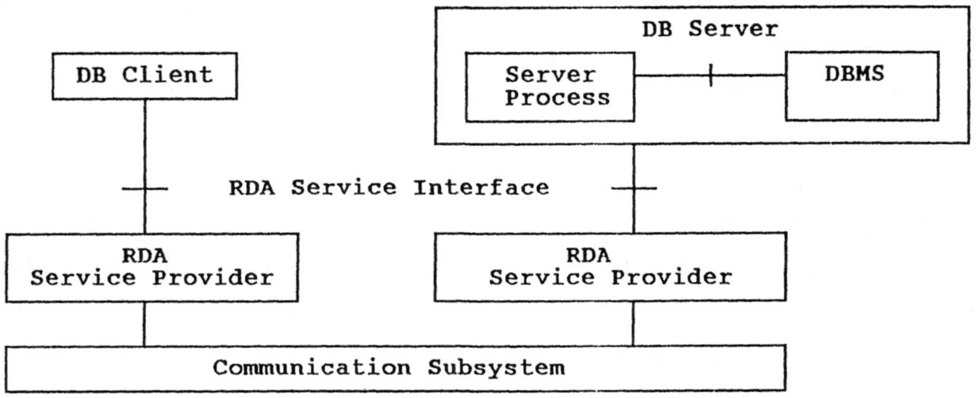

Figure 1. General RDA Client / Server Model.

According to this model, the 'RDA Service' is provided to both database client and database server based on the underlying services of the ISO/OSI communication layers 1 to 6 ('Communication Subsystem'). A dedicated 'Server Process' routes incoming requests on the RDA server to the 'Database Management Systems' (DBMS) on the server node and sends results - via the RDA communication services - back to the RDA client.

Finally, the 'RDA Services Interface' defines all RDA communication **services** which are provided to both RDA client and server in order to support their communication requirements. In the RDA communication standard, the RDA communication **protocol** then specifies in detail all message formats and communication rules which have to be followed by any RDA implementation which conforms to the RDA standard in order to allow for full interconnectivity with all other conforming RDA implementations in an open systems network environment.

3.2 The RDA Communication Services

At the RDA service interface, a set of RDA services is provided to both the RDA client and the RDA server. According to the different classes of functions which RDA supports, these services can be subdivided into five different groups:

3.2.1 Dialogue Management Services

In line with most ISO/OSI communication standards, RDA provides a 'connection-oriented' communication service. So, any two RDA peer communication partners have to establish (resp. end) an explicit communication 'dialogue' prior (resp. after) transmitting their communication requests. In order to support that, the RDA service interface includes two respective services, 'R-BeginDialogue' and R-EndDialogue' as shown in the table below.

In the following tables, RDA services are, in the first column, listed by their respective names, then, in the following column, their functionality is described briefly. Finally, the tables show how these RDA services can be 'requested' (invoke req) on one side of the communication link and 'indicated' (invoke ind) at the other. Also, transmission of the corresponding result(s) can be 'requested' (result req) and 'indicated' (result ind) at either the RDA client or the RDA server network interface.

Service Element	Description	Client	Server
R-BeginDialogue	Establishment of an RDA dialogue	invoke req result ind	invoke ind result req
R-EndDialogue	Termination of an RDA dialogue	invoke req result ind	invoke ind result req

3.2.2 Resource Handling Services

After having established an RDA dialogue to a peer communication partner, an RDA client is supported by RDA services in accessing a remote database management system. First, 'resources' of such a DBMS may have to be opened.[2] In order to do so, the RDA service interface includes two corresponding services, 'R-Open' and 'R-Close' which are used to transmit requests for opening or closing a database resource from the RDA client to the RDA server.

As the transmission and execution of RDA services usually produces a result, the RCA client/ server communication pattern as described in the RDA service tables always is the following: the RDA client requests a remote operation invocation, this request is indicated at the RDA server side, and, after execution of the respective operation, the server requests the transmission of the result (resp. error) which is then indicated at the client node.

Service Element	Description	Client	Server
R-Open	Request for opening a data resource	invoke req result ind	invoke ind result req
R-Close	Termination of access to a data resource	invoke req result ind	invoke ind result req

3.2.3 Database Language Services

After having established a dialogue and opened the necessary database resources, a RDA database client may want to transmit database language (DBL)

---

[2] The definition of such a 'resources' could possibly range from a whole database system up to some portion of, e.g., a single relation tuple.

commands to the RDA database server in order to initiate execution of such commands at the server DBMS. This is supported in RDA by the 'R-ExecuteDBL' service. In addition to that, RDA provides for a way of transmitting DBL command to the server prior to their execution by pre-'defining' them (R-DefineDBL). At the RDA server side, such commands can then be validated and stored for later execution which is initiated using the RDA service 'R-InvokeDBL'. Also, pre-define DBL commands can be dropped at the RDA server side, initiated from the RDA client using a respective RDA 'R-DropDBL' service.

Service Element	**Description**	**Client**	**Server**
R-ExecuteDBL	Execution of a DBL statement	invoke req result ind	invoke ind result req
R-DefineDBL	Validation & storage of a DBL command	invoke req result ind	invoke ind result req
R-InvokeDBL	Invocation of a stored DBL command	invoke req result ind	invoke ind result req
R-DropDBL	Deletion of a stored DBL command	invoke req result ind	invoke ind result req

3.2.4 Control Services

In cases where the execution of a DBL command at the RDA server side takes a great amount of time, RDA provides for some means of controlling the execution of DBL commands from the client side. First, an RDA client can acquire information about the status of a DBL operation sent to the RDA server using the 'R-Status' service.[3] Also the RDA client can initiate the prevention of an already sent DBL operation from execution at the RDA server side by using an 'R-Cancel' service.

---

[3] The status of such an operation could, e.g., be 'awaiting execution', 'executing', etc..

Service Element	Description	Client	Server
R-Status	Determine status of DBL operation(s)	invoke req result ind	invoke ind result req
R-Cancel	Cancel outstanding DBL operation(s)	invoke req result ind	invoke ind result req

3.2.5 Transaction Management Services

In many cases, RDA service users want to group their DBMS service requests into sets of services which have to be executed either altogether or not at all. In database management systems, such kinds of requirement are usually supported by realizing a database *transaction* concept. In order to initialize use of the respective DBMS services, but also to be able to synchronize transmission of sequences of communication requests between two communication partners, RDA also provides for basic communication services for supporting a transaction concept. The elementary RDA transaction management services consist of a service to start a transaction ('R-BeginTransaction'), and two alternate ways of ending it, either successfully ('R-Commit') or by withdrawing all changes since the start of the transaction ('R-Rollback').

Service Element	Description	Client	Server
R-BeginTransaction	Start of a transaction	invoke req	invoke ind
R-Commit	Successful end of a transaction	invoke req result ind	invoke ind result req
R-Rollback	Rollback of a transaction	invoke req result ind	invoke ind result req

3.3 The RDA Communication Protocol

The RDA communication protocol defines in detail the message formats for all RDA messages that can 'legally' flow between an RDA client and an RDA server. For uniquely defining the structure of such RDA '**Application Protocol Data Units**' (APDUs) is makes use of the ISO/OSI standardized 'Abstract Syntax Notation 1' [6]. Then, another ISO/OSI standard [7], for example, specifies how these structures can be translated ('encoded') uniquely into system independent Bit representations which then are to be sent over the communication link to the peer communication partner.

In addition to specifying the APDU structures, the RDA protocol defines *rules and restrictions* which any RDA implementation has to obey. The most important set of such rules are the so called '**sequencing rules**'. They define the set of legal sequences in which RDA services may be used. (For example, an 'R-BeginDialog' has to preceed any other RDA operation.). The following Figure 2 shows an example of how such sequencing rules can be represented in a 'state event' diagram describing, as given in this example, the (partial) set of legal RDA client state transitions caused by incoming or outgoing communication events (as, for example, an outgoing service 'request', an incoming, positive, +, or negative, -, result indication, etc.).

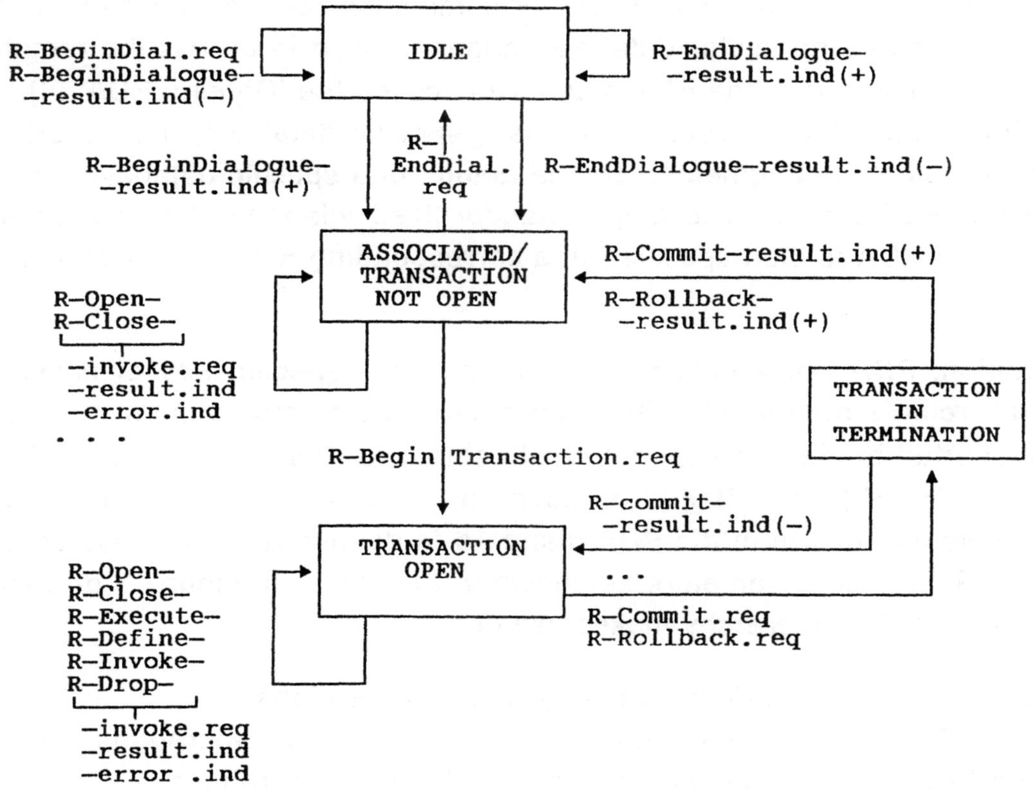

Figure 2. Partial RDA Client State Diagram Example

4. RDA in the ISO/OSI Upper Layer Architecture

The ISO/OSI Upper Layer Architecture (ULA) [8] defines a common framework within which all ISO/OSI application layer standards shall be specified. As a basic building principle, it emphasizes 're-use' of partial or 'generic' OSI application layer standards whenever possible for defining specific application layer standards which support a dedicated class of applications only. For example, as association management has to be provided by all application layer standards, a corresponding generic standard 'Association Control Service Elements' (ACSE) [9], is included in all specific application layer standards.

4.1 RDA Specialization Hierarchy

In case of RDA, there is an 'generic' part of the RDA standard which describes those aspects of the RDA client/ server communication which are independent of the details of a particular database language used to access the remote database. So, this part of the RDA standard is called the 'Generic RDA' [4] standard. For using RDA in order to access a specific database, the generic RDA standard has to be augmented by the details of a specific database language, for example SQL when accessing a standardized relational database interface. This part of RDA is then specified in a corresponding RDA 'specialization', e.g. [5]

In addition, RDA operations can be viewed as a specific way of using more general 'remote operation' calls in an open systems environment. Such calls are supported by the corresponding OSI standard 'Remote Operations Service Elements' (ROSE) [10]. Based on such an OSI ULA 'specialization hierarchy' the complete structure of the RDA standard is defined as a stepwise specification of OSI service parameters as shown in the following Figure 3 on page 15. This specialization hierarchy makes use of

ROSE: for generic calls of any remote operations,
Generic RDA: for DBL independent calls of remote RDA operations, and
Specific RDA: for remote calls of specific RDA DBL operations.

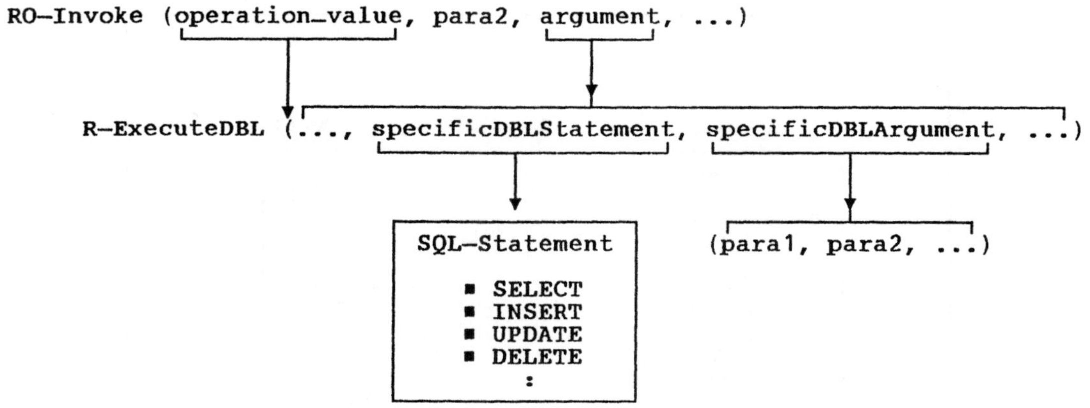

Figure 3. RDA Specialization Hierarchy.

4.2 OSI ULA Application Context Definition

The basic structure of embedding an OSI application layer standard into the overall OSI Upper Layer Architecture (ULA) is shown in the following Figure 4 on page 16. According top the OSI ULA standard [8], a specific 'Application Process (Invocation)' (AP(I)) is composed of the non-communication capabilities and an 'Application Entity (Invocation)' (AE(I)) which supports the communication requirements of an application. Within such an AEI, single communication associations are controlled within the framework of a 'Single Association Object' (SAO) by a 'Single Association Control Function' (SACF). Besides the SACF, an SAO consists of the set of basic building blocks, or 'Application Service Elements' (ASEs). Whenever there is a need to coordinate more than one association this is defined in the so called 'Multiple Association Control Function' (MACF).

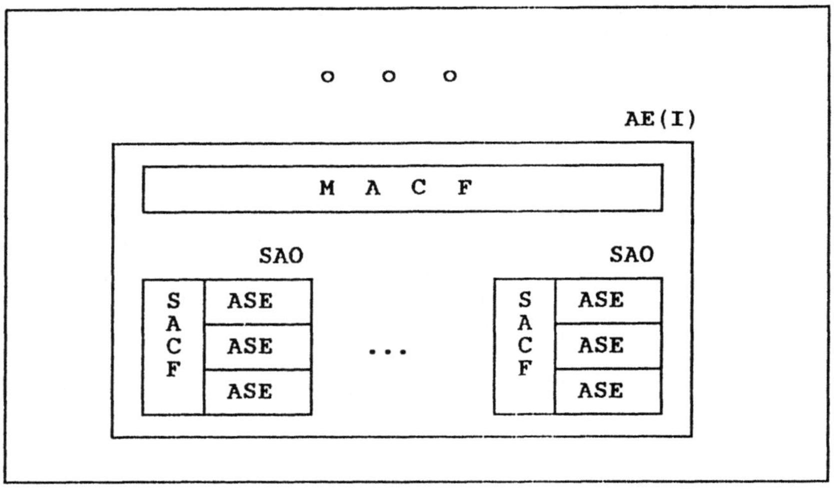

Figure 4. ISO/OSI Upper Layer Architecture Model

4.3 RDA Application Context Definitions

Depending on the level of transaction management supported, RDA specifies two alternate (and one intermediate) application context definitions:

4.3.1 RDA Basic Application Context

In the 'Basic Application Context' for single-client/ single-server applications, only limited transaction management functions (as described in RDA services section) are provided within the RDA-ASE. Therefore, in this context, the SAO contains an RDA-ASE and ACSE only.

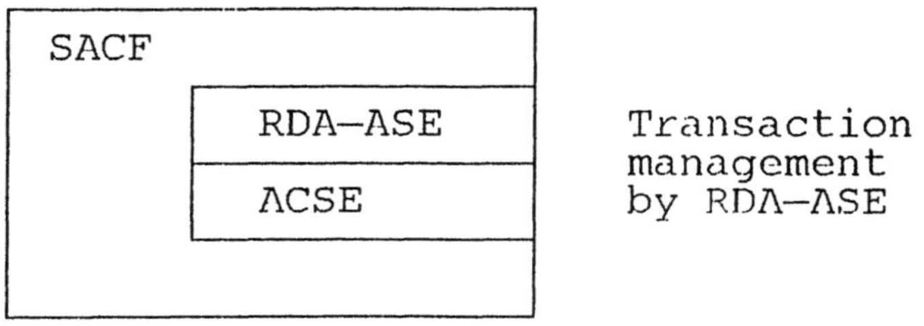

Figure 5. RDA Basic Application Context

4.3.2 RDA CCR Application Context

In the RDA 'CCR Application Context' as given, for explanatory reasons, in an Appendix to the RDA standard, RDA directly makes use of the basic transaction management services as provided by the OSI 'Commitment, Concurrency and Recovery Service Element' (CCR) [11]. In this RDA application context (as well as in the RDA TP application context), use of the RDA transaction management services as provided for the basic application context is prohibited. Since it does not support a communication *service* to control a two-phase commit protocol, this (CCR) application context is provided for RDA in an Annex only.

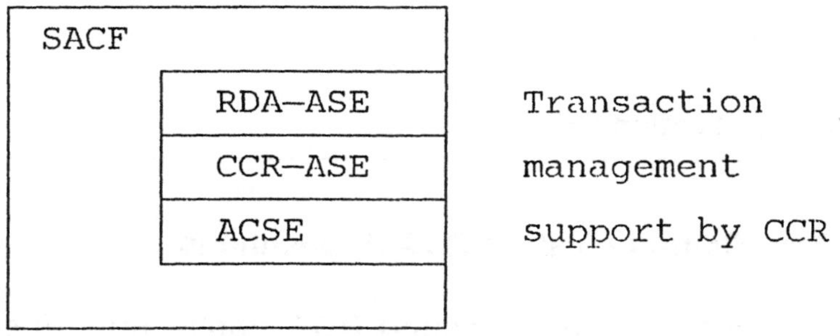

Figure 6. RDA CCR Application Context

4.3.3 RDA TP Application Context

In RDA, full transaction management support (including a service for executing a tow-phase commitment protocol over a tree of sub-transactions) is provided in the 'TP-context'. It uses the 'Transaction Processing' (TP) [12] standard for managing distributed transactions, including the necessary 'MACF-rules' for coordinating more than one transaction branch. So, the corresponding SAO for the RDA TP application context includes ACSE, the RDA-ASE, and TP (supported on a single branch by the CCR protocol) for transaction management.

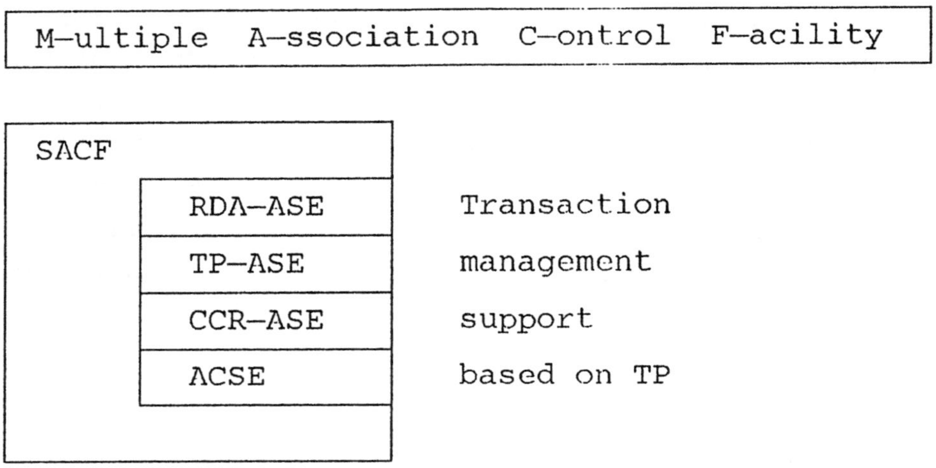

Figure 7. RDA TP Application Context

4.3.4 Structure of Two Communicating RDA Applications

Finally, the structure of two communicating RDA applications (i.e. RDA client and server) can be described within the framework of OSI ULA as shown in the following Figure 8.

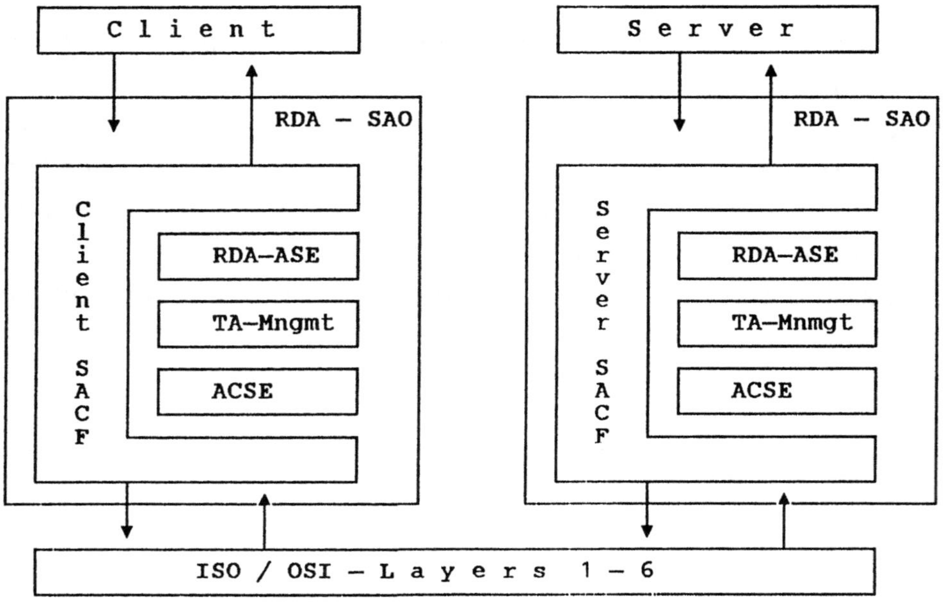

Figure 8. RDA Controlling a Single Association

5. Outlook on RDA Standardization

The current status of the RDA standard as developed by ISO is that has become technically fairly stable. The 'RDA Rapporteur Group' of ISO will issue a new version of the RDA 'Draft Proposal' (DP) early in 1990 for international standards body review. As this will be the 2nd international RDA DP ballot already, it is currently expected that an RDA 'Draft International Standard' can be reached in 1990/91 and an RDA 'International Standard' a year after that.

As the scope of the current RDA standards proposals had to be limited in several respects (e.g. peer-to-peer communication, one specialization, etc. only), many additional aspects remain for future research and standardization work. A - not complete - list of some of such possible extension to the current RDA work includes, e.g.:

- Alternate database languages (NDL(?), SQL2, SQL3, ...),
- Specific support for DDBs, e.g, for ...
- ... location/ replication/ fragmentation transparency,
- Support for federative/heterogeneous/multi-DBs,
- Support for DB program portability on open systems,
- A 'connection-less' RDA,
- Adaptation to high-speed networks,
- Adaptation to directory and network management,
- Extended transaction management (dependent on suitable CASE elements),
- Transparent access to remote data (--> full distributed dbms ...),
- Remote access to multi-media databases,
- Adaptation to high-speed networks (specific protocols etc.),
- etc..

In the international standards arena, some of these extensions may, in the future, be addressed by 'Addendum' work for RDA. However standardization work on any of these areas has not even been started yet, and many of the problems listed above are still to be addressed by future research in the area of databases in open computer networks.

6. References

[1] **L. Ge, W. Johannsen, W. Lamersdorf, K. Reinhardt, J.W. Schmidt** *Database Application Support in Open Systems: Language Concepts and Implementation Architectures.* Proc. 4th Conference on Data Engineering, pp. 556-563, Los Angeles, CA, USA, February 1988

[2] **D. Heimbigner, D. McLeod,** *Federated Architecture for Information Management* ACM Transaction on Office Information Systems, vol. 3, no. 3, pp. 253-278, July 1985

[3] **International Organization for Standardization** *Basic Reference Model* Information Processing Systems - Open Systems Interconnection, International Standard 7498

[4] **International Organization for Standardization** *Remote Database Access Service and Protocol* Information Processing Systems - Open Systems Interconnection, Draft Proposal 9579-1 (ISO/IEC JTC1/C21 WG3 N845), June 1989

[5] **International Organization for Standardization** *Remote Database Access - SQL Specialization* Information Processing Systems - Open Systems Interconnection, Working Draft 9579-2 (ISO/IEC JTC1/C21 WG3 N844), June 1989

[6] **International Organization for Standardization** *Abstract Syntax Notation One (ASN. 1)* Information Processing Systems - Open Systems Interconnection, International Standard 8824

[7] **International Organization for Standardization** *Basic Encoding Rules for Abstract Syntax Notation One* Information Processing Systems - Open Systems Interconnection, International Standard 8825

[8] **International Organization for Standardization** *Application Layer Structure* Information Processing Systems - Open Systems Interconnection, Draft Proposal 9545

[9] **International Organization for Standardization** *Service/Protocol Definition for Common Application Service Elements: Part 2: Association Control* Information Processing Systems - Open Systems Interconnection, International Standard 8649/50-2

[10] **International Organization for Standardization** *Remote Operations* Information Processing Systems - Open Systems Interconnection, Draft International Standard 9072

[11] **International Organization for Standardization** *Commitment, Concurrency and Recovery Service Element* Information Processing Systems - Open Systems Interconnection, Draft International Standard 9804

[12] **International Organization for Standardization** *Distributed Transaction Processing* Information Processing Systems - Open Systems Interconnection, Draft International Standard 10026-1, 10026-2, 10026-3

[13] **J.A. Larson** *Four Reference Architectures for Distributed Database Management Systems,* Computer Standards and Interfaces, North-Holland Pub. Co., vol. 8, 1988/89, pp. 209-221

[14] **L. Swobodova** *Client/Server Model of Distributed Processing* Proc. GI/NTG-Fachtagung 'Distributed Database Systems', Karlsruhe, W.-Germany, Informatik-Fachberichte, vol. 95, Springer Verlag, Heidelberg, 1985, pp. 485-498

Der Einstieg in die Welt verteilter Informationssysteme aus Anwendersicht

A. J. Ness

1 Einleitung - Einsatz verteilter Informationssysteme

Seit Mitte der 1980er Jahre sind leistungfähige und preiswerte Mikrorechner und lokale Netzwerke verfügbar. In zunehmender Anzahl und zunehmendem Umfang werden Softwareprodukte zum Rechnerbetrieb, zur Rechnerkommunikation und zur Programmierung verteilter Anwendungsprogramme entwickelt. Zusammen mit der Hardware ermöglichen sie, verteilte betriebliche Anwendungen zu erstellen und einzusetzen.

Die Hardware verteilter Informationssysteme besteht aus in einem Netzwerk verbundenen Rechnern, die jeweils über verschiedenes Rechen-, Speicher-, und Ein-/Ausgabe-Vermögen verfügen können. Auf dieser Hardware laufen Anwendungsprogramme, die entweder selbst verteilt sind, oder mit Hillfe von Betriebs- und Dateisystemsoftware auf entfernte Ressourcen (Daten, Programme, Peripheriegeräte) einwirken können.

Mit verteilten Informationssystemen können Rechen- und Speichervermögen an die Orte gebracht werden, an denen sie gebraucht werden. Die Übertragung vieler Daten über weite Entfernungen kann vermieden werden und dennoch sind Informationsaustausch und -zugriff auf nicht lokale Ressourcen möglich.

2 Ausgangssituation

Unser Unternehmen ist ein Ingenieurbüro, das Heiz- und Kühlanlagen für die Holzindustrie, Betonwarenindustrie, für die Leiterplattenherstellung und andere Anwendungsbereiche entwickelt, projektiert verkauft und konstruiert. Die Anlagen werden von einem kooperierenden Herstellungsbetrieb gefertigt und installiert.

Die Hauptaufgaben, die mit einem Informationssystem unterstützt werden, sind: Angebotserstellung, Korrespondenz, technische Berechnungen, Projektabwicklung, Erstellung technischer Dokumentation. Es ist geplant, CAD für ausgewählte Teilbereiche der Konstruktion (Schemapläne, standardisierte Komponenten) einzusetzen. Für andere Teilbereiche, insbesondere Aufstellungspläne, ist der Einsatz von CAD (noch) nicht sinnvoll.

Bevor ein verteiltes Informationssystem aufgebaut wurde, waren mehrere Personalcomputer für die Korrespondenz, die technische Dokumentation und für technische Berechnungen eingesetzt. Korrespondenz und technische Dokumentation werden mit Standardprogrammen unterstützt, die technische Berechnung erfolgt mit eigenentwickelten Programmen.

3 Kriterien für die Auswahl der Informationssystemkomponenten und der Einsatzstrategie

Im Verlauf der Einführung des Informationssystems und des schrittweisen Ausbaus seit 1987 wurden die Auswahlkriterien formuliert und mehrmals revidiert. Mit Hilfe der eigenen Einsatzerfahrung konnten Annahmen überprüft und Schwerpunkte qualifizierter und präziser gesetzt werden. In der folgenden Liste werden die wesentlichen Kriterien erläutert, die zusätzlich zu den funktionalen Anforderungen gelten:

- Ausbaubarkeit, Beginn mit dem Vorhandenen

Grundsätzlich muß das System bezüglich der Hardware und der Software erweiterbar sein. Es soll schrittweise ausgebaut werden, wobei bei jedem Teilschritt die Erfahrungen des bisherigen Einsatzes verwertet werden sollen.

- Handhabbarkeit durch die eigenen Mitarbeiter

Das Informationssystem muß von den eigenen Mitarbeitern beherrscht werden können. Dies betrifft nicht nur die Bedienung, sondern auch die Fehlerbehebung und die Weiterentwicklung des Systems.

- Programmierbarkeit durch die eigenen Mitarbeiter

Zur technischen Berechnung und für die Verwaltung betriebsspezifischer Vorgänge werden eigene Programme entwickelt, betrieben und gewartet. Die Programmierung des Informationssystems muß von Anwendern, den Mitarbeitern des Betriebs, durchgeführt werden können.

- Zuverlässigkeit, Verhalten im Fehlerfall

Wenn wesentliche betriebliche Abläufe mit Hilfe eines verteilten Informationssystems unterstützt sind, kommt dessen ständiger Betriebsbereitschaft große Bedeutung zu. Für die Auswahl sind jedoch nicht nur die Zuverlässigkeit des gesamten Systems, sondern auch das Verhalten im Fehlerfall und die Möglichkeiten zur Fehlerisolierung und zum (eingeschränkten) Notbetrieb wichtig.

- Geringe Abhängigkeit von Lieferanten

Es darf keine existentielle Abhängigkeit von einem einzelnen Lieferanten entstehen. Dies betrifft vor allem die Anwendungssoftware, die auf die speziellen Bedürfnisse des Unternehmens zugeschnitten ist.

Weiterentwicklungen und Ergänzungen müssen vom Unternehmen selbst initiiert und gesteuert werden können. Eine Programmierung mit einem professionellen Partner ist zulässig. Es müssen jedoch Vorkehrungen getroffen werden für den Fall, daß dieser Partner nicht mehr zur Verfügung steht.

- Vermeidung der Offenlegung von Betriebsgeheimnissen

Informationssystemlieferanten arbeiten in der Regel branchenbezogen. Das bedeutet, daß dem Lieferanten offengelegte Informationen direkt oder indirekt Wettbewerbern zugänglich werden können. Diese Informationen betreffen eigene Produkte, Betriebsabläufe, Berechnungsverfahren und Geschäftsbeziehungen sowie Anwendungserfahrungen mit dem Informationssystem.

- Investitionssicherheit

Die zu beschaffende Hardware und Software müssen über einen längeren Zeitraum (über 5 Jahre) einsetzbar sein. Hardware und Software sollten daher nur eine begrenzte Abhängigkeit voneinander haben. Ergänzungen, Erweiterungen und Austausch von Teilen muß möglich sein.

4 Auswahl der Struktur und der Komponenten des verteilten Informationssystems

Ausgehend von den vorhandenen Personalcomputern wurde das verteilte Informationssystem zunächst als PC-Netzwerk konzipiert. D.h. die PCs werden als Arbeitsstationen eingesetzt und es gibt einen Rechner, der als Netzwerkserver arbeitet. Die PCs werden mit dem Betriebssystem MS-DOS eingesetzt. Der Hauptspeicher mit der Standardgröße 1 MB reicht somit für die 640 kB Basisspeicher und 384 kB Erweiterungsspeicher für Plattenpufferung aus.

Da mit einem kleinen Netz begonnen wird (weniger als 8 Arbeitsstationen, entsprechend geringer Netzwerkverkehr), können ein speziell ausgebauter

PC als Server und eine preisgünstige Netzwerksoftware eingesetzt werden. Der Server kann im non-dedicated mode, d.h. auch als Arbeitsstation mit geringerem Benutzungsgrad, betrieben werden. Bei dieser Anfangsstruktur sind folgende Ausbaumöglichkeiten bereits vorgesehen:

- Es können weitere Arbeitsstationen angeschlossen werden.
- Der Server kann im "dedicated mode" betrieben werden. Dadurch wird seine Serverleistung höher, aber er kann nicht mehr als Arbeitsstation verwendet werden.
- An das Netzwerk können größere Rechner mit anderem Betriebssystem (inbesondere Unix) angeschlossen werden. Eine Kommunikation mit den PCs ist möglich.
- Die PCs können auf Unix umgestellt werden.

4.2 Netzwerk-Hardware und -Software

Es wird ein Ethernet mit dünnem Kabel eingesetzt. Die Netzwerkadapter für die Rechner sind so ausgewählt, daß sie mit verschiedener Netzwerksoftware arbeiten können (insbesondere Novell, 3+, TCP/IP und NFS). Für den Server wird ein schnellerer Adapter eingesetzt als für die Arbeitsstationen.

Für das PC-Netzwerk wird als Netzwerk-Software Novell ELS II verwendet. Wenn zukünftig mit einem größeren Unix-Rechner vernetzt wird, muß diese Software gegen PC-NFS und TCP/IP ausgetauscht werden. Die Netzwerkhardware (Adapter und Kabel) bleibt dabei unverändert.

Es muß darauf geachtet werden, daß die speicherresidenten Netzwerktreiber möglichst wenig Speicherplatz benötigen, da sonst größere Anwendungsprogramme nicht mehr in den 640 kB-Basisspeicher der PCs passen.

4.3 Rechner-Hardware und Betriebssystem

Es werden PCs mit 286er oder 386er (bevorzugt) Prozessor eingesetzt. Sie verfügen über 1 oder 2 MB Hauptspeicher.

Jede Arbeitsstation ist mit einer lokalen Festplatte von 20 oder 40 MB Größe ausgestattet. Der Plattenkontroller muß mindestens eine Datenübertragungsrate von 500 kB/s ermöglichen, damit auf dem Rechner zukünftig Unix als Betriebssystem eingesetzt werden kann.

Der Server ist gegenüber den Arbeitsstationen mit einem größeren Hauptspeicher und größerer sowie schnellerer Festplatte ausgestattet.

Jede Arbeitsstation ist mit einem 14" VGA-Farbbildschirm ausgerüstet.

4.4 Standardanwendungsprogramme

Grundsätzlich wird versucht, soviele Aufgaben wie möglich mit Standardprogrammen zu lösen. Standardprogramme sind zuverlässiger, besser dokumentiert und billiger als Eigenentwicklungen.

Die Vielfalt an Standardprogrammen muß wegen der Beschaffungs- und Ausbildungskosten begrenzt sein. Es werden daher nur ein Textverarbeitungsprogramm (MS Word 5.0) für alle textorientierten Aufgaben und ein Tabellenkalkulationsprogramm (MS Excel 2.0) für Kalkulationen und Businessgraphik eingesetzt.

4.5 Entwicklungssoftware

Zur Entwicklung eigener Anwendungsprogramme werden TurboPascal 5.5 und TurboC 2.0 eingesetzt. Die Verwendung von Pascal begründet sich historisch; bestehende, in Pascal geschriebene Programme werden weitergepflegt. Alle neuen Anwendungsprogramme werden in C geschrieben. Es ist geplant, das objektorientierte C++ einzusetzen, sobald es TurboC-kompatibel verfügbar ist.

Alle Datenbankanwendungen werden mit dBASE IV realisiert. Dies gilt insbesondere für die Projektabwicklung und Verwaltung der Zeichnungen und Stücklisten. Das hierzu notwendige Programm wird selbst geschrieben und schrittweise ausgebaut.

5 Erfahrungen und Beobachtungen

Eine wesentliche Erfahrung ist, daß verteilte Informationssysteme zwangsläufig entstehen müssen, wenn an verschiedenen Arbeitsplätzen PCs eingesetzt werden. Die Notwendigkeit des Informationsaustauschs zwischen den Arbeitsplätzen und der Zugriff auf gemeinsame Daten und Programme wird sehr schnell deutlich, wenn an verschiedenen Arbeitsplätzen an denselben Projekten gearbeitet wird.

5.1 Erforderliches Know-How

DIe wichtigste Erfahrung bei der Umstellung von einzelnen PCs auf ein verteiltes Informationssystem betrifft das erforderliche Know-How.

Während der ersten Schritte, bei der Leistungsspezifikation, der Struktur- und Komponentenauswahl und beim Aufbau des Systems ist das meiste Know-How erforderlich. Insbesondere bei der Komponentenauswahl ist ein sowohl breites (alternative Lösungen) als auch tiefes (Auswirkungen von Kombinationen verschiedener Komponenten) Wissen erforderlich.

In der Regel besteht jedoch gerade während dieser ersten Schritte ein geringes Know-How, das erst mit dem Einsatz und der zunehmenden Erfahrung wächst. Wie in Bild 1 qualitativ dargestellt, besteht das größte Know-How-Defizit am Anfang, gerade während den Schritten, in denen die wichtigsten Investitionsentscheidungen getroffen werden.

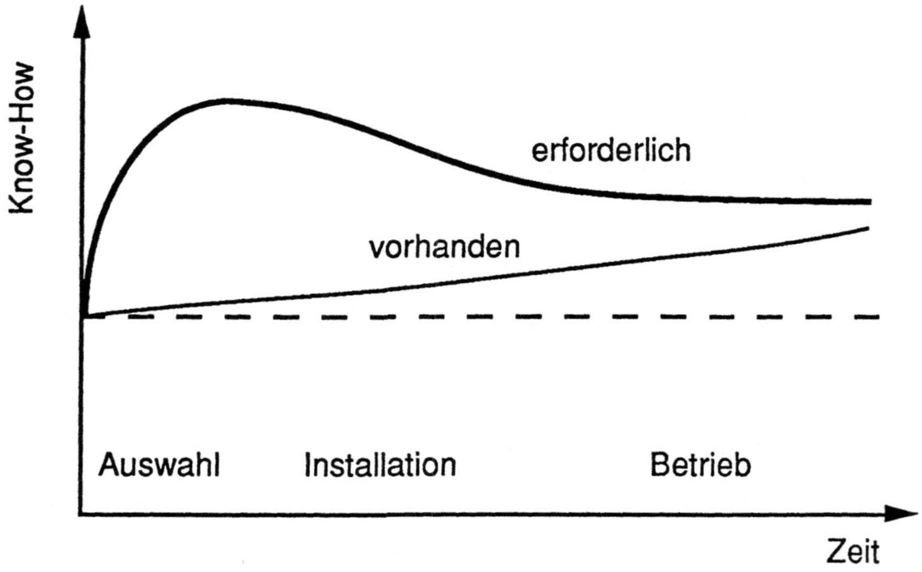

Bild 1: Zeitlicher Verlauf des Know-Hows bei der Einführung verteilter Informationssysteme

5.2 Erforderlicher Personaleinsatz

Ähnlich wie beim erforderlichen Know-How ist der Personaleinsatz während der ersten Schritte besonders hoch, das Maximum liegt im Installationsschritt.

Zur Auswahl der notwendigen Funktionalität des verteilten Informationssystems und zur Anpassung an die betriebsspezifischen Notwendigkeiten werden die Anwendungsspezialisten des Betriebs gebraucht.

Sehr häufig wird der notwendige Personaleinsatz anfangs unterschätzt, was zu erheblichen Planungsfehlern beim Aufbau eines Informationssystems führen kann. Dies gilt umso mehr, als die Verfügbarkeit der wichtigen Mitarbeiter absolut begrenzt ist und in der Regel ein Ausbau des Informationssystems nicht während einer Flaute, sondern bei hohem Beschäftigungsgrad notwendig und in Angriff genommen wird.

5.3 Ausbildung und Weiterbildung der Mitarbeiter

Die kritische Ressource ist gut ausgebildetes Personal. Das gilt sowohl für die Einführung als auch für den Betrieb eines verteilten Informationssystems. Eine traditionelle Investitionsrechnung mit Nutzwertanalyse, die hauptsächlich den Kapitaleinsatz für Hardware und Software dem monetären und nichtmonetären Nutzen gegenüberstellt, ist nicht ausreichend.

Bei sehr komplizierten Betriebsmitteln, wie verteilte Informationssysteme es sind, kann der Aufwand für Ausbildung und kontinuierliche Weiterbildung der Mitarbeiter den Kapitaleinsatz für die Investition um ein mehrfaches übersteigen. Dies wird noch dadurch verschärft, daß es in der Regel schwieriger ist und länger dauert, qualifiziertes Personal zu bekommen, als Fremdkapital zu beschaffen.

Selbst bei dem relativ einfachen Betriebssystem MS-DOS und dem einfachen Hardwareaufbau eines PCs ist ein Lernaufwand von mehreren Wochen erforderlich, um den Kenntnisstand zu erlangen, der zur Auswahl und Konfigurierung der Komponenten eines verteilten Informationssystems notwendig ist. Die Erlernung einer Programmiersprache (Pascal, C oder programmspezifische Makrosprachen) und der Umgang mit den zugehörigen Programmierhilfsmitteln sowie die Bedienung von Anwendungsprogrammen ist noch aufwendiger.

Berücksichtigt man, daß pro Jahr und Programm durchschnittlich eine neue Version erscheint, wird der Umfang des Weiterbildungs- und Anpassungsaufwands (Installation, Anpassung der abhängigen Daten und Programme) ersichtlich.

5.4 Organisatorische Änderungen beim Einsatz verteilter Informationssysteme

Die Integration der Tätigkeiten bei der Projektabwicklung über eine gemeinsame Stammdatenbasis (Personen, Firmen, Produktzeichnungen und Stücklisten, Standardteile, usw.) und Bewegungsdatenbasis (Projekt, Angebot, Auftrag, Projektzeichnungen, usw.) hat in der Hauptsache vier direkte organisatorische Auswirkungen:

- die Identifizierung (Nummerierung) und Indizierung einzelner Informationseinheiten muß vollständig und richtig sein,
- Informationen müssen rasch in der Datenbasis aktualisiert werden,
- die Informationsbeschaffung, z.B. über den Stand der technischen Dokumentation eines Projekts bei einer telefonischen Anfrage, ist wesentlich einfacher; die Aussagen sind qualitativ besser,
- es treten eine Reihe zusätzlicher "Haushaltsaufgaben" auf, die über alle Arbeitsplätze hinweg einheitlich gelöst werden müssen: Bewältigung des ständig wachsenden Datenbestands, Datensicherung gegen Verlust, Sicherung der Daten gegen unbefugte Verwendung.

6 Zusammenfassung und Folgerungen

In diesem Beitrag wird geschildert, wie ein verteiltes Informationssystem auf der Basis vernetzter Personalcomputer für ein Ingenieurbüro aufgebaut wird. Der Einsatz des Informationssystems reicht von der Korrespondenzabwicklung über die Verwaltung von Zeichungs-, Vorgangs- und Projektdaten bis zur Entwicklung und Verwendung von technischen Berechnungsprogrammen.

Die Kriterien zur Auswahl der Struktur und der Komponenten werden erläutert und das daraus resultierende Informationssystem vorgestellt. Die Arbeitsstationen werden mit dem Betriebssystem MS-DOS betrieben. Die Vernetzung basiert auf einem Thin-Ethernet mit universell einsetzbaren Adaptern (Ethernet-Controller). Als Netzwerk-Betriebssystem wird Novell eingesetzt.

Die Rechner- und Netzwerkhardware kann bei später erwarteten Erweiterungen des Systems weiterbenützt werden. Unix-Rechner können in das Netz aufgenommen werden, die PCs können auf Unix umgestellt werden. Das Netzwerkdateisystem NFS, das Kommunikationsprotokoll TCP/IP und der remote procedure call Mechanismus RPC können installiert werden (unter DOS, Unix oder gemischt).

Die hauptsächliche Belastung der Unternehmung betrifft den erforderlichen Personaleinsatz - und hier insbesondere auch den Folgeaufwand - und weniger den Kapitaleinsatz. Daher muß versucht werden, Qualifikationsaufwand und Eigenanteil beim Aufbau des Systems klein zu halten, ohne jedoch die Systemkompetenz "außer Haus zu geben".

Hierzu kann man sich auf längerfristig brauchbare Hardware- und Softwarekomponenten beschränken, die den Einarbeitungsaufwand lohnen. Zusätzlich sollte ein homogenes, verteiles Informationssystem (viele gleichartige Komponenten) angestrebt werden. Im vorliegenden Fall werden zunächst Personalcomputer, MS-DOS und eine Reihe von Standardprogrammen eingesetzt, deren Bedienung zur Allgemeinbildung zu zählen ist.

Da vor allem zu Beginn des Einsatzes verteilter Informationssysteme viel Know-How erforderlich ist, muß in der Regel eine externe Hilfe hinzugezogen werden, und/oder neue Mitarbeiter mit entsprechender Qualifikation werden eingestellt.

Weil DOS auch entscheidende Nachteile wie single-user Betrieb, single-tasking, maximal 640 kB Basishauptspeicher hat, muß mittel- und langfristig auf ein leistungsfähigeres Betriebssystem und der damit verbundenen Betriebs- und Anwendungssoftware umgestellt werden. Hier bietet sich Unix an, da es für verschiedene Rechnergrößen und verschiedene Prozessorenfamilien einheitlich angeboten wird.

Realisierung modularer Anwendungs- und Rechnerkonzepte nach offenen Standards

W. Junghanns

1. ÜBERBLICK ÜBER DIE HELLER-GRUPPE

Die Firma Gebr. HELLER Maschinenfabrik GmbH wurde 1894 gegründet und hat sich im Laufe der fast hundertjährigen Geschichte zu einer der führenden Firmengruppen des Werkzeugmaschinenbaus in Europa entwickelt.

Das Produktprogramm von HELLER umfaßt heute (Bild 1):

- SERIENMASCHINEN
  (z. B. Fräsmaschinen, Bearbeitungszentren)

- SONDERMASCHINEN
  (z. B. Transfer-, Fertigungs- und Montagelinien)

- PRODUKTIONSSYSTEME
  (z. B. flexible Fertigungs- und Transfersysteme)

- ELEKTRONISCHE STEUERUNGEN
  (z. B. CNC- und SPS-Steuerungen)

- HYDRAULISCHE GERÄTE UND STEUERUNGEN
  (z. B. Maschinen- und Automobilhydraulik)

Diese Produkte werden in insgesamt sieben Werken in den Ländern Bundesrepublik Deutschland, Großbritannien, Frankreich, Brasilien und USA hergestellt und vertrieben.

Das Stammwerk HELLER in Nürtingen beschäftigt ca. 1750 Personen bei einem Umsatz von etwa 320 Mio. DM.

Insgesamt beläuft sich die Belegschaft der HELLER-Gruppe auf mehr als 2400 Personen mit einem Gesamtumsatz von 500 Mio. DM.

Die Märkte für alle Produkte der HELLER-Gruppe sind international und werden von den jeweiligen nationalen HELLER-Werken oder Werksvertretungen betreut.

Dieser weltweite Vertriebs- und Produktionsverbund erfordert una dingbar auch einen Daten- und Informationsverbund über entsprechende Kommunikationssysteme.

2. ENTWICKLUNG DER DATENVERARBEITUNG BEI HELLER

Die Datenverarbeitung wurde im Jahre 1968 bei HELLER eingeführt und seit 1972 in einem eigenen Rechenzentrum betrieben - damals bestanden nur die räumlich beieinander liegenden Werke I und II der Gebr. HELLER Maschinenfabrik GmbH in Nürtingen, die von eine zentralen DV-System der IBM-370-Architektur unterstützt wurden.

Die ab 1974 gegründeten In- und Auslandswerke konnten von diesem DV-System nur unzureichend unterstützt werden, so daß dort eigen DV-Systeme beschafft werden mußten (Bild 2). Aus dieser Entwicklung resultierte bis zum Jahre 1988 in der HELLER-Gruppe der Ein satz von insgesamt

- 14 Betriebssystemen
- 11 Programmiersprachen
- 14 Datei- bzw. Datenbankverwaltungssystemen.

Unter diesen Bedingungen war ein wirtschaftlicher Daten- und Informationsverbund in der HELLER-Gruppe nicht möglich - im Gegenteil konnte auf mittlere Sicht nicht einmal die Wartung und Pfle der vorhandenen, allerdings hochintegrierten DV-Anwendungen sichergestellt werden.

3. STRATEGISCHE PLANUNG DER ORGANISATION, DATEN- UND INFORMATIONSVERARBEITUNG SOWIE KOMMUNIKATION BEI HELLER

Vor diesem Hintergrund wurden im Jahre 1987 die strategischen Ziele der ORG/DV/IV/COM-Planung von der HELLER-Geschäftsleitung neu definiert (siehe Bild 3) mit folgenden Schwerpunkten:

- Entwicklung eines einheitlichen, integrierten ORG/DV/IV/COM-Systemes für alle Firmen der HELLER-Gruppe.

- Organisation der HELLER-Gruppe ist Grundlage für die DV/IV/COM-Anwendungen.

- Ausrichtung der DV/IV/COM nach offenen Standards.

- Entwicklung und Betrieb der DV/IV/COM-Anwendungen muß auf Sicherheit und Wirtschaftlichkeit ausgerichtet sein.

Die Organisation der HELLER-Gruppe wurde daraufhin konsequent geändert mit (Bild 4):

- Einer Geschäftsleitung für die gesamte HELLER-Gruppe,

- Gliederung der HELLER-Gruppe und -Werke nicht mehr in Funktionsbereiche, sondern in eigenverantwortliche Geschäftsbereiche,

- Vereinheitlichung der prinzipiellen Aufbau- und Ablauforganisation,

- Unterstützung der HELLER-Gruppe durch Zentralbereiche für
  - Finanzen und Personal, und
  - Engineering, Organisation, Daten- und Informationsverarbeitung sowie Kommunikation.

Auf der Grundlage dieser neuen Organisation soll der Vertriebs- und Produktionsverbund aller Werke der HELLER-Gruppe durch einen entsprechenden transparenten Daten-, Informations- und Kommunikationsverbund unterstützt werden.

Dies erfordert einheitliche, einfach portable Anwendungssysteme sowohl für kleine Werke mit einigen wenigen Beschäftigten als auch für größere Werke mit einigen tausend Beschäftigten.
Einmal entwickelte Anwendungssoftware soll somit zukünftig in der HELLER-Gruppe vielfach und damit deutlich kostengünstiger als bisher eingesetzt werden.

4. REALISIERUNG OFFENER, MODULARER RECHNERVERBUNDSYSTEME BEI HELLER

Die bis 1987 installierten größeren DV-Systeme konnten nur die Funktionen der Datenverarbeitung einer Firma abdecken - eine Int gration der Datenverarbeitung über mehrere Firmen war wirtschaft lich nicht möglich.

Ebenso unmöglich konnten die Funktionen der Informationsverarbei tung und der offenen transparenten Kommunikation erfüllt werden.

4.1 Soll-Konzept DV/IV/COM bei HELLER

Die bei HELLER seit 1983 mit PC-DOS-Systemen und seit 1986 mit Unix-Systemen gemachten Erfahrungen zeigten jedoch, daß die gesetzten Ziele im Hinblick auf offene Standards, Funktionalität u Anwendungsbreite auf dieser Basis am erfolgversprechendsten real siert werden konnten. Deshalb wurde im Rahmen eines Langfrist-Konzeptes der neuen ORG/DV/IV/COM-Strategie folgendes Rechnerverbundsystem (Bild 5) geplant:

- Eine hierarchische Einteilung aller Rechner in die drei Ebenen

  ° Arbeitsplatzrechner
  ° Abteilungsrechner
  ° Firmenrechner

- Eine Kommunikationsverbindung aller Rechner einer Firma u tereinander, insbesondere innerhalb derselben Abteilung, aber auch zu allen anderen Rechnern in lokalen Netzen.

- Eine Kommunikationsverbindung insbesondere der Abteilungsrechner zu beliebigen Rechnersystemen anderer Firmen über öffentliche Weitverkehrsnetze.

4.2 Standards der DV/IV/COM bei HELLER

Die Realisierung dieses Rechnerverbundsystemes sollte bis 1991 unter Beachtung folgender offener bzw. de-facto-Standards erfolgen:

BETRIEBSSYSTEME

für Arbeitsplatzrechner:	MS-DOS und/oder Unix-V
für Abteilungsrechner:	Unix-V
für Firmenrechner:	IBM-VM

DATENBANKSYSTEME

für alle Rechner:	relational, verteilt, SQL-Standard

PROGRAMMIERSYSTEME

für alle Rechner:	C-ANSI mit 4./5. GL

KOMMUNIKATION - LAN

für alle Rechner:	Ethernet nach IEEE (--> TOP)
für prozeßnahe Rechner:	Token-Bus oder Ethernet nach IEEE (--> MAP)

KOMMUNIKATION - WAN

Kommunikationsrechner:	LAN-Ethernet zu WAN-Datex und/oder WAN-HfD

4.3 Erforderliche Weiterentwicklungen mit Ausbaufähigkeit zu ISDN für die DV/IV/COM

Zusätzlich wurden folgende Forderungen zur Weiterentwicklung definiert unter den Arbeitstiteln:

FRECOM

FRECOM = FRont-End-COMmunication zwischen Arbeitsplatz- und Abteilungsrechnern für die Programm-zu-Programm-Verbindung sowie für eine Lastaufteilung zwischen beiden Systemen im Client-Server-Betrieb mit Ausbaufähigkeit zu Transputersystemen.

NFTCS

Network-Fault-Tolerance-Computing-System zur Sicherstellung sowohl unterbrechungsfreier Prozeßanwendungen als auch back-up-gesicherter Normalanwendungen als Option innerhalb der nächsten 3 - 5 Jahre.

4.4 Zusammenarbeit NIXDORF und HELLER

Dieses Soll-Konzept des HELLER-Rechnerverbundsystems wurde mit namhaften DV-Herstellern über nahezu ein Jahr diskutiert, wobei die Pflichtenhefte und Lösungsvorschläge sehr detailliert ausgearbeitet waren.

Anfang 1988 hat sich dann HELLER für die Zusammenarbeit mit NIXDORF entschieden, da sich NIXDORF eindeutig auf die Einhaltung der von HELLER geforderten offenen Standards verpflichtete und auch die erforderlichen Weiterentwicklungen uneingeschränkt unterstützen wollte. Beide Seiten waren sich darüber im klaren, daß diese Zusammenarbeit langfristig angelegt werden mußte.

Zwar existierte in der HELLER-Gruppe die zuvor beschriebene heterogene Rechnerwelt, die Unterstützung der Geschäftstätigkeit aller Firmen mit automatischer Datenverarbeitung war dabei jedoch sehr effektiv und auch hochintegriert. Dieser Wettbewerbsvorteil mußte erhalten bleiben, obwohl Zug um Zug fast alle Anwendungslösungen auf das neue DV/IV/COM-System umzustellen, bzw. neu zu entwickeln waren.

4.5 Standards und Schnittstellen

Noch im Jahre 1988 wurde dann die Stufe 1 der Umstellung auf das neue DV/IV/COM-System verwirklicht (Bild 6) mit:

- einem PC-Netz für die Mitglieder der Geschäftsleitung,

- Ersatz von Terminals durch PC-DOS-Rechner sowohl an Abteilungs- als auch an Firmenrechnern für führungsverantwortliche Mitarbeiter,

- Verbindung von vorhandenen heterogenen Firmenrechnern, Abteilungsrechnern und Arbeitsplatzrechnern durch ein lokales Netz und dessen Erweiterung mit NIXDORF-Abteilungs- und Arbeitsplatzrechnern,

- Verbindung verschiedener Firmen durch ein Weitverkehrsnetz mit Datex-P über einen File-Server und Gateway-Rechner.

Mit diesem Rechnerverbundsystem waren zwar technisch prinzipiell unsere Forderungen erfüllbar, jedoch war der Aufwand für Beschaffung, Installation und Wartung in dieser heterogenen Rechnerwelt auf Sicht untragbar hoch.

Aus diesem Grunde mußten in der HELLER-Gruppe als Ziel der strategischen ORG/DV/IV/COM-Planung auch eine Standardisierung von Hardware und systemnaher Software festgeschrieben sowie die neuen Anwendungsentwicklungen auf den von HELLER als Standard festgesetzten NIXDORF-Rechnern terminlich beschleunigt werden.

Die bereits vorhandenen Anwendungen wurden verglichen mit einer - in Anlehnung an Prof. Scheer - erstellten CIM-Schnittstellen-Systematik (<u>Bild 7 oben</u>) und die Prioritäten für die Ablösung bzw. Neuentwicklung von Anwendungen gesetzt auf:

- <u>BETRIEBSWIRTSCHAFT/VERTRIEB</u>
  mit Marktentwicklung,
  Vertriebsplanung und -verwaltung
  sowie Lieferprogrammplanung

- <u>TECHNIK</u>
  mit Produktkonstruktion und NC-Programmierung

- <u>PPS UND CAM</u>
  mit Fertigungs- und Lagersteuerung
  sowie Betriebsdatenerfassung

Als Standards für die Anwendungsumgebung wurde die folgende NIXDORF-Hardware definiert:

Arbeitsplatzrechner:	NIXDORF 8810 M45 bzw. M75
Abteilungsrechner:	NIXDORF Targon 35/50
Kommunikation:	NIXDORF-FDDI-Breitband und CU-/Ethernet/Cheapernet-Basisband

Als einheitliche Anwendungs- und Entwicklungsumgebung wurden die im unteren Teil des Bildes 7 angegebenen Standards definiert, so z. B.:

- bei der Anwendungsentwicklung
  NIXDORF NCAPE mit Erweiterung um 4./5. GL-C und Reverse-Engineering

- bei der Kommunikation LAN
  FRECOM + NFS mit Erweiterung auf NFTCS

- bei den Bedienoberflächen
  NIXDORF-UCC/FORMS mit Erweiterung auf Network Windows (heute z. B. OSF/MOTIF)

- bei den Datenbanksystemen
  NIXDORF DDB4 mit Erweiterung um DOS-Versionen und Objektorientierung

- bei den Betriebssystemen
  zunächst DOS + Unix + VM mit längerfristig Vereinheitlichung auf ausschließlich nur Unix (Eine Umstellung des Betriebssystems für Arbeitsplatzrechner von DOS auf z. B. Unix kommt für HELLER aber erst dann in Frage, wenn unter Unix vergleichbar vielfältig einsetzbare und preiswürdige Standard-Programme wie unter DOS verfügbar sind!).

Die vorstellten Standards wurden auch in ein Phasenmodell für die Anwendungsentwicklung (Computer-Aided Software Production Environment - CASPE) gemäß Bild 8 einbezogen.

Darüber hinaus wurden aufgrund der damals noch unsicheren Entwicklung von Oberflächen- und Datenbanksystemen zu Marktstandards bei HELLER einfache sog. CONNECT-CON-Module entwickelt (Bild 9). Die CON-Module zur Datenbank sind z. B. C-Library-Routinen auf der Basis von ANSI-SQL, in die auch datenbankspezifische (z. B. DDB4-SQL-Befehle) aufgenommen oder in ANSI-SQL-Befehle zerlegt werden können - dabei müssen für jede betriebene SQL-Datenbank die spezifischen Fehler-Return-Lodes in Tabellen hinterlegt und eingebunden werden.

Auch für den eigentlichen Logikteil der Anwendungsprogramme wurden außer den üblichen C-Library-Routinen nach ANSI-C sog. STAndard-Programm-CONnect-Module geschaffen, um marktgängige preiswerte DOS- und Unix-Programme mit C- und SQL-Schnittstellen über CALL-Routinen in HELLER-spezifischen Anwendungsprogrammen mitverwenden zu können.

5. ENTWICKLUNG FRECOM

Die vielfältige und preiswerte Standard-Software für PC-DOS-Rechner sowie deren einfache und wirkungsvolle Nutzbarkeit in allen Fachabteilungen haben bei HELLER dazu geführt, daß bereits 1987 mehr DOS-Rechner als DV-Terminals für die Arbeitsplatzausrüstung beschafft wurden - mit der umständlichen und funktionsbescheidenen Verbindung zu größeren DV-Systemen waren wir jedoch nicht zufrieden.

Deshalb wurde folgende Soll-Forderung für die Online-Daten- und insbesondere -Informationsverarbeitung aufgestellt (Bild 10):

- Ein- und Ausgabe sollen (mit Ausnahme weniger Sonderfälle) grundsätzlich am Arbeitsplatzrechner erfolgen.

- Die Prozessoren der Arbeitsplatz- und Abteilungsrechner sollen im Lastverbund (FRONT-END mit BACK-END über eine Programm-zu-Programm-Kommunikation), d. h. im FRECOM-Betrieb arbeiten.

- Die Massenspeicher des Arbeitsplatzrechners sollen für di dort benötigten Programme und individuellen Informationen benutzt werden.

- Die Massenspeicher des Abteilungsrechners sollen im Serve Betrieb alle von den Arbeitsplatzrechnern angeforderten Programme, Daten und Informationen bereitstellen sowie Schutz und Sicherheit aller DV/IV/COM-Anwendungen gewährleisten.

Mit diesem FRECOM-Konzept sollten die bekannten Schwächen von Unix-Systemen in bezug auf I/O-Performance und Terminalmodi sowi File-Verwaltung und die bekannten Schwächen von DOS-Systemen in bezug auf 640-KB Programmspeicherlimit und begrenzter Datenverwa tung weitgehend gegeneinander aufgehoben werden.

Die bisher vorliegenden Messungen beweisen z. B., daß an einem Targon-35-Unix-Rechner mit CPU-Auslastungsgrad von etwa 50 % bei gleicher Antwortzeit etwa doppelt so viele PC-DOS-Arbeitsplatzrechner unter FRECOM als normale DAP4X-Terminals angeschlossen werden können.

Den Vorteilen von PC-DOS-Systemen als Arbeitsplatzrechner steht bislang als einziger Nachteil der etwas größere kostenmäßige Ger teaufwand gegenüber (siehe Bild 11), der u. E. aber durch die preiswürdigen und sehr effektiv nutzbaren Programme mehr als wet gemacht wird.

In der Zukunft werden wir bei den Arbeitsplatzrechnern verstärkt Unix-Betriebssysteme mit verbesserter Performance im I/O-Bereich einsetzen. Die Leistungsfähigkeit derartiger Systeme erlaubt es, an eine Unix-CPU mehrere Terminals oder PC anzuschließen (bei einem 80386-Prozessor typisch 12 - 20 Terminals) und somit in örtlich zusammenliegenden Abteilungsbüros sehr kostengünstige DV-Installationen zu verwirklichen.

Die wesentlichen Vorteile eines FRECOM-Rechnerverbundes sind in der Übersicht in Bild 12 zusammengestellt - die Sicherheit und Leistungsfähigkeit von HOST-Systemen wird hierbei optimal verbunden mit der komfortablen Einfachheit (und Einheitlichkeit) sowie der Preiswürdigkeit von Standard-PC-Programmen.

Die bisher bekannten Techniken zur Programm-zu-Programm-Kommunikation zwischen heterogenen Rechnern wie z. B. IPC, RPC, APPC überfordern allesamt die Hauptspeicherkapazitäten von PC-DOS-Systemen. Für die Entwicklung von FRECOM mußten daher folgende Prinzipien festgelegt werden (Bild 13):

- Bildschirmoberflächenprogramme
  Grundsätzlich auf dem PC-Arbeitsplatzrechner, auslagerbar und nachladbar sowohl von Massenspeichern des Arbeitsplatz- als auch Abteilungsrechners.

- Datenbankverwaltung
  Vorläufig grundsätzlich auf dem Abteilungsrechner.

- Anwendungsprogramme
  Aufteilbar zwischen Arbeitsplatz- und Abteilungsrechner gemäß der jeweils verfügbaren Programmspeicherkapazität des Arbeitsplatzrechners. Dabei werden die Anwendungsprogramme in normalem, sauber strukturiertem C-Code geschrieben, so daß diese auf allen Rechnern mit C-Compilern laufen. FRECOM stellt alle erforderlichen Tools zur Aufteilung und Ablauffähigkeit dieser Programme zur Verfügung, indem an den Teilungsstellen der Anwendungsprogramme automatisch EXEC-FRECOM-Routinen eingefügt werden, die die Inter-Task-Kommunikation sowie die REQUEST-REPLY-Buffer-Synchronisation durch PARSER-Technik sicherstellt.

Aus der gesamt geplanten Funktionsbreite (Bild 14) von FRECOM konnte bis Ende 1988 die Programm-zu-Programm-Kommunikation realisiert werden für:

- Arbeitsplatzrechner NIXDORF 8810 M45 und M75 (AT-Standard unter DOS, ausgerüstet mit Ethernet-Board für OSI-Layer 1 bis 3 und PC-NFS mit
- Abteilungsrechner NIXDORF Targon 35 unter TOS (Unix-V-Standard), ausgerüstet mit NIXDORF-Ethernet-Controller fü OSI-Layer 1 bis 3 und Unix-NFS.

Realisiert ist bis heute auch die Ethernet-Anbindung von Abteilungsrechnern zu Firmenrechnern IBM 370 mit VM/CMS sowie IBM 370 mit VM/VSE/CICS entweder unter VTAM- oder SNA-Diensten.

Bei HELLER wird die Funktionalität von FRECOM heute in verschiedenen Anwendungssystemen unter DOS und Unix in der Vertriebsorganisation z. B. zur Anfrageverwaltung und Angebotserstellung wie folgt genutzt (Bild 15):

Die Arbeitsplatzrechner PC-DOS halten die Menues und Masken, die in ihrer Arbeitsgruppe ständig benötigt werden - die Abteilungsrechner verwalten darüber hinaus alle in dieser Abteilung bzw. Firma verwendeten Menues und Masken und serven diese bei Bedarf bzw. bei Änderungen an die anfordernden Arbeitsplatzrechner. In prinzipiell gleicher Weise wird auch bei den Anwendungsprogrammen verfahren, wobei hier allerdings die aus Gründen der Hauptspeicherkapazität auf dem Arbeitsplatzrechner nicht ablauffähigen Programmteile der Arbeitsgruppe aussschließlich auf dem zugehörigen Abteilungsrechner gefahren werden. Die Daten werden vollständig der sicheren und leistungsfähigeren Datenbankverwaltung der Abteilungsrechner gehalten. Zur Verringerung der Kommunikationsbelastung können die quasi "statischen" Daten einer Arbeitsgruppe redundant auch auf den Arbeitsplatzrechnern verfügbar gemacht werden - dies sind in der HELLER-Vertriebsorganisation z. B. die Daten der Maschinentypen, Verkäufer, Vertreter u. ä.

6. MODULARES RECHNERKONZEPT MIT ARBEITSPLATZ- UND ABTEILUNGSRECHNERN

Auf der Grundlage der geschilderten Standards und Schnittstellen bei Arbeitsplatzrechnern, Abteilungsrechnern und der Rechnerkommunikation mit FRECOM konnte bei HELLER ein modulares Rechnerkonzept entwickelt werden, das in Klein- und Großfirmen universell einsetzbar und praktisch unendlich ausbaubar ist (Bild 16).

Von entscheidender Bedeutung ist, daß die einmal unter diesen DV/IV/COM-Prinzipien entwickelten Anwendungslösungen ebenso universell verwendbar sind und dadurch Schutz und Wirtschaftlichkeit der Investitionen sicherstellen.

Das modulare Rechnerkonzept besteht aus Arbeitsplatzrechnern nach PC-DOS-Industriestandard, wobei durch die Konzeption von FRECOM gewährleistet ist, daß auch OS2- und Unix-Arbeitsplatzrechner einbezogen werden können. Die Vernetzung mit den Abteilungsrechnern nach Unix-V-(POSIX-, X-OPEN-)Standards erfolgt über Ethernet-Boards der Arbeitsplatzrechner und eine Ethernet/Cheapernet-Basisband-Kommunikation zum Ethernet-Controller der Abteilungsrechner.

Diese Modul-Einheit der HELLER DV/IV/COM kann so oft dupliziert werden, wie es die Anwendungslast des jeweiligen Unternehmens erfordert. Bei Einsatz von mehreren dieser DV/IV/COM-Modulen werden die Abteilungsrechner über je einen weiteren Ethernet-Controller untereinander über Breitband-Kommunikation verbunden mit dem längerfristigen Ziel, einen fehlertoleranten Rechner-Netz-Betrieb (NFTCS) mit automatischem Rechner-Lastausgleich zu ermöglichen.

Ebenso werden die Basisband-Kommunikationsnetze der DV/IV/COM-Module untereinander über Filter und Bridges verbunden, um eine weitestgehend ausfallsichere Kommunikation im Server-Betrieb zu gewährleisten.

Die Maßnahmen für Datenschutz und -sicherheit (z. B. Zugang, Manipulation, Abbruch) beginnen bei den Arbeitsplatzrechnern mit Zugangs-Passwort-Schutz, Virenprüfung und FRECOM-Kommunikations-Zugangsschutz und setzen sich auf der Ebene der Abteilungsrecher mit Vergleichen der aktuell gültigen Programmversionen und den bekannten Berechtigungen für Anwendungen und Daten fort.

Diesen, nach offenen Standards ausgerichteten DV/IV/COM-Modulen sind die in Bild 17 dargestellten Hard- und Software-Produkte unterlegt, so z. B.

bei Abteilungsrechnern:
- NIXDORF Targon 35/50
- mit Programmiersprache C
- mit Datenbank SQL/DDB4
- mit Kommunikation Ethernet + FRECOM

bei Arbeitsplatzrechnern:
- NIXDORF PC 8810 M45 für Büro
- NIXDORF PC 8810 M75 für Technik
- mit Programmiersprache C
- (noch) mit Datenbank dBase und SQL/Adimens
- mit Kommunikation Ethernet + FRECOM

Auch sind in dieser Übersicht die von uns gewünschten Weiterentwicklungen angegeben wie z. B.

bei Arbeitsplatzrechnern:
- mittelfristig Ersatz des Oberflächensystems FORMS durch OSF/MOTIF
- mittelfristig Ersatz der heute eingesetzten Datenbanksysteme dBase und SQL/Adimens durch SQL/DDB4 verteilt
- längerfristig Ersatz des Betriebssystems DOS durch Unix
- längerfristig Ausbau des Ethernet-FRECOM-NFS durch ein fehlertolerantes TOP-FRECOM-NFTCS

Durch die bisher gemachten Erfahrungen und Tests sind wir jedoch sicher, daß die nach den gezeigten Standards und Schnittstellen entwickelte Anwendungssoftware auch den mittel- und längerfristig zu erwartenden Weiterentwicklungen gerecht wird. Aus diesem Grunde werden zukünftige Anwendungsentwicklungen der HELLER-Gruppe (Bild 18) ausschließlich auf der Basis dieser Standards und Schnittstellen für modulare DV/IV/COM-Rechnerkonzepte ausgelegt (Bild 19).

7. ZUSAMMENFASSUNG

Aus den hier gemachten Ausführungen konnten Sie erkennen, welche Entwicklungen bei HELLER begonnen und in ersten Anwendungen erfolgreich abgeschlossen worden sind. Wir sind heute sicher, daß diese Entwicklungen die Wirtschaftlichkeit und Konkurrenzfähigkeit der HELLER-Gruppe nachhaltig erhöhen wird, da wir damit allen unseren im Vertriebs- und Produktionsverbund arbeitenden Firmen einheitliche, untereinander transparent kommunikationsfähige DV/IV/-COM-Systeme an die Hand geben. Diese Vorteile können in einem immer härteren internationalen Konkurrenzkampf u. E. nicht hoch genug eingeschätzt werden.

HELLER	Bilderliste für Vortrag Realisierung modularer Anwendungs- und Rechnerkonzepte nach offenen Standards

Bild	Bezeichnung
1	Produkte, Werke und Märkte der HELLER-Gruppe
2	DV-Anlagen bei HELLER 1988, D, GB, BR
3	Ziel der ORG/DV/IV/COM-Planung HELLER
4	Organisation HELLER-Gruppe
5	Stufe 3: Langfristiger Rechnerverbund DV/IV/COM (ab 1991)
6	Stufe 1: Kurzfristig "Vert. Rechner/T.-Betrieb (noch 1988)
7	CIM-Schnittstellensystematik
8	Phasenmodell Anwendungsentwicklung
9	HELLER-Standards bei der Anwendungsentwicklung
10	Online Datenverarbeitung/Informationsverarbeitung Soll
11	PC als Arbeitsplatzrechner? Vorteile und Nachteile
12	Vorteile FRECOM-Rechnerverbund
13	Struktur von Online-Anwendungen unter FRECOM
14	Kommunikation; FRECOM Stufe 1 ca. Ende 1988
15	Anwendungsverteilung mit FRECOM
16	Prinzipien der DV/IV/COM-Lösung bei HELLER
17	Standard-Module der DV/IV/COM-Lösung bei HELLER
18	ZB-Planung 1989: Anwendungsentwicklung
19	Standards im Rehnerverbund DV/IV/COM bei HELLER

Abt./Name:	Datum:	Änd./Stand:		
ZBS/SFS	06.12.1989			

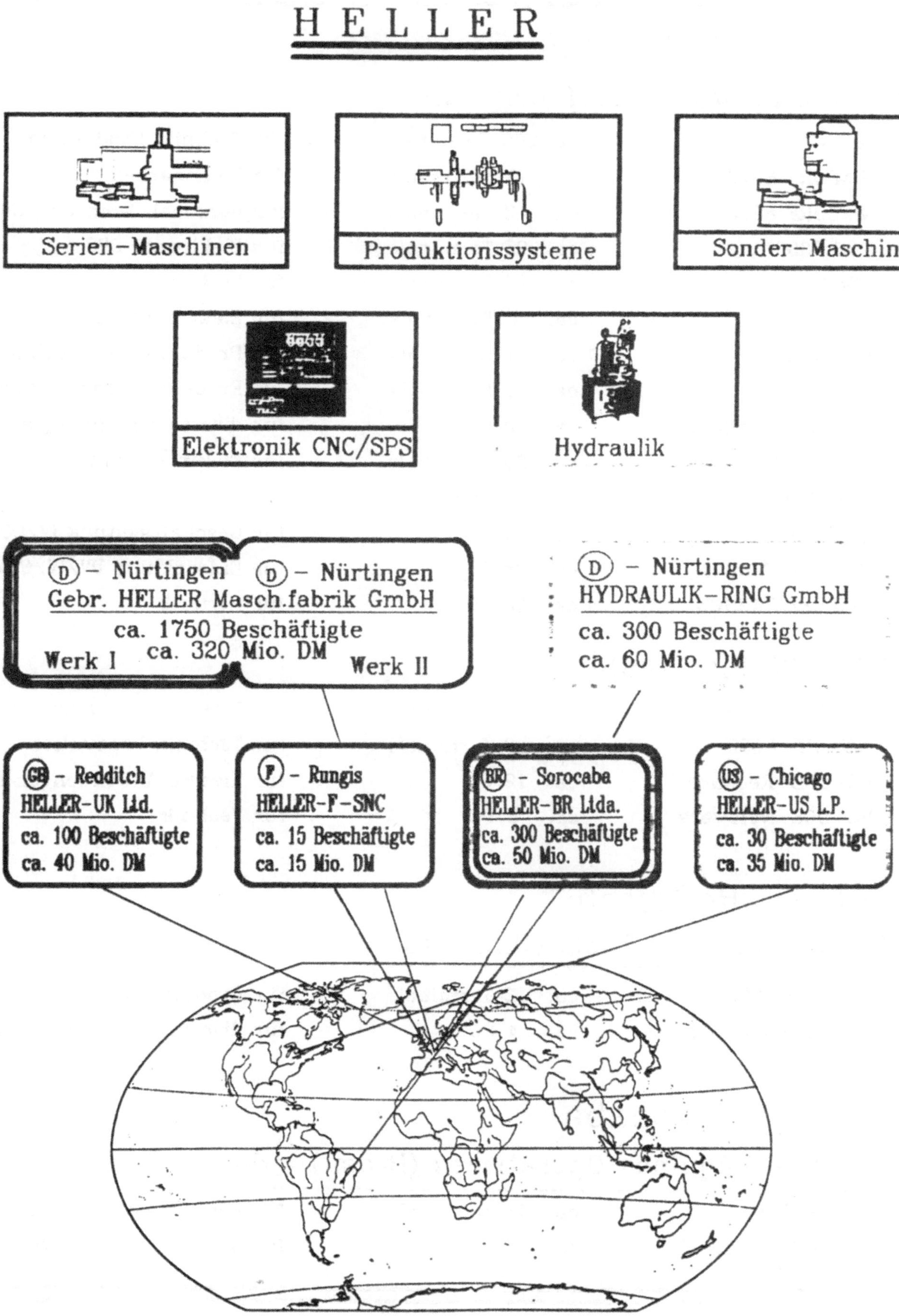

Produkte, Werke und Märkte der HELLER-Gruppe

DV-Anlagen bei HELLER 1988

(D) – Nürtingen

Gebr. HELLER Maschinenfabrik GmbH

●	IBM 4381	ca. 200 Terminals	für Technik. Produktion
●	NIXDORF 8870	ca. 17 Terminals	für Finanzwesen
●	NIXDORF 8870	ca. 12 Terminals	für Personal, Lohn und Gehalt
○	PCS 9600	ca. 25 Terminals	für Elektronik SPS
●	IBM 36	ca. 25 Terminals	für Vertrieb
○	HP 1000	ca. 6 Terminals	für Elektronik FMS
●	DEC µVAX	ca. 4 Terminals	für Produktion Leittechnik FMS
●	HP 1000	ca. 6 Terminals	für Produktion Leittechnik FMS
●	PC-DOS-Rechner	ca. 60 PC	für diverse Anwendungen IV/CO
○	PCS 9600	ca. 20 Terminals	für Elektronik CNC
●	IBM 9370	ca. 8 Terminals	für Lager
●	PC-DOS-Netzwerk	ca. 25 PC	für Geschäftsleitung IV/COM
●	NIXDORF TARGON	ca. 25 PC	für Entwicklung DV/IV/COM
●	NIXDORF TARGON	ca. 20 PC	für Vertrieb

HYDRAULIK-RING GmbH

	NIXDORF 8870	ca. 20 Terminals	für Finanzwesen, Personal
	NIXDORF 8890	ca. 40 Terminals	für Technik, Produktion
○	PC-DOS-Rechner	ca. 12 PC	für diverse Anwendungen IV/CO
	PC-DOS-Netzwerk	ca. 8 PC	für Technik

(GB) – Redditch

HELLER – Machine Tools (U.K.) Ltd.

●	QUANTEL 600	ca. 12 Terminals	für Produktion
●	PC-DOS-Rechner	ca. 4 PC	für diverse Anwendungen IV/CO

(BR) – Sorocaba

HELLER – Máquinas Operatrizes (Brasil) Ltda.

●	LABO-VEGA	ca. 16 Terminals	für Produktion, Personal, Finan
●	PC-DOS-Rechner	ca. 6 PC	für diverse Anwendungen IV/CO

14 Betriebssysteme
11 Programmiersprachen
14 Datei/Datenbank-Systeme

₹G/DV/IV/COM–Planung HELLER

:L:

twicklung eines einheitlichen integrierten 'G/DV/IV/COM–Systemes für alle Firmen der :LLER–Gruppe nach offenen Standards.

ɜ Organisation der HELLER–Firmen ist die undlage für die DV/IV/COM–Anwendungen – twicklung und Betrieb dieser Anwendungen ıß auf Sicherheit und Wirtschaftlichkeit sgerichtet sein.

'J/Sfs – 05.04.1989

ORGANISATION HELLER-GRUPPE

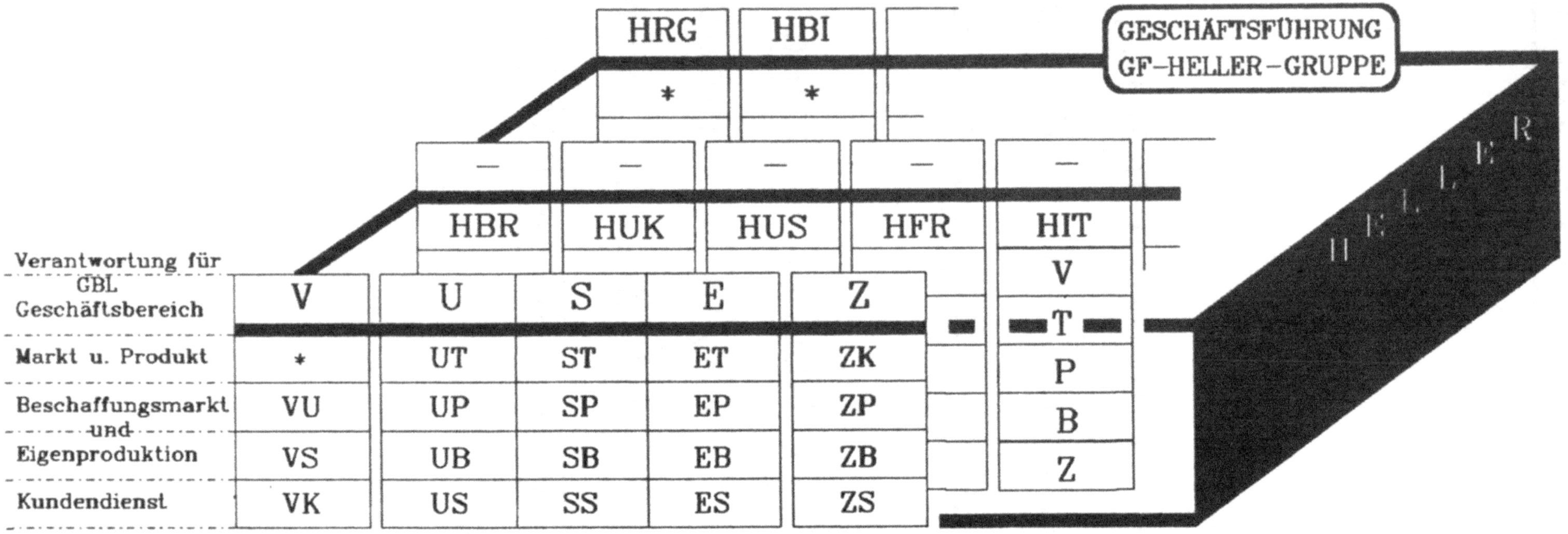

Wesentliche neue Prinzipien der Organisation und Führungsstruktur:

- **Geschäftsführung GF für die HELLER-Gruppe**
- **Gliederung der HELLER-Gruppe nach Geschäftsbereichen**
- **Die Geschäftsbereichsleitung GBL trägt gemeinsam die Verantwortung für Geschäftsbereiche und HELLER-Töchter**
- **Einheitliche Aufbau- und Ablauforganisation für Geschäftsbereiche und HELLER-Töchter**

ZB/J/SFS – GBL8904.PIC – 12.10.1989

STUFE 3: Langfristig (ab 1991) Rechnerverbund D /IV/CO

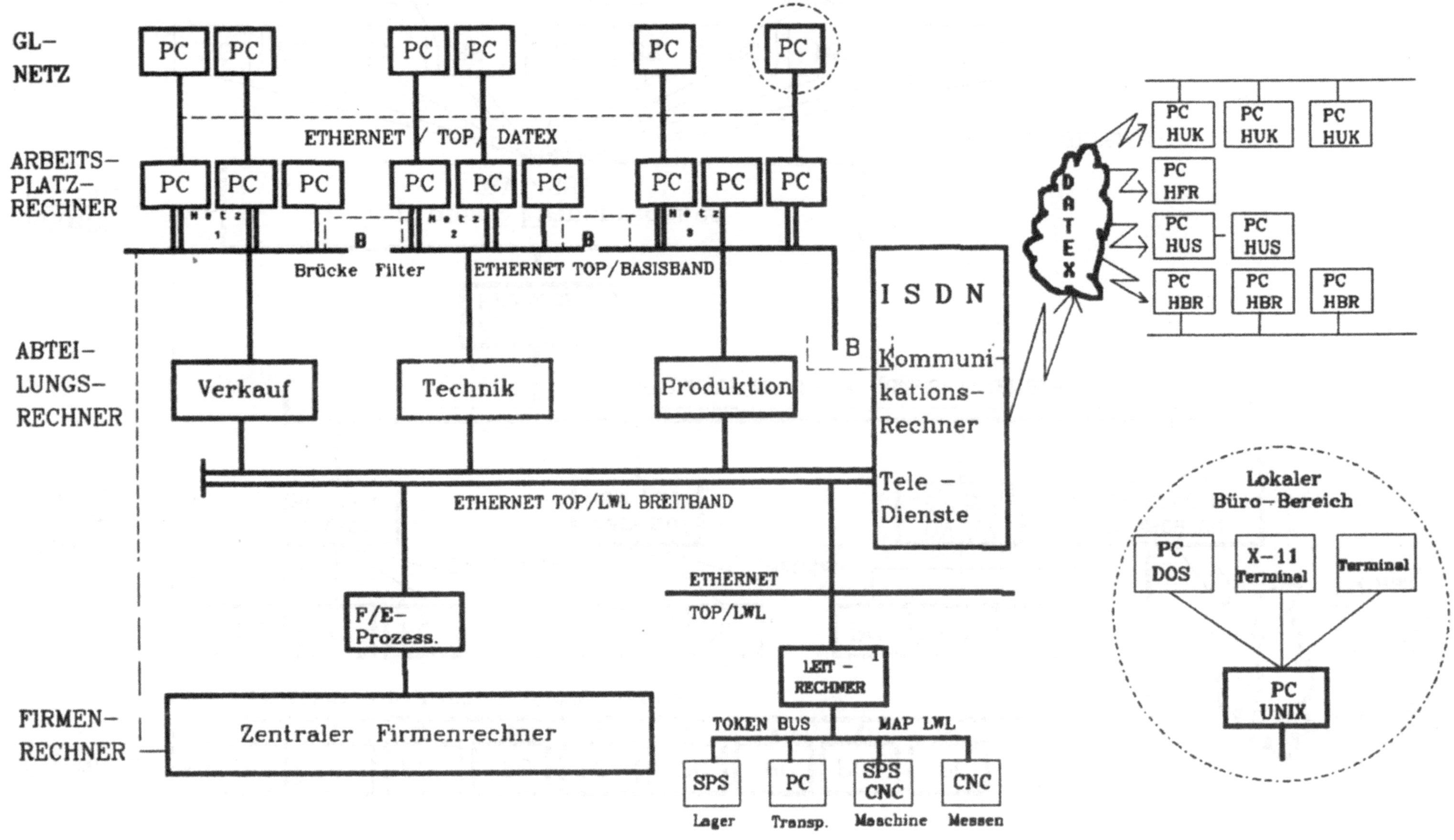

STUFE 1: Kurzfristig (noch 1988) "Verteilte Rechner/Terminal-Betrieb"

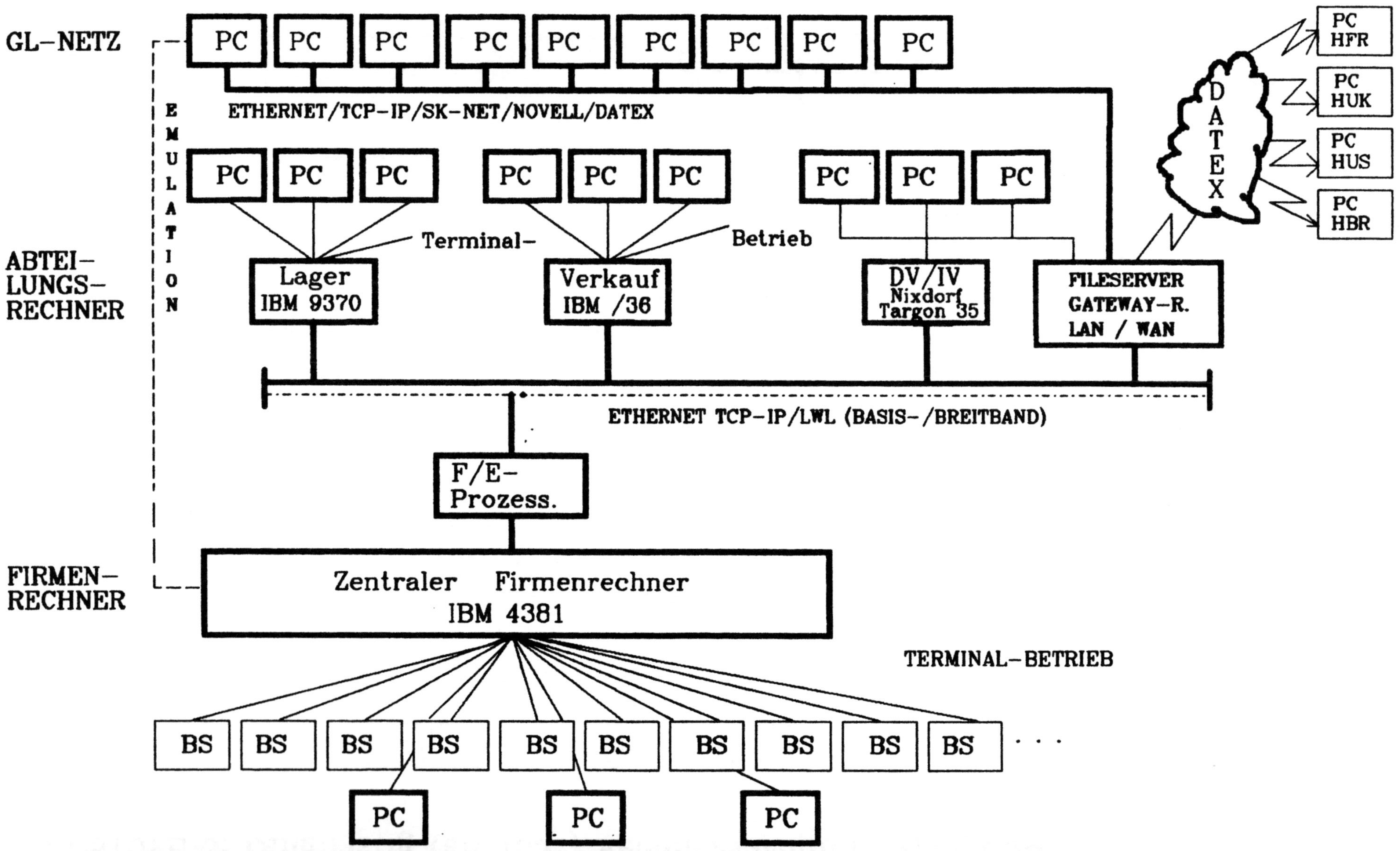

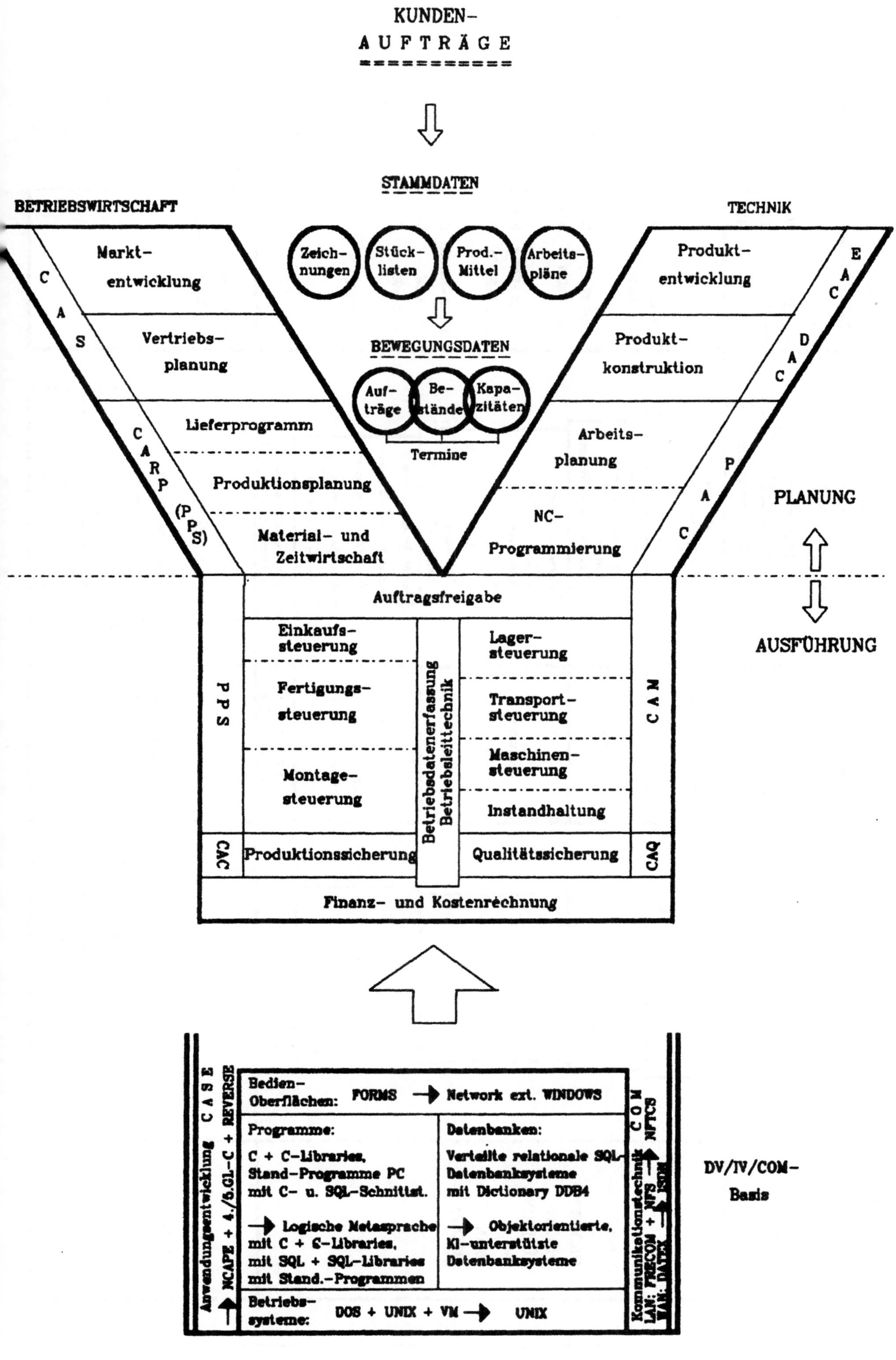

ZB/J/Sfs - NIX08 - 06.04.1989

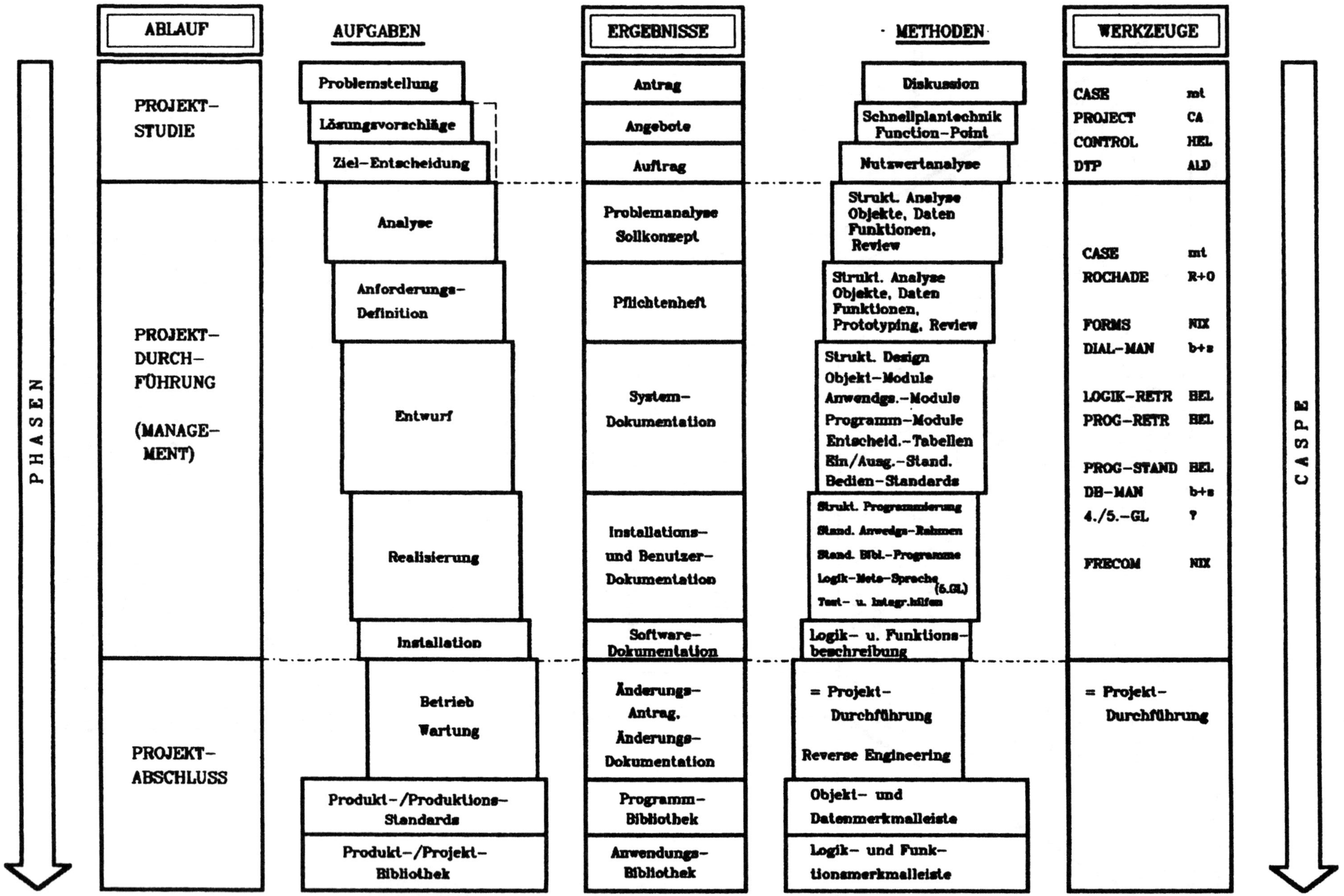
PHASEN
ABLAUF
PROJEKT-STUDIE
PROJEKT-DURCH-FÜHRUNG (MANAGE-MENT)
PROJEKT-ABSCHLUSS
AUFGABEN
Problemstellung
Lösungsvorschläge
Ziel-Entscheidung
Analyse
Anforderungs-Definition
Entwurf
Realisierung
Installation
Betrieb Wartung
Produkt-/Produktions-Standards
Produkt-/Projekt-Bibliothek
ERGEBNISSE
Antrag
Angebote
Auftrag
Problemanalyse Sollkonzept
Pflichtenheft
System-Dokumentation
Installations- und Benutzer-Dokumentation
Software-Dokumentation
Änderungs-Antrag, Änderungs-Dokumentation
Programm-Bibliothek
Anwendungs-Bibliothek
METHODEN
Diskussion
Schnellplantechnik Function-Point
Nutzwertanalyse
Strukt. Analyse Objekte, Daten Funktionen, Review
Strukt. Analyse Objekte, Daten Funktionen, Prototyping, Review
Strukt. Design
Objekt-Module
Anwendgs.-Module
Programm-Module
Entscheid.-Tabellen
Ein/Ausg.-Stand.
Bedien-Standards
Strukt. Programmierung
Stand. Anwedgs-Rahmen
Stand. Bibl.-Programme
Logik-Meta-Sprache (5.GL)
Test- u. Integr.hilfen
Logik- u. Funktionsbeschreibung
= Projekt-Durchführung
Reverse Engineering
Objekt- und Datenmerkmalleiste
Logik- und Funktionsmerkmalleiste
WERKZEUGE
CASE mt
PROJECT CA
CONTROL HEL
DTP ALD
CASE mt
ROCHADE R+O
FORMS NIX
DIAL-MAN b+s
LOGIK-RETR HEL
PROG-RETR HEL
PROG-STAND HEL
DB-MAN b+s
4./5.-GL ?
FRECOM NIX
= Projekt-Durchführung
CASPE

HELLER-Standards bei der Anwendungsentwicklung

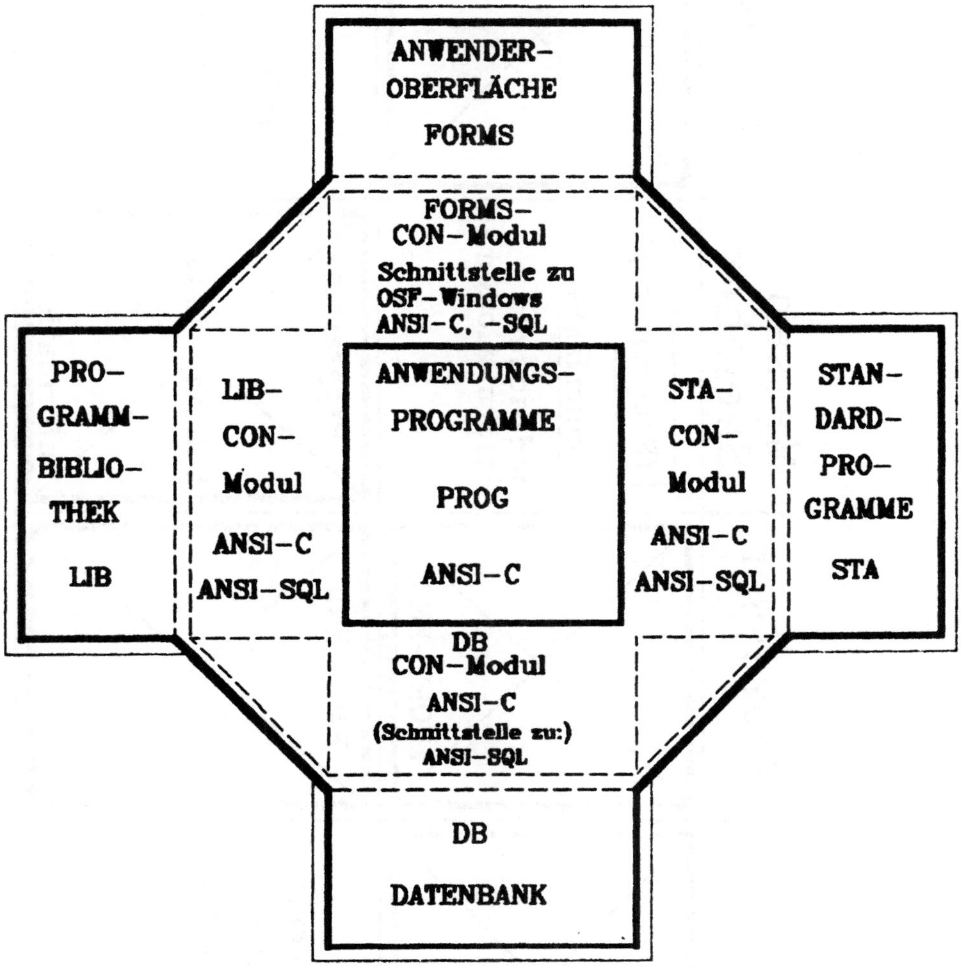

——— = individuelle HELLER-Anwendungen

——— = standardisierte HELLER-Anpaßprogramme

——— = Programme nach HELLER- oder de-facto-Standards

ONLINE DATENVERARBEITUNG/INFORMATIONSVERARBEITUNG SOLL

Allgemeine Anwendungen

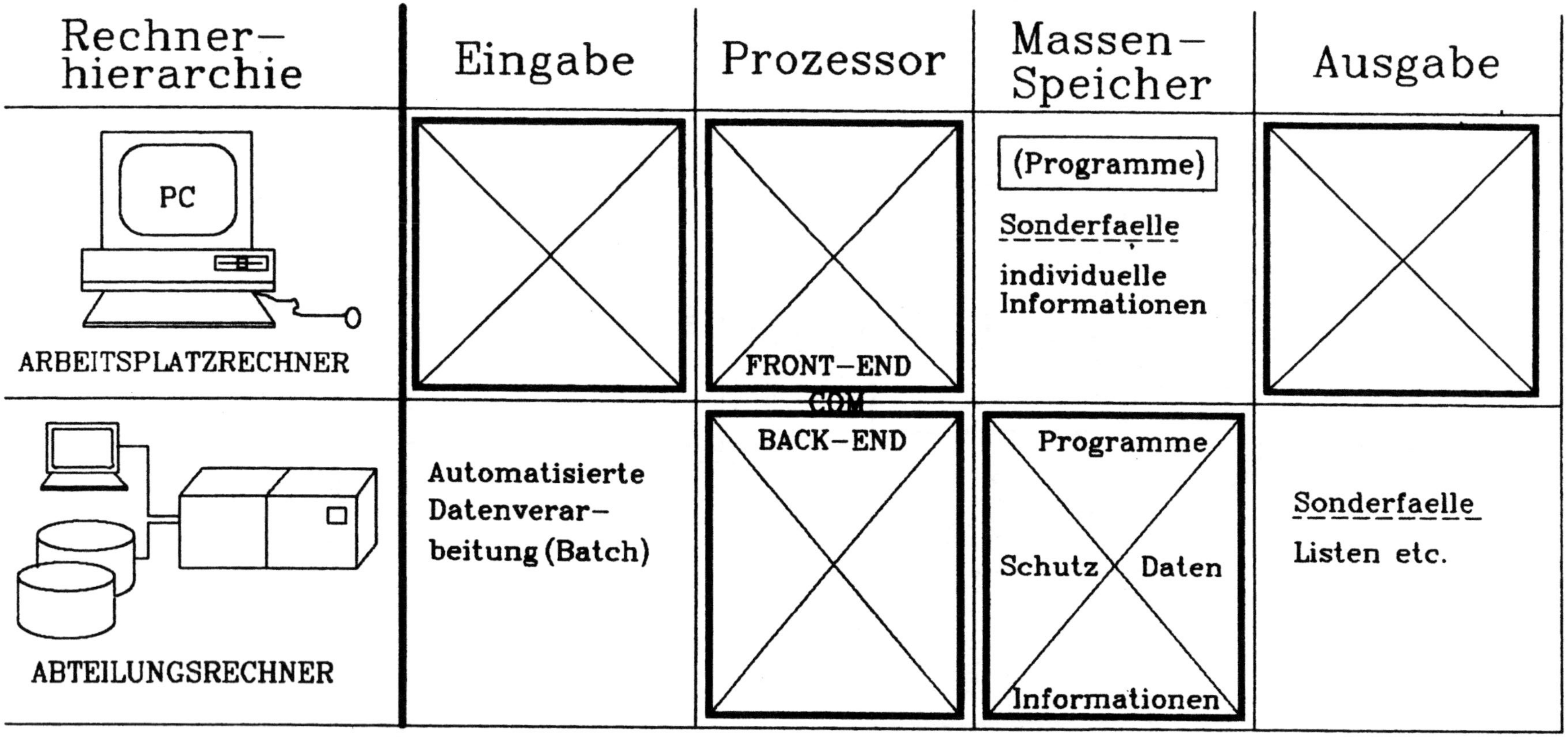

PC als Arbeitsplatz–Rechner?

V o r t e i l e :

- Nutzung vielfältiger, preiswerter PC–Programme insbesondere für Info–Verarbeitung
- Hoher Industrie–Standard unter MS–DOS
- Einheitliche und bedienfreundliche Oberfläche für Benutzer
  - Menues, Masken
  - Fenster–Technik
- Anschlußmöglichkeit preiswerter Arbeitsplatz–Drucker
- Anbindbarkeit an verschiedene Rechner–Netze
- Aufgabenteilung mit anderen Rechnern (FRECOM) möglich

N a c h t e i l e :

- größerer Geräte–Aufwand
  - PC–Rechner/Terminal
  - Kommunikation

Vorteile FRECOM-Rechnerverbun

- Einheitliche Benutzer-Oberfläche mit PC-Komfort
- Nutzung von Standard PC-Programmen für DV/IV/COM
- Wegfall der DOS-Grenze von 640 KB für gesamte Anwendun
- Sicherheit und Leistungsfähigkeit von Multi-User-Systemen (insbesondere Datenbanken)
- Leitungsdatenstrom ohne Screen-Daten
- Problemarmer Mischbetrieb verschiedener Betriebs-systeme über offene Kommunikation
- Lastverteilung auf zwei oder mehr Prozessoren (--> Transputertechnik)
- Einheitliche Kommunikation und Synchronisation
- Zentrale Wartung und Verteilung der Anwendungen möglich

ZB/J/Sfs - NIX12 - 07.04.198

SOLL-LEISTUNGSUMFANG:

Struktur von On-Line-Anwendungen unter FRECOM

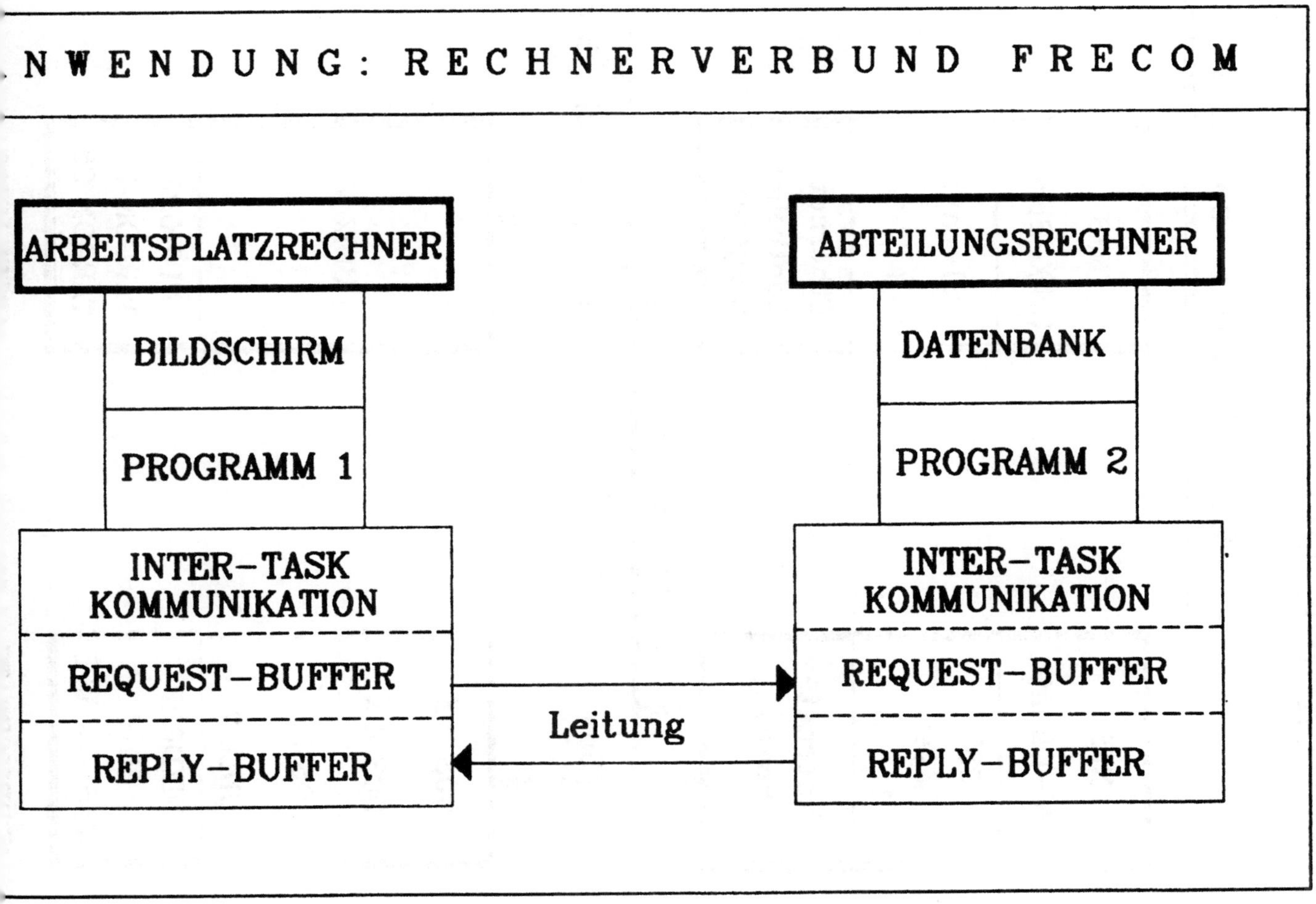

ZB–Planung/Kommunikation

FRECOM Stufe 1 ca. Ende 1988

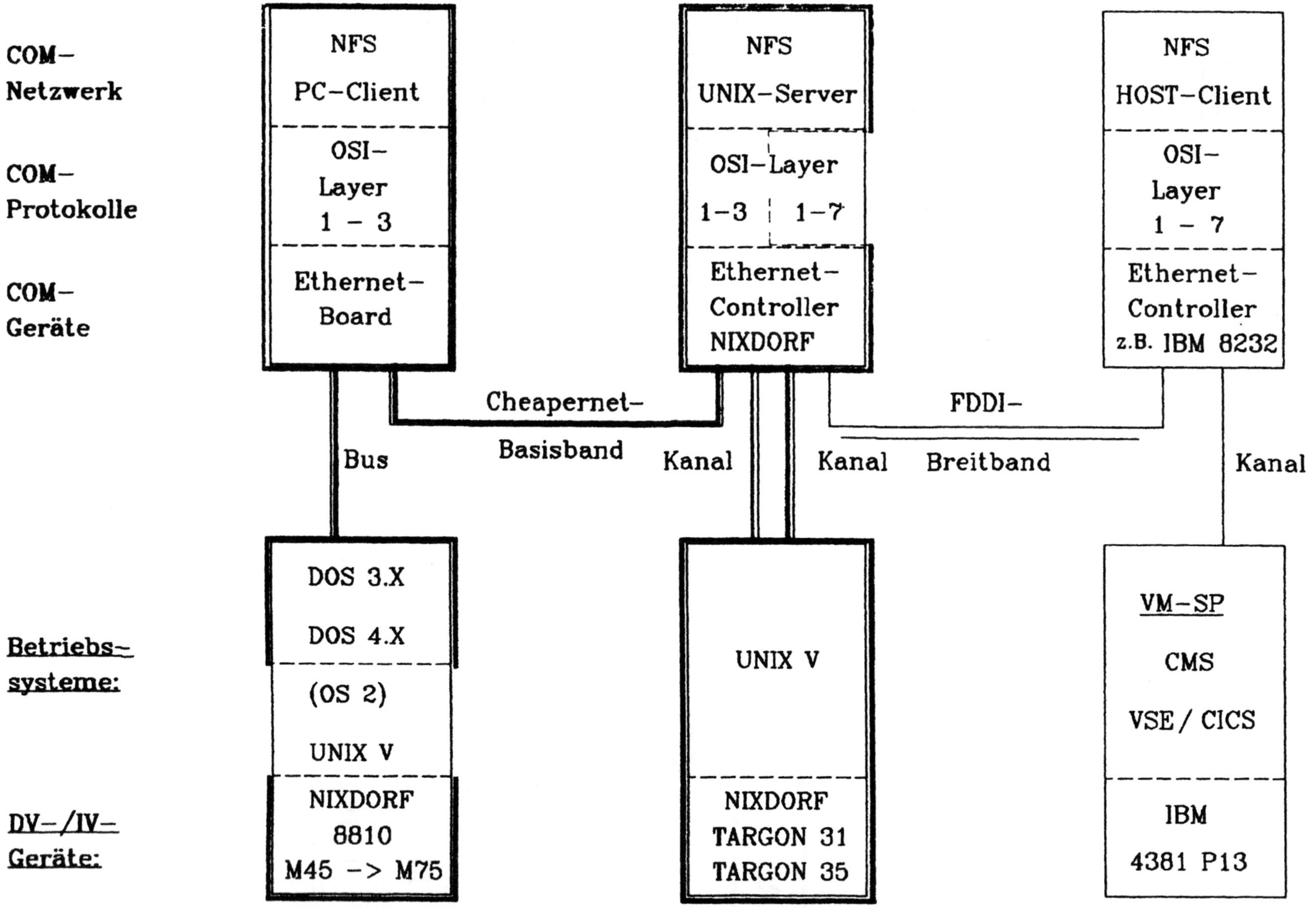

ANWENDUNGSVERTEILUNG

mit F R E C O M

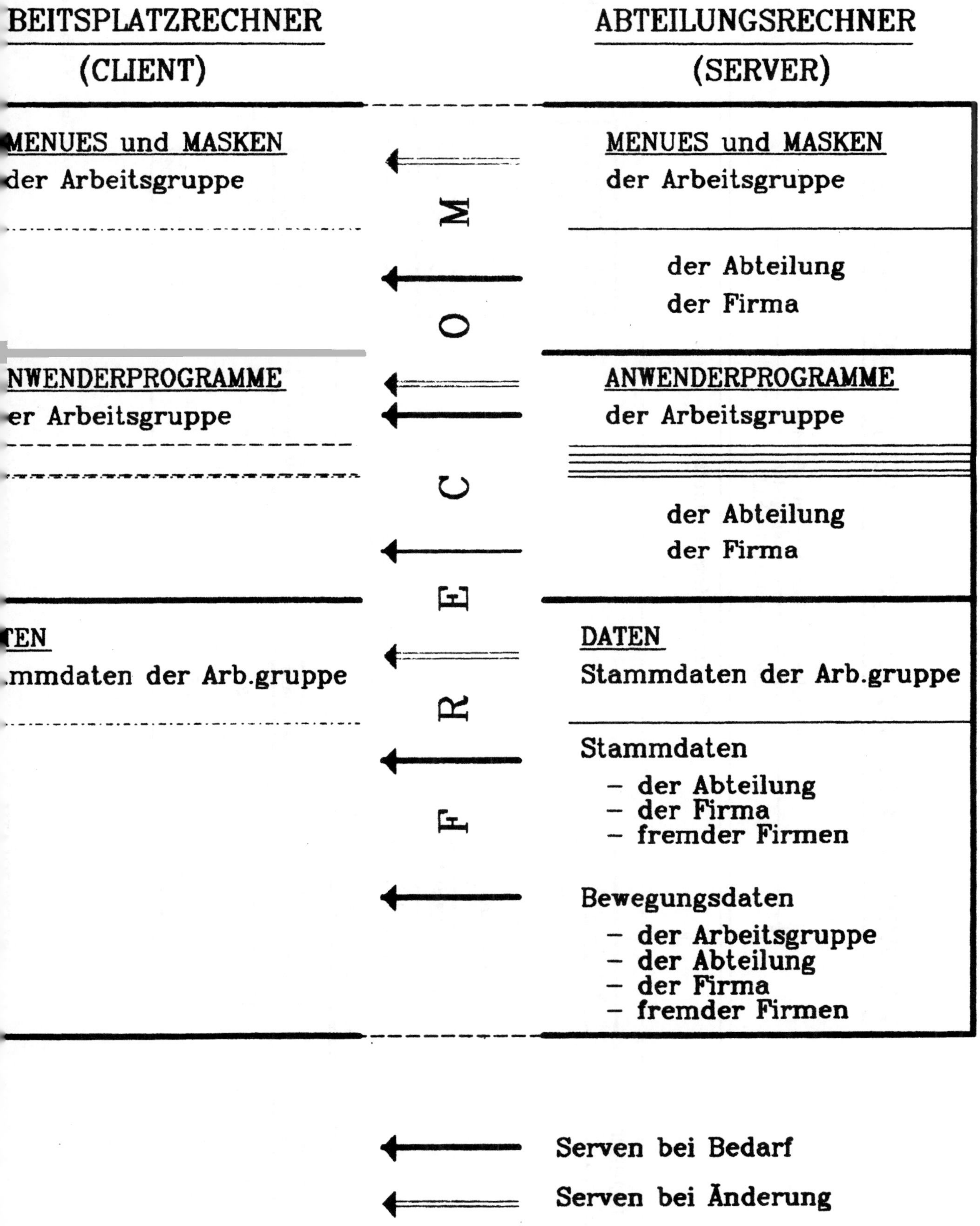

ZB/J/Sfs – NIX15 – 07.04.1989

PRINZIPIEN DER DV/IV/COM-LÖSUNG BEI HELLER

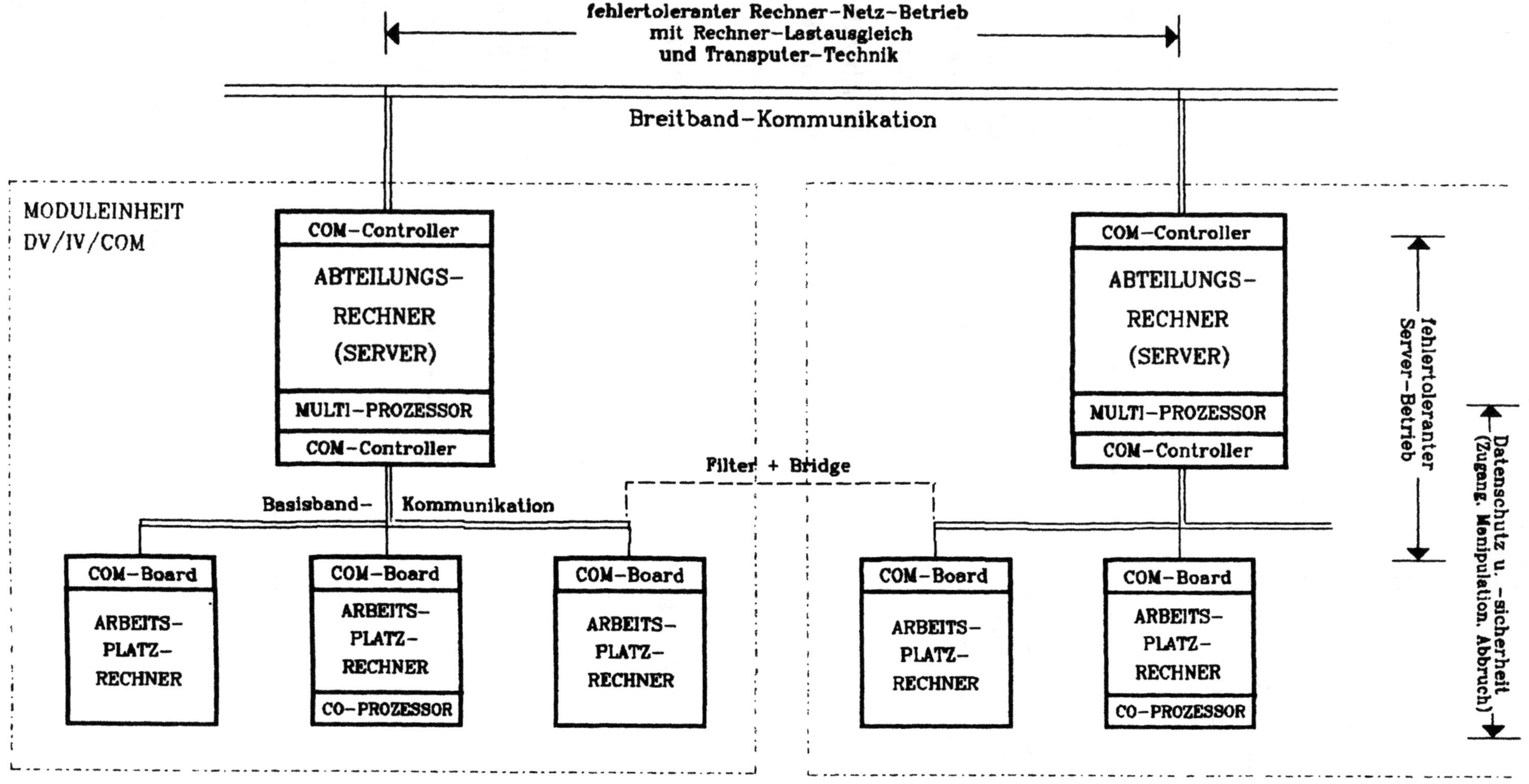

ZB/J/Sfs - NIX16 - 06.04.1989

STANDARD-MODULE DER DV/IV/COM-LÖSUNG BEI HELLER

ODUL	HARDWARE	SOFTWARE
Controller ILUNGS- CHNER ERVER) PROZESSOR Controller	RISC-Multiprozessor-Architektur Hauptspeicher: 8 - 32 MB Plattenspeicher: 0,8 - 8 GB Ethernet-COM-Controller: 2 x = NIXDORF Targon 35/50	UNIX nach POSIX, X-OPEN Programmiersprache: C (ANSI) Datenbanksprache: SQL (ANSI) Datenbanksystem: DDB4, INGRES (verteilt, relational) Kommunikationssystem: Ethernet CSMA/CD IP + TCP (alt. UDP) FRECOM, NFS --➔ TOP, FRECOM, NFTCS
unikation	LAN-Kommunikation-Breitband NIXDORF NBN FDDI (LWL) HIRSCHMANN Koppler LAN-Kommunikation-Basisband Ethernet/Cheapernet HIRSCHMANN-Koppler HIRSCHMANN-BNC-Stecker WAN-Kommunikation UNIX-COM-Server/Gateway DATEX-PO-Anschluß	LAN-Kommunikation, prozeßfern: Ethernet CSMA/CD IP + TCP (alt. UDP) --➔ TOP LAN-Kommunikation, prozeßnah: Ethernet CSMA/CD, alt. Token-Bus --➔ MAP WAN-Kommunikationssystem: X25, X400 --➔ ISDN
-Board BEITS- ATZ- CHNER ROZESSOR	Büro 80286-Coprozessor-Architektur Hauptspeicher: 1 - 2 MB Plattenspeicher: 40 - 80 MB Ethernet-COM-Board: 1 x WD Farb-Monitor MF 14" VGA-Grafik-Controller MF2-Tastatur und Maus z.B. NIXDORF 8810 M45 Technik 80386/387-Coprozessor-Architekt. Hauptspeicher: 2 - 8 MB Plattenspeicher: 80 - 130 MB Ethernet-Controller: 1 x Farb-Monitor MF 14" Farb-Monitor MF 20" VGA-HR-Grafik-Controller MF2-Tastatur und Maus Kurta-Tableau und Lupe = NIXDORF 8810 M75	DOS nach de-facto Standards --➔ UNIX nach POSIX, X-OPEN DOS 3.3 --➔ DOS 5.0 DOS-Shell SNAP DOS-Anwendungssysteme: SMART, PAINT, PROJECT, ... DOS-UNIX-(Client-Server-)Betrieb --➔ UNIX-UNIX-Betrieb Oberflächensystem: FORMS --➔ MOTIF Programmiersprache: C (ANSI) Datenbanksprache: SQL (ANSI) Datenbanksystem: ADIMENS, dBase IV (verteilt, relational) -➔ DDB4 Kommunikationssystem: Ethernet CSMA/CD IP + UDP FRECOM, NFS -➔ TOP, FRECOM, NFTCS

ZB/J/Sfs - NIX17 - 06.04.1989

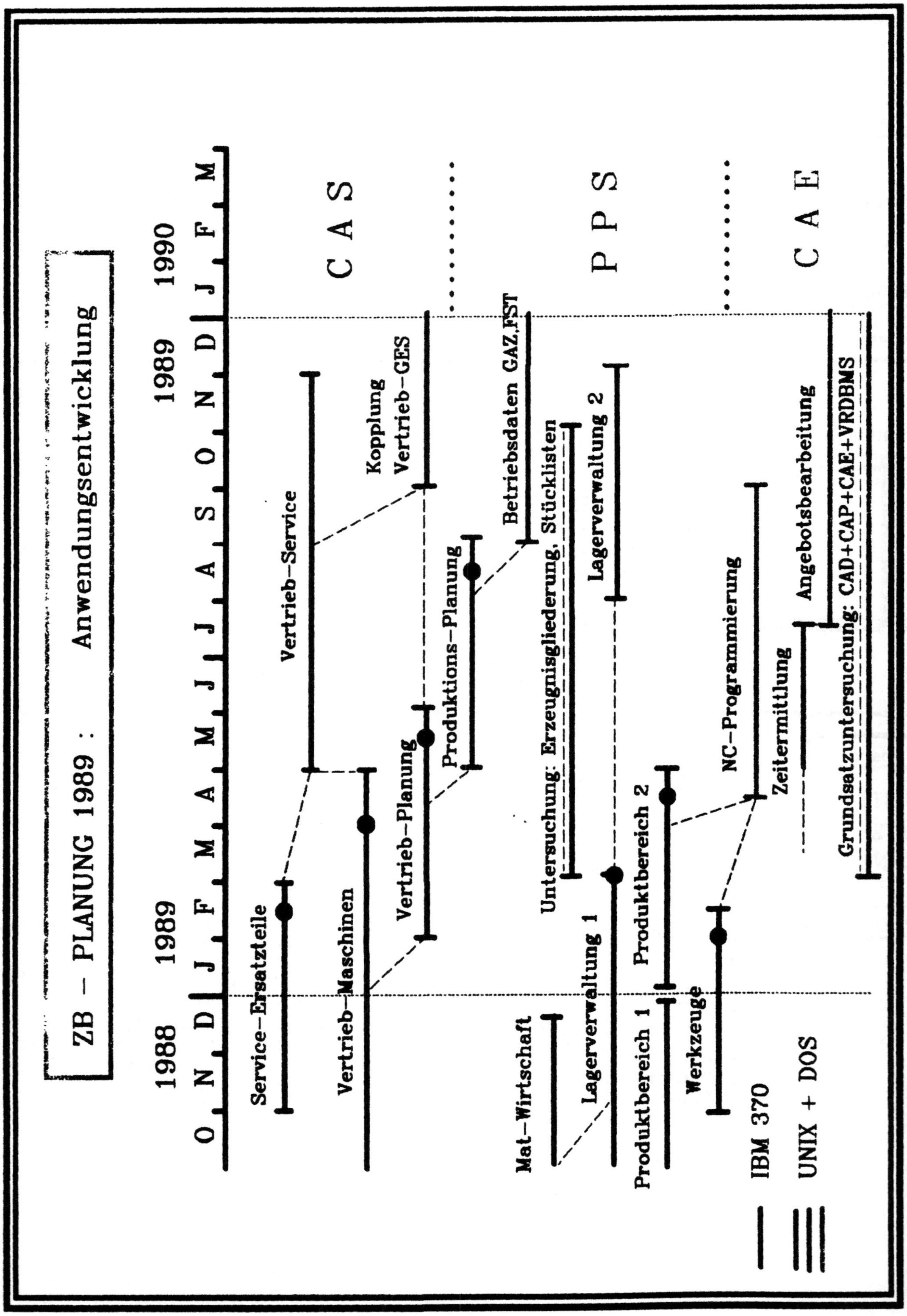

ZB - PLANUNG 1989 : Anwendungsentwicklung
1988
1989
1989
1990
O N D J F M A M J J A S O N D J F M
C A S
P P S
C A E
Service-Ersatzteile
Vertrieb-Maschinen
Vertrieb-Service
Vertrieb-Planung
Kopplung
Vertrieb-GES
Produktions-Planung
Betriebsdaten GAZ,FST
Mat-Wirtschaft
Lagerverwaltung 1
Lagerverwaltung 2
Untersuchung: Erzeugnisgliederung, Stücklisten
Produktbereich 1
Produktbereich 2
Werkzeuge
NC-Programmierung
Zeitermittlung
Angebotsbearbeitung
Grundsatzuntersuchung: CAD+CAP+CAE+VRDBMS
IBM 370
UNIX + DOS

STANDARDS im RECHNERVERBUND DV/IV/COM bei HELLER

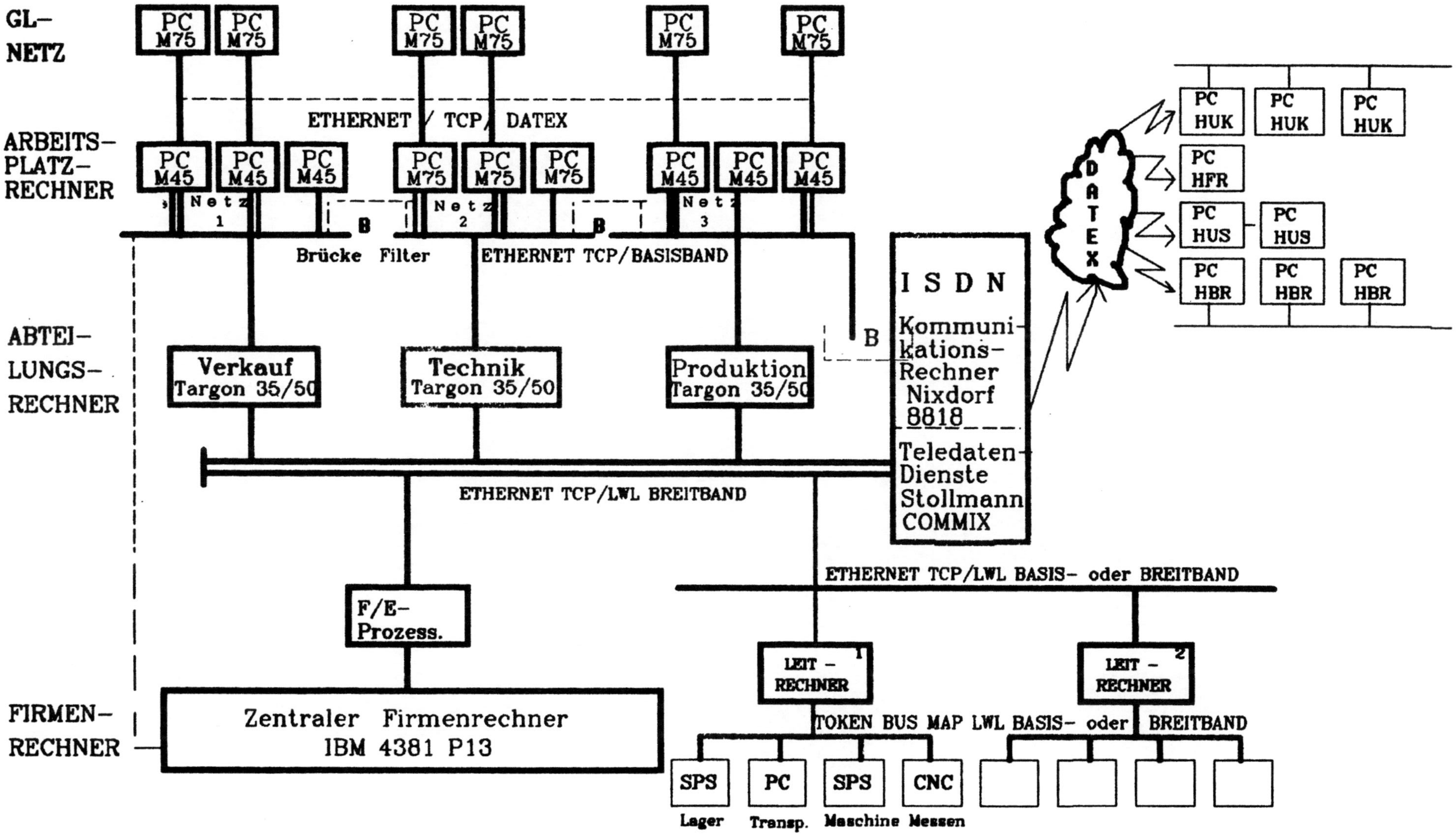

ZB/J/Sfs – NIX19 – 10.04.1989

DISDES: Ein Gestaltungswerkzeug zur Verbindung von Analyse und Gestaltung verteilter Informationssysteme

F. Reim und A. Roos

Zusammenfassung

Die Gestaltung, Analyse und Konfiguration verteilter Informationssysteme zur Unterstützung der Arbeit im technischen und administrativen Büro ist eine organisatorische Aufgabe. Es wird ein computer-gestütztes Werkzeug beschrieben, das den Organisator bei dieser Aufgabe unterstützt. Das zugrundeliegende Modell der Büroarbeit und des Informationssystems ist dabei von zentraler Bedeutung. Es werden Anforderungen an die Modellierungssprache und das Werkzeug definiert. Danach werden Aufbau und Realisierung der Modellierungssprache und des Werkzeugs näher beschrieben. Die Modellierungssprache ist prozeß- und aktorenorientiert. Das Werkzeug unterstützt den Organisator sowohl bei der Erstellung, als auch bei der Bewertung unterschiedlicher Gestaltungsalternativen. Die Nutzung des Werkzeugs auf einer Graphik-Arbeitsstation wird erläutert.

1 Die Aufgaben der organisatorische Gestaltung

Die konzeptionelle Gestaltung des verteilten Informationssystems stellt eine organisatorische Tätigkeit dar. Die Anforderungen an das Informationssystem ergeben sich aus den zu unterstützenden Tätigkeiten und den Beziehungen zwischen verschiedenen Tätigkeiten. Neben der Beschreibung der einzelnen Stellen müssen daher auch die Ressourcen des Informationssystems festgelegt werden. Für den Organisator heißt das konkret, daß bei der organisatorischen Gestaltung von Aufbau- und Ablauforganisation das Betriebsmittel "verteiltes Informationssystem" einzubeziehen ist. Der Gestaltungsprozeß wächst damit zunehmend mit den Aufgaben der Anwendungsentwicklung und des Systemmangements zusammen (vgl. Niemeier und Reim (1990)).

Ein verteiltes Informationssystem im Unternehmen umfaßt eine Reihe von heterogenen Hardware- und Software-Komponenten, die gemäß gemeinsamer Standards zusammenarbeiten. Es handelt sich um ein in ständiger Veränderung befindliches System, da einerseits die Einbindung existierender Komponenten von wesentlicher Bedeutung ist, andererseits aber häufig neue Komponenten zur Unterstützung weiterer Anwendungen hinzukommen. In Zukunft wird dabei die Konfiguration und Anpassung existierender Komponenten zunehmend an Bedeutung gewinnen. Die Neuentwicklung von Software durch den Anwender verliert eher an Gewicht (vgl. Tsichritzis und Nierstrasz (1988)). Für die technisch-organisatorische Gestaltung bedeutet dies, daß sie sich auf die Umorganisation und Umkonfiguration bestehender Systeme als zentraler Aufgabe einstellen muß.

Der Aufbau und die Größe des verteilten Informationssystems richten sich dabei stets nach der Einsatzumgebung und den organisatorischen Zielen. Die Anzahl der Freiheitsgrade bei Gestaltung und Konfiguration ist groß. Dem Organisator kommt die Aufgabe zu, das vorhandene Flexibilitätspotential sowohl in organisatorischer als auch in technischer Hinsicht nutzbar zu machen. Zur Lösung dieser komplexen

Aufgaben ist es vorteilhaft, auf unterstützende Werkzeuge zurückgreifen zu können. Ein Unterstützungsbedarf besteht insbesondere bei:

- der Erzeugung und Repräsentation eines *Modells* der Organisation und des verteilten Informationssystems
- der Bewertung unterschiedlicher Gestaltungsalternativen hinsichtlich der *Leistung* und des *Sicherheitsrisikos*
- der Ableitung der benötigten *Funktionalität* des verteilten Informationssystems
- der Bestimmung der *Struktur* und der *Komponenten* des Informationssystems, um diese Funktionalität zu unterstützen
- der *Beobachtung* im laufenden Informationssystem als Grundlage für Gestaltungsentscheidungen
- der Umsetzung von Gestaltungsentscheidungen zur *Anpassung* des laufenden System

2 DISDES als Hilfsmittel für den Organisator

DISDES (Distributed Information System Designer) ist ein Entscheidungsunterstützungssystem für den Organisator, dessen Verantwortlichkeit die Auswahl der Komponenten zur Unterstützung der Bürotätigkeiten sowie die konzeptuelle Spezifikation des Hardware- und Software-Systems umfaßt. DISDES unterstützt den Organisator bei der Erstellung von Lösungen und bei deren Bewertung. Die Repräsentation der betrachteten Organisation und deren verteiltes Informationssystem im Modell sowie die Analyse dieses Modells sind dabei von zentraler Bedeutung. Auf diese Modellierung wird im folgenden näher eingegangen. Bezüglich der Sicherheitsaspekte sei auf Meitner/Ness/Reim (1987) verwiesen, zur Problemstellung der Einbindung in ein laufendes Informationssystem auf Horn/Ness/Reim (1988) und Ness/Reim (1989) .

Mögliche Einsatzfelder sind sowohl die Gestaltung administrativer Tätigkeiten (z.B. Buchhaltung) als auch die Gestaltung technischer Bürotätigkeiten (z.B. Konstruktion, Arbeitsvorbereitung). Im folgenden werden alle diese Tätigkeiten unter dem Begriff Bürotätigkeit subsummiert. Der Begriff Organisation wird synonym verwendet.

DISDES bietet fundierte Unterstützung bei Entscheidungen der organisatorischen Gestaltung. Es übernimmt dabei jedoch keineswegs die Steuerung der Abläufe in einem Büro etwa analog zu einem Leitstand in der Fertigung. Der Organisator besitzt mit DISDES ein mächtiges Hilfsmittel zur Darstellung von Aufbau- und Ablauforganisation sowie zur konzeptuellen Spezifikation benötigter Software. Mit Hilfe einer Simulationskomponente können mögliche Gefahren und Engpäße erkannt werden.

Das Einsatzgebiet von DISDES liegt haupsächlich in der Betrachtung größerer Organisationseinheiten, in denen es komplexe Vorgänge zu analysieren gilt. Nachdem der Organisator mit Hilfe von DISDES ein Büromodell erstellt und mögliche Abläufe simuliert hat ändert er durch entsprechende Reorganisationsmaßnahmen sein reales Anwendungsfeld und prüft, ob die angestrebten Verbesserungen eingetreten sind. Neben revolvierend auftretenden Aufgaben ist der Einsatz auch bei der Neuplanung von Abteilungen möglich.

Die Vorteile, die sich für den Organisator ergeben, sind:

- die strukturierte Darstellung von Aufbau- und Ablauforganisation
- die erhöhte Transparenz der Arbeitsabläufe
- die Ableitbarkeit der Anforderungen für die Softwareausstattung von Arbeitsplätzen
- ein flexibles, leicht handhabbares Modell als Diskussions- und Darstellungsgrundlage bei Reorganisationen
- eine Übersicht über Leitungsspannen
- Hinweise auf die Auslastung von Stellen sowie die Entwicklung von Engpässen mit Hilfe der dynamische Simulation
- Hinweise auf Stellen, deren Ausfall besonders kritisch für die Durchführung eines Ablaufs ist

3 Modellierung von Büroarbeit und Informationssystem

Das Modell als Abstraktion der Realität bildet eine Teilmenge von Konzepten und Eigenschaften der realen Welt ab. In DISDES dient das Modell zur organisatorischen Gestaltung von Arbeitsabläufen sowie zur Ermittlung von Anforderungen an das verteilte Informationssystem, das die verschiedenen Bürotätigkeiten unterstützen soll. Es muß daher in der Lage sein, diese Arbeitsabläufe und die Zuordnung von Informationssystemen-Ressourcen zu Aufgabenträgern darzustellen.

In Anlehnung an Pick und Whinston (1984) sind von der Modellierungssprache folgende formale Anforderungen zu erfüllen: Eine in sich konsistente Beschreibung der Modellgrundlagen, Flexibilität in der Darstellung unterschiedlicher Organisationen, Komplexitätsreduktion und Fokusierung auf wesentliche Systemkomponenten und das Fördern des Problembewußtseins beim Benutzer.

Unter Berücksichtigung dieser formalen Anforderungen ergeben sich die funktionalen Anforderungen, die die Modellierungssprache erfüllen muß:

- die Darstellung und Ableitung von Leitungsfähigkeit, Risiken und Kosten einer Büroorganisation
- die Behandlung von Büroabläufen unterschiedlicher Strukturierungsgrade
- die Beachtung örtlicher Verteilung und ggfs. Ortsbestimmung und Entfernung
- Darstellung der Zuordnung von Aufgaben zu Stellen sowie die hierarchische Einordnung der Stellen
- Darstellung der Beziehungen zwischen Büroarbeit und verteiltem Informationssystem

Um die Einbringung der bisher genannten Anforderungen in das Modell zu ermöglichen wurden folgende Modellierungsgrundlagen für das Modell gewählt: Es basiert auf einem Entity-Relationship-Ansatz und steht damit in Einklang mit den Ansätzen zur Modellierung des System-Management der ISO (Valta (1987), ISO (1986)). Dem Modell liegt im wesentlichen eine prozeßorientierte Betrachtung der Bürotätigkeit mit einigen aktorenorientierten Elementen zugrunde (Niemeier, Ness (1986)). Statische und dynamische Betrachtungsweisen koexistieren im Modell, da sich beide Aspekte bei der Gestaltung ergänzen. Eine objekt-orientierte Realisierung ermöglicht eine einfache und erweiterbare Implementierung des Entscheidungsunterstützungssystems.

Die Beschreibung des Flußes der Bürotätigkeiten als Aktivitäten und Prozesse ist ein wesentlicher Teil des Modells. Aktivitäten werden von Stellen ausgeführt. Im weiteren sind zum Verständnis des Modells wichtige Elemente (Entities und Relationships) zur Abbildung des Büros aufgeführt:

- *Aktivitäten* sind atomare Aufgaben, die von einer Stelle ohne Unterbrechung erledigt werden können

- *Prozesse* sind Abläufe, die aus einer Vielzahl von Aktivitäten oder (Unter-) Prozessen bestehen und jeweils eine eindeutige Aktivität als Start- und Endpunkt haben

- *Stellen* sind die einzigen organisatorischen Einheiten, die Tätigkeiten verrichten können; sie bestehen aus Menschen, Mensch-Maschine-Einheiten oder Maschinen

- Zwischen Entities bestehen *Beziehungen (Relationships)*, die wie Entities durch Attribute näher beschrieben sind; beispielsweise führen unterschiedliche Stellen eine Aktivität unterschiedlich schnell aus

Um die Konfiguration eines verteilten Informationssystems zu ermöglichen, müssen diese Elemente zur Beschreibung von Bürotätigkeiten mit Konzepten zur Beschreibung dieser Informationssysteme in Verbindung gebracht werden. Bild 3-1 zeigt die wesentlichen Modellelemente und deren Beziehungen.

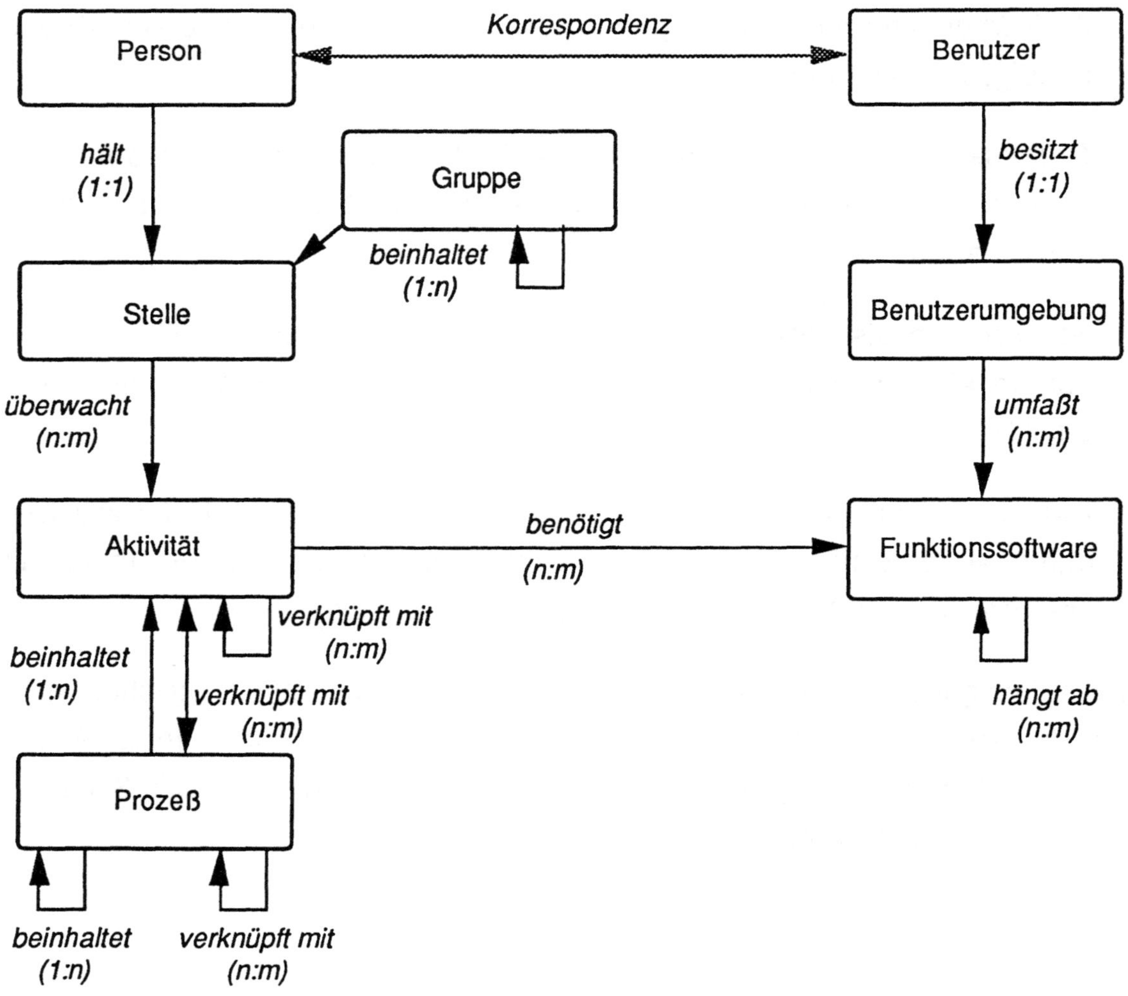

Bild 3-1: Modellelemente zur Beschreibung von Büroabläufen und von Anforderungen an das verteilte informationssystem

Aktivitäten, Stellen und auch die Anwendungs-/Funktionssoftware sind als Abstraktionshierarchien (Generalisationsabstraktion) aufgebaut. Bild 3-2 zeigt als Beispiel die Spezialisierung der Aktivität "Produktionsplanung und -Steuerung". Der Organisator ist damit in der Lage, Typen von Aktivitäten zu bilden. Da häufig mehrere gleichartige Aktivitäten modelliert werden, stellt dies eine Erleichterung seiner Aufgabe dar. Weiterhin wird ihm ermöglicht, diese Typen schrittweise zu verfeinern. Dies gilt in gleichem Maße auch für Stellen und Funktionssoftware. Beziehungen zwischen Aktivitäten und Funktionssoftware können auf der Ebene der Typen definiert werden.

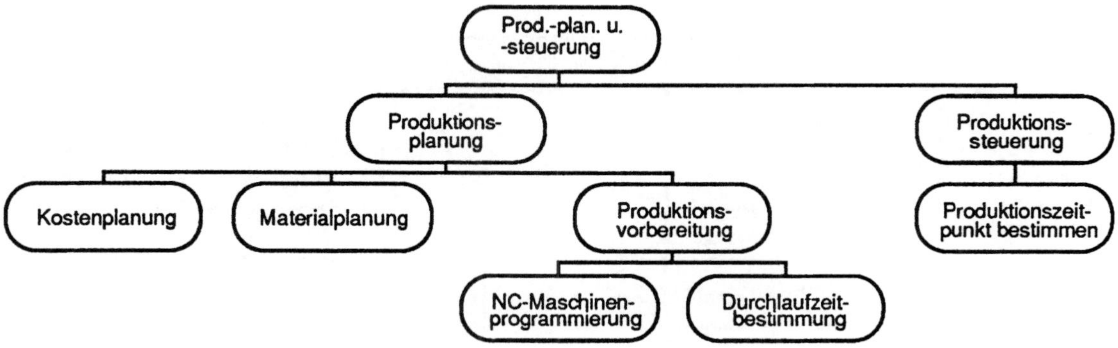

Bild 3-2: Abstraktionshierarchie am Beispiel Produktionsplanung und Produktionssteuerung

Die Darstellung der verschiedenen funktionalen Anforderungen bedingt, daß auf jedes Modell verschiedene Ansichten existieren müssen. Diese Ansichten spiegeln spezielle Aspekte eines Modells wieder. Eine Ansicht kann beispielsweise eine Stelle und ihre hierarchischen Beziehungen zu anderen Stellen darstellen. In einer anderen Ansicht werden ihre Verantwortlichkeiten für bestimmte Büroaktivitäten repräsentiert.

4 DISDES - Das Gestaltungswerkzeug

DISDES (Distributed Information System Designer) ist ein computergestütztes Entscheidungsunterstützungssystem mit einer graphisch-interaktiven Oberfläche für den Organisator. DISDES kann sowohl bei der Erstellung einer Lösung als auch bei der Bewertung alternativer Lösungsvorschläge benutzt werden.

DISDES ist in der objektorientierten Sprache C++ (Stroustrup(1987)), unter Verwendung von InterViews (InterViews(1988)) und X-Windows Version 11 (Fulton (1988)) implementiert. Das Modellmanagement ist mit Hilfe der relationalen Datenbank Oracle (Sachs(1987)) implementiert. Es läuft auf Graphik-Workstations unter Unix (Sun, Apollo, Siemens, DEC).

4.1 Architektur und Komponenten

Bild 4-1 zeigt den Aufbau von DISDES und seine einzelnen Bestandteile mit ihren Untereinheiten. Der Organisator arbeitet auf oberster Ebene mit dem Komponenten-Manager. Von hier aus kann er Lösungen generieren und erstellte Lösungsalternativen bewerten. In den folgenden Abschnitten werden die einzelnen Bestandteile des Werkzeugs genauer erklärt.

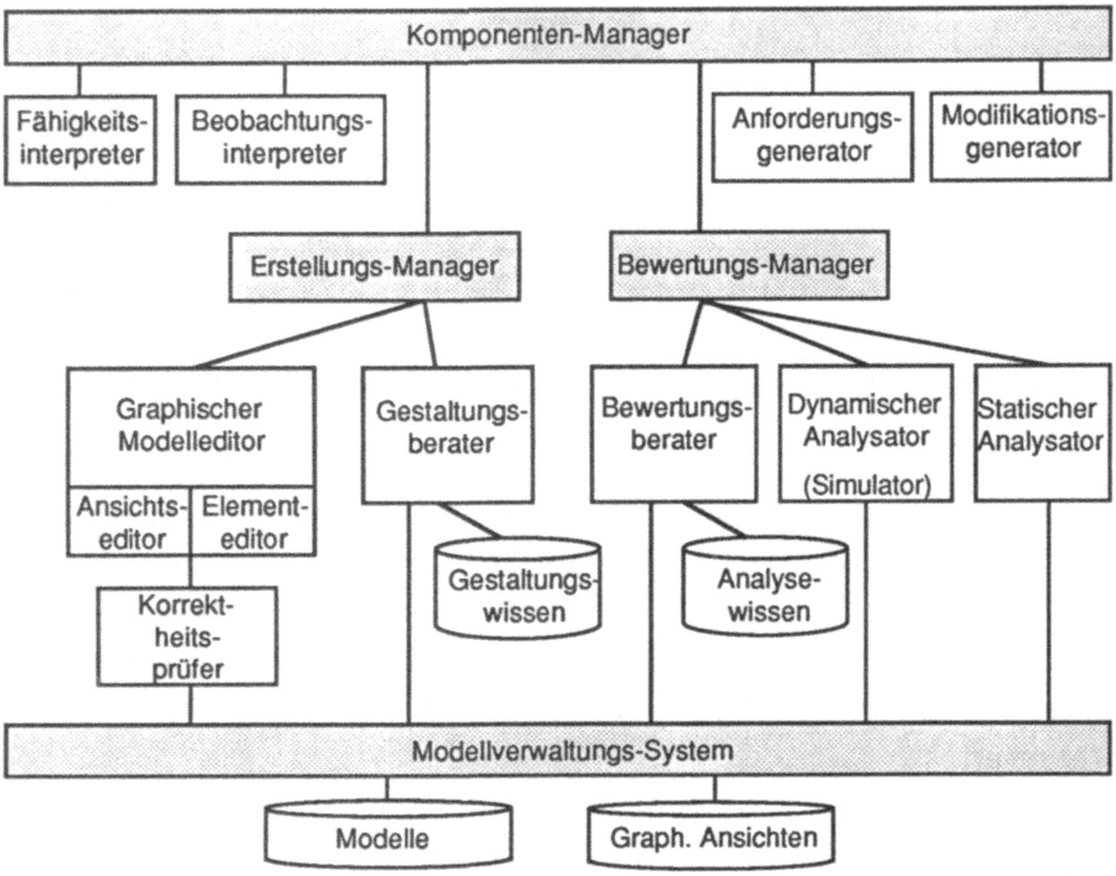

Bild 4-1: Aufbau des Programms DISDES

4.2 Erstellungskomponenten

Die Komponenten zur Erstellung unterstützen den Organisator beim Erfassen des Problems und beim Erstellen, Erfinden und Entwickeln eines besseren Gestaltungskonzepts für Büro und verteiltes Informationssystem. Die Hauptkomponenten des Werkzeugs zum Erstellen von Gestaltungskonzepten sind der Erstellungs-Manager, ein graphischer Modelleditor, ein Korrektheitsprüfer und ein Gestaltungsberater mit Gestaltungswissen.

Der Erstellungs-Manager erlaubt dem Organisator gleichzeitig den graphischen Modell-Editor und einen wissensgestützten Gestaltungsberater zu benutzen, um einen Gestaltungsvorschlag zu erstellen. Der Erstellungs-Manager muß den Gestaltungsberater mit Informationen über den Kontext der Gestaltungssituation versorgen. Dieser Kontext umfaßt das aktuell bearbeitete Modell, die momentan gewählte Sichtweise auf dieses Modell sowie die vom Benutzer zur Bearbeitung ausgewählten Modellelemente. Das bearbeitete Modell ist dem Komponenten-Manager bekannt. Die Sichtweise und die aktuell bearbeiteten Elemente werden vom graphischen Modell-Editor kontrolliert.

Der Modell-Editor erlaubt es dem Benutzer, ein Büromodell inkrementell zu entwickeln und zu überprüfen. Dabei müssen abgespeicherte Modelle nicht von Anfang an komplett sein.

Die Korrektheit des Modells kann aufgrund der Syntax und Semantik der Modellsprache überprüft werden. Einige dieser Überprüfungen, insbesondere die Konformität mit der Modellsprache, sind direkt und implizit im graphischen Modell-Editor verwirklicht. Es werden z.B. nur gültige Modellelemente zugelassen und falsche Eingaben zurückgewiesen. Jedoch müssen komplexere Überprüfungen wie z.B. Vollständigkeit und Korrektheit explizit durchgeführt werden. Da - wie oben erwähnt - auch unvollständige Modelle während der Erstellungsphase erlaubt sind, wird der Korrektheitsprüfer nicht automatisch gestartet. Er muß vom Organisator explizit aufgerufen werden.

Der Gestaltungsberater ist eine wissensgestützte Komponente, die dem Organisator Teillösungen je nach aktuellen Kontext vorschlägt. Er erhält den Kontext, z.B. Modell, Ansicht und Modellelement, vom Erstellungs-Manager und kann die Modell-Datenbank befragen.

4.3 Bewertungskomponenten

Die Bewertungskomponenten haben die Aufgabe, ein Modell statisch und dynamisch zu analysieren. Mit der statischen Analyse können Aussagen gewonnen werden über Leitungsspannen, Stellen mit besonders hoher Flexibilität oder Stellen deren Ausfall ein besonders hohes Risiko bedeutet.

Der Kern des Bewertungs-Managers besteht aus dem Simulator, der das mit Hilfe des Erstellungs-Managers erzeugte Modell einer diskreten Simulation unterzieht. Prozesse können dazu zu beliebigen Zeitpunkten gestartet werden. Die Durchlaufzeit wird als die entscheidende Zielgröße betrachtet. Schwerpunkt der Analyse sind die Kapazitäten, nicht die Reihenfolge der Aktivitäten im Sinne einer Aufgabenzuteilung. Innerhalb eines Simulationslaufs können z.B. Warteschlangen und Zeitverzögerungen beobachtet werden. Der Bewertungsberater bietet Unterstützung bei der Interpretation der Simulationsergebnisse.

Der Benutzer hat die Möglichkeit, für jedes Modell Simulationsläufe durchzuführen. Hierzu werden Zeitangaben über die Simulationsdauer und eine Liste mit Prozeßstarts vorgeben. In dieser Liste können neben der Prozeßbezeichnung und dem Startdatum auch eine Häufigkeit für zyklisch wiederkehrende Starts angegeben werden. Ein monatlicher Geschäftsbericht braucht so nur einmal in die Liste eingetragen zu werden. Der Simulator verfügt zur Bearbeitung dieser Angaben über ein Zeitmodul, das alle notwendigen Kalenderfunktionen enthält. Vom Bewertungsberater werden diese Daten auf formale Korrektheit geprüft. Initialisierungsdaten bereits durchgeführter Simulationsläufe können für einen neuen Lauf wieder verwendet werden.

Im Verlauf der Simulation hat der Benutzer die Möglichkeit, weitere Prozeßstarts hinzuzufügen und in gewissen Abständen den augenblicklichen Stand der Simulation zu erfragen. Wichtige Ereignisse werden dem Benutzer automatisch mitgeteilt. Die Ergebnisse können während der Simulation laufend ausgewertet werden. Graphiken, die sich dynamisch verändern, zeigen Warteschlangen sowie reale und ideale Prozeßdauern und Anfangszeitpunkte an. Bild 4-2 zeigt ein Beispiel für Warteschlangen von Aktivititäten vor verschiedenen Stellen. Die Auslastung von Stellen sowie die Gründe für Wartezeiten, z.B. weil keine Arbeit vorhanden ist oder weil vorgelagerte Warteschlangen bestehen, können dargestellt werden. Eine Gesamtdarstellung der aufgelaufenen Werte am Ende der Simulation ist möglich. Der gesamte Simulationsverlauf kann dokumentiert werden, um dem Bewertungsberater nachträgliche Auswertungen zu ermöglichen.

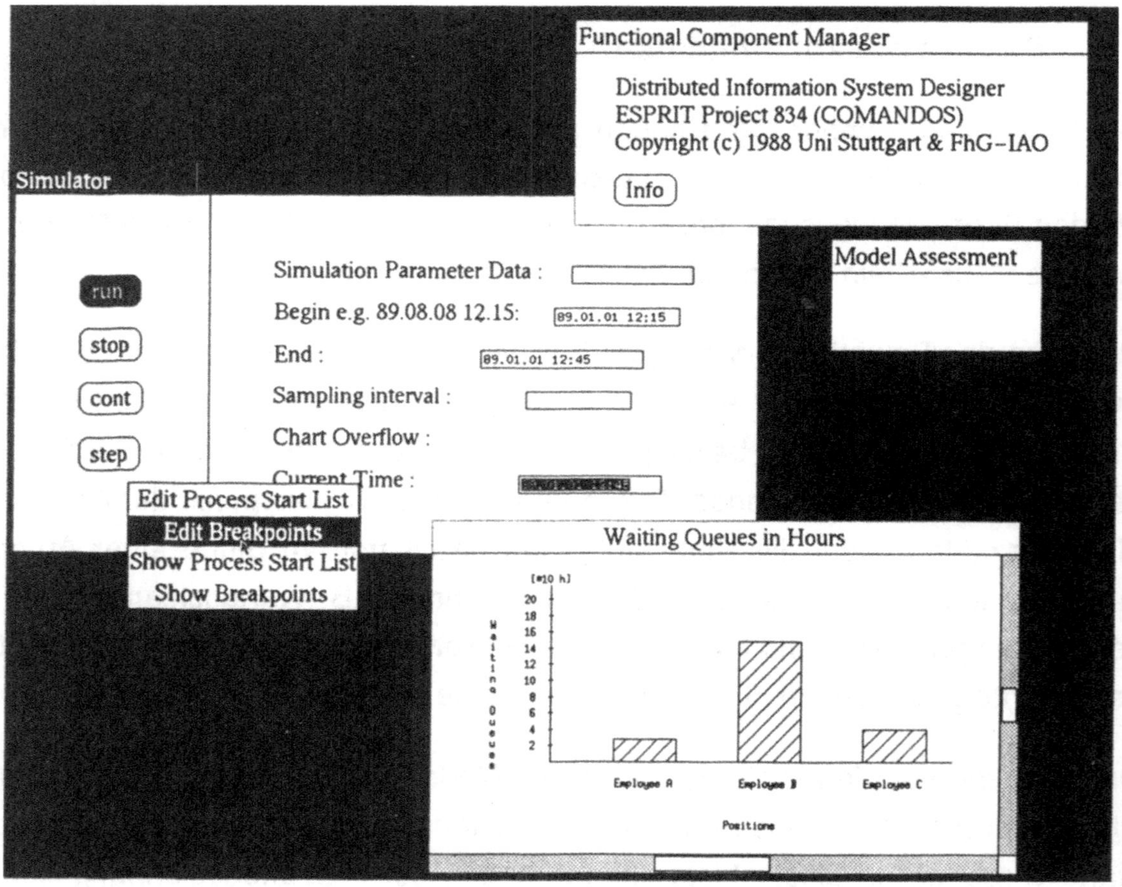

Bild 4-2 : Warteschlangen von Aktivitäten vor Stellen

Der Ablauf der Simulation folgt in vereinfachter Darstellung dem folgendem Schema. Die einzelnen Schritte werden zyklisch aufeinanderfolgend wiederholt bis der Endzeitpunkt der Simulation nicht erreicht ist.

1. Wenn der Zeitpunkt eines Prozeßstarts gekommen ist, werden alle zu diesem Prozeß und seinen Subprozessen gehörigen Aktivitäten in eine Liste der zu bearbeitenden Aktivitäten übernommen. Damit ist die mit diesem Prozeß verbundene Arbeit generiert. In dieser Liste können auch Alternativabläufe von Aktivitätsfolgen enthalten sein, sodaß nicht alle Aktivitäten auch tatsächlich abgearbeitet werden müssen.

2. Es wird für alle Aktivitäten geprüft, ob die Vorgängeraktivitäten abgeschlossen sind und außerdem eine Stelle frei ist, die diese Aktivitäten durchführen könnte. Ist dies der Fall, so wird diese Aktivität bearbeitet. Dazu wird die bearbeitende Stelle in den Zustand "arbeitend" versetzt.

   Eine Zuordnung von Aktivitäten zu Stellen entsprechend deren Qualifikation erfolgt bereits im Erstellungsteil also beim Aufbau des Modells. Dort erfolgt aber noch nicht die Auswahl, welche Stelle in der Simulation die Ausführung letztendlich übernimmt. Dafür wird ein Zuordnungsalgorithmus bereitgestellt. Er kann verändert werden, um damit unterschiedliche Strategien simulieren zu können.

3. Für alle laufenden Aktivitäten wird geprüft, ob sie vollständig abgearbeitet sind. Falls ja werden sie in die Fertigliste bewegt, die dazu dient, auch nachträgliche Auswertungen durchführen zu können. Die "arbeitende" Stelle wird freigegeben.

4. Laufende Aktivitäten werden um einen Zeitschritt abgearbeitet.

5. Mögliche Werte für die Ergebnisdarstellung werden aufbereitet.

6. Es erfolgt der nächste Zeitschritt; als Schrittgröße wurde 5 Minuten gewählt.

4.4 Das Modellverwaltungssystem MGVMS

Das MGVMS (Model and Graphical View Management System) verwaltet alle Modelle und deren graphische Ansichten. Modell und Ansicht werden dabei separat verwaltet, da zum einen für das selbe Modell mehrere verschiedene Ansichten existieren können und zum anderen nicht jede graphische Manipulation einer Ansicht eine Auswirkung auf das Modell hat. Entsprechend dieser Zweiteilung werden sowohl Schnittstellen zur Manipulation und Abfrage des Modells bereitgestellt als auch zur Manipulation und Abfrage von Ansichten.

5 Beispiel einer Anwendung des Gestaltungswerkzeugs

Im folgenden wird die graphische Benutzerschnittstelle von DISDES am Beispiel des graphischen Modell-Editors beschrieben. Mit dem Modell-Editor kann man ein Modell des Büros und seines verteilten Informationssystems in drei Ebenen bearbeiten. Die oberste Ebene ist das Modell-Verzeichnis. Es beinhaltet alle Modelle. Neue Modelle können erstellt werden, existierende können kopiert oder gelöscht werden. Die mittlere Ebene ist die Ebene der graphischen Ansichten auf das Modell. Sie bietet die graphische Darstellung einer Teilmenge des gesammten Modells. Der Organisator kann innerhalb einer solchen Ansicht die Elemente eines Modells mit dem Ansichts-Editor manipulieren, z.B. verschieben, kopieren, erzeugen und löschen. Die unterste Ebene ist der Element-Editor. Modellelemente können innerhalb einer graphischen Ansicht ausgewählt und ihre Attribute mit seiner Hilfe geändert werden.

Bild 5-1 zeigt Komponenten-Manager, Erstellungs-Manager und die Prozeß-Ansicht für einen Prozeß im Bereich der Arbeitsvorbereitung. Als oberstes graphisches Fenster ist der Modell-Editor zu sehen, mit dem die Attribute eines Prozesses modifiziert werden können. Nach Abschluß der Modifikation befindet man sich logisch wieder in der Prozeß-Ansicht, wo über die Selektion einer Ansicht die Prozeß-Sicht eines anderen Prozesses gewählt werden oder auf die Ebene des Erstellungs-Managers zurückgekehrt werden kann. Bild 5-2 zeigt den Bildschirm nach Aufruf der Stellen-Sicht. Wie bereits erwähnt, gibt es prinzipiell verschiedene Ansichten für jedes Modell, die nebeneinander existieren. Zur Zeit werden die folgenden Ansichten unterstützt:

- die Prozeß-Sicht, die Aktivitäten und (Sub-)Prozesse in ihren zeitlichen und kausalen Zusammenhängen darstellt (Bild 5-1);
- die Stellen-Sicht, die die organisatorische Zuordnung von Stellen zueinander zeigt (Bild 5-2);
- die Stellen-Aktivitäten-Sicht, in der alle von einer Stelle bearbeitbaren Aktivitäten enthalten sind;
- die Aktivitäten-Stellen-Sicht, die alle Stellen zeigt, die für die Ausführung der Aktivität in Frage kommen.

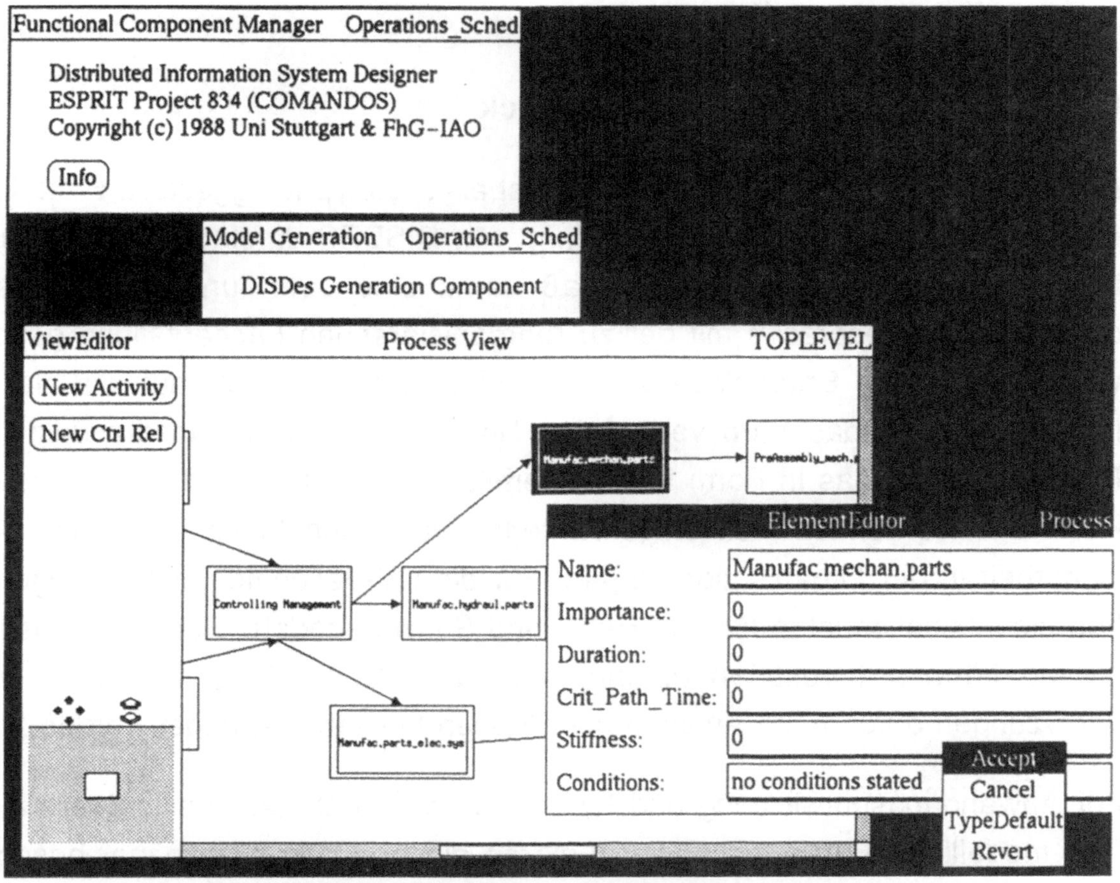

Bild 5-1 : Veränderung der Attribute eines Prozesses

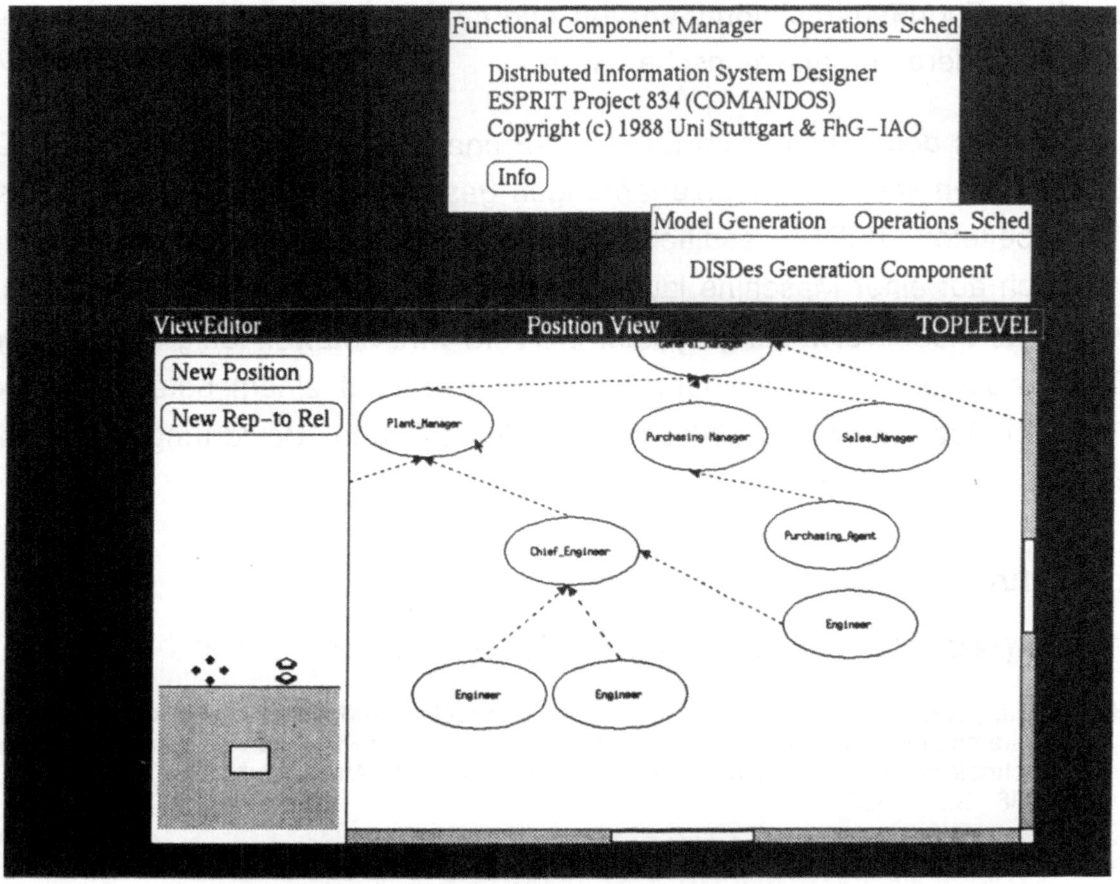

Bild 5-2 : Die Stellen-Sicht

6 Erste Erfahrungen und Ausblick

Das beschriebene Werkzeug (DISDES) ist als Prototyp fertiggestellt. Erste Einsatzerfahrungen liegen vor. Die Anwendung von DISDES durch den technisch orientierten Organisator hat gezeigt, daß damit eine sehr fundierte Diskussionsgrundlage für Gespräche mit der zu reorganisierenden Fachabteilung geschaffen werden kann. Die Ergebnisse der Simulation zeigen Enpäße auf, die die Durchlaufzeiten durch das Büro verlängern. Hier bietet sich ein Ansatzpunkt für das Personalwesen, das in Form von Weiterbildung oder Neueinstellungen reagieren kann. Ebenso können rechzeitige Weiterbildungsmaßnahmen für erhöhte Ausfallsicherheit in der Organisation sorgen. Für die DV-Beschaffungsabteilungen ergeben sich Anhaltspunkte für den Hard- und Softwarebedarf. Gegenüber dem Controlling können Investitionsrechnungen durch Darstellung von Durchlaufzeitverküzungen durch neue Anlagen oder Stellen fundiert begründet werden.

Für Anwendungsentwicklung und Systemmanagement lassen sich über die ebenfalls modellierte Funktionssoftware, die an dieser Stelle nicht näher beschrieben wurde, detaillierte Vorgaben hinsichtlich zu erwartender Last und Benutzungsort ableiten. Zugriffsberechtigungen von Informationssystembenutzern ergeben sich direkt aus deren organisatorischer Rolle.

Im Rahmen des nunmehr im ESPRIT2-Progamm fortgesetzten Projekts COMANDOS werden weitere Einsatzerfahrungen gesammelt, die in einem verbesserten, überarbeiteten DISDES resultieren sollen. Dabei ist abzusehen, daß das momentan noch auf einer Maschine laufende Werkzeug selbst zur verteilten Anwendung wird. Das Modellverwaltungssystem MGVMS wird netzwerkfähig realisiert werden. Die Simulation wird als eigenständiger Prozeß auf einem potentiell entfernten Rechner über Inter-Prozeß-Kommunikation mit dem Bewertungs-Manager verkehren.

Literatur

Fulton, J. (1988), X Window System Ver. 11 Rel. 3, Release Notes, USA 1988

Horn, C. J. , Ness, A. J. und Reim, F. (1988) Construction and Management of Distributed Office Systems , in: Bullinger H.J. u.a. (Hrsg.) Eurinfo´88 - First European Conference on Information Technology for Organisational Systems, North-Holland - Amsterdam, New York, Oxford, Tokyo 1988, S.378-385

InterViews (1988), Reference Manual Ver. 2.4, Stanford University USA 1988

Meitner, H. , Ness, A. J. und Reim, F. (1987) Gestaltung und Betrieb von verteilten Bürosystemen: Management Tools und Informationssicherheit , in : Paul, M. (Hrsg.) GI - 17. Jahrestagung Computerintegrierter Arbeitsplatz im Büro, Berlin, Heidelberg, New York 1987, S. 477-492

Ness, A. J. und Reim, F. (1989) Adaptive Design and Management of Distributed Information Systems, in: Kühn, P.J. (Hrsg.) Kommunikation in verteilten Systemen, Berlin Heidelberg 1989, S. 804-817

Niemeier, J. und Ness, A.J. (1986) Modelle zur Analyse und Planung von Bürosystemen - Entwicklungstrends im Methodenbereich -, in: Bulllinger, H.J. (Hrsg.) Büroforum 86 - Informationsmanagement füt die Praxis- 6. IAO-Arbeitstagung, Berlin u.a. 1986, S. 242-271

Niemeier, J. und Reim, F. (1990) Welchen Einfluß haben verteilte Informationssysteme auf die betriebliche Organisation?, in: Bullinger, H.-J. (Hrsg.) Verteilte, offene Informationssysteme in der betrieblichen Anwendung, Berlin Heidelberg 1990

Pick, A. R.und Whinston, B.A. (1984), A Language for Modeling Organizational Activities, Wisconsin Working Paper 11-84-24, Graduate School of Business, University of Wisconsin-Madison, USA 1984

Sachs, J. et al. (1987), Oracle SQL Plus User's Guide, Oracle Corp. Belmont, California, USA 1987

Stroustrup,B. (1987), Die C++ Programmiersprache, Bonn u.a. 1987

* Diese Arbeit wurde von der Kommission der Europäischen Gemeinschaften im Rahmen des ESPRIT-Projekts 2071 "Construction and Management of Distributed Open Systems" (COMANDOS) gefördert.

Wettbewerbsorientierte Planung verteilter CAx-Komponenten

A. Poestges und H. Huber

Wettbewerbsorientierte Planung verteilter CAx-Komponenten

Ein Planungsansatz der Hewlett-Packard GmbH und des Fraunhofer-Institutes für Arbeitswirtschaft und Organisation (IAO), Stuttgart zur wettbewerbsorientierten CIM-Planung

Dr. Axel Poestges
European Discrete Manufacturing Industry Marketing
Hewlett-Packard GmbH, Böblingen

Dipl.-Kfm. Heinrich Huber
Fraunhofer-Institut für Arbeitswirtschaft
und Organisation (IAO), Stuttgart

1. Die Wettbewerbsorientierung bei der Planung von Informations- und Kommunikationssystemen

Aufgrund der zunehmenden Turbulenz der Märkte und aufgrund der Vielzahl von Umweltfaktoren ist die dominierende Rolle der Beziehung zwischen Unternehmen und Unternehmensumwelt offensichtlich. Diese Umweltturbulenzen erfordern eine entsprechende Ausgestaltung der *externen Orientierung* und der *internen Konfiguration* einer Unternehmung. Für den Erfolg eines Unternehmens ist es von entscheidender Wichtigkeit, daß zwischen Umwelt, strategischer Stoßrichtung und logistischen Fähigkeiten kein "Misfit" besteht. Aufgabe der Unternehmensführung ist es, für die langfristige Existenzsicherung eines Unternehmens zukünftige Erfolgspotentiale zu entwickeln, um nachhaltige Wettbewerbsvorteile zu erreichen. Nach diesem Verständnis ist die Denkweise einer wettbewerbsorientierten Unternehmensführung durch die Planung und Handhabung gegenwärtiger und zukünftiger Erfolgspotentiale geprägt. Dabei wird die traditionelle Sichtweise, die sich ausschließlich auf den Produkt-/Marktbereich beschränkte, dahingehend erweitert, daß auch technologische Perspektiven miteinbezogen werden.

Zunehmend setzt sich die Erkenntnis durch, daß der computerintegrierten Informationsverarbeitung in der Unternehmung strategische Bedeutung zukommt. Dies wird auch für Teilkomponenten computerintegrierter Informationssysteme in Anspruch genommen. Dabei wird argumentiert, daß computer-integrierte Informationsverarbeitung

- o neue Beziehungen zu Produkten und Märkten schafft,
- o die Durchsetzung neuer Unternehmensstrategien und die Wahrnehmung neuer Wettbewerbsschancen erlaubt, sowie
- o Organisation und Führungsaufgaben verändert.

Wenn heute beispielsweise in einer Werkzeugmaschinenfabrik Informationstechnik mit der Zielsetzung eingeführt wird, ein Angebot in der Hälfte der Zeit im Vergleich zu den Wettbewerbern zu erstellen, dann geht es um die Realisierung von Wettbewerbsvorteilen. In den Unternehmungen besteht hierzu ein hoher individueller Gestaltungsspielraum.

Informations- und Kommunikationstechnik kann heute nicht mehr als Domaine der Großunternehmen angesehen werden. In den letzten Jahren weitete sich der Informations- und Kommunikationstechnikeinsatz zunehmend auch in kleinen und mittleren Unternehmen aus. Nicht verwunderlich ist in diesem Zusammenhang, daß integrative Informations- und Kommunikationssysteme im Klein- und Mittelbetrieb zur Zeit eher eine untergeordnete Rolle spielen. So wird z. B. eine technische Vernetzung zwischen Produktion und Konstruktion nur sehr selten angetroffen. Auf der anderen Seite wird unter wettbewerbsstrategischer Sicht die Forderung auch in kleinen und mittelständischen Unternehmungen nach integrierten Informationssystemen immer stärker, da solche Technologien zu einer starken Verschiebung der Wettbewerbssituation mittelständischer Unternehmen gegenüber Großbetrieben führen. Während aber Großunternehmungen über hinreichend große Erfahrungen im Umgang mit vernetzten Technologien verfügen, zeigen sehr viele Klein- und Mittelbetriebe aufgrund vorhandener Know-How-Defizite im Bereich der Nutzungs- und Einsatzmöglichkeiten von Informations- und Kommunikationssystemen ein hohes Maß an Zurückhaltung bei der Einführung integrierter Informations- und Kommunikationstechnik.

Informations- und Kommunikationssysteme einer Unternehmung werden zukünftig selbstverständlicher Bestandteil der Unternehmensstrategie sein. Hierbei hat sich in den letzten Jahren in den Unternehmen die Erkenntnis durchgesetzt, daß solche Technologien erhebliche Auswirkungen auf die Wettbewerbsvorteile einer Unternehmung haben. Die Planung und Gestaltung unternehmensindividueller Informations- und

Kommunikationssysteme wird zunehmend als Managementaufgabe erkannt und erfordert grundsätzliche Überlegungen zur langfristigen Investitionsplanung und die Bereitstellung von geeigneten Planungsverfahren. Gerade Investitionen in CIM-Technologien, sogenannte CAx-Systeme, sind dazu geeignet, die Entscheidungsproblematik aufzuzeigen. CIM (Computer Integrated Manufacturing) beschreibt den Einsatz von Informations- und Kommunikationssystemen im technischen Bereich einer Unternehmung: PPS-Systeme zur Produktionsplanung- und -steuerung, CAM-Systeme zur Steuerung und Überwachung der Fertigungs-, Handhabungs-, Transport- und Lagereinrichtungen, CAQ-Systeme mit den Aufgaben Prüfplanung, Prüfprogrammierung und Qualitätsanalyse, CAP-Systeme zur Fertigungs- und Montageplanung und zur NC-Programmierung sowie CAD- und CAE-Systeme, die zur Unterstützung beim Konstruktionsprozeß und beim Produktentwurf eingesetzt werden. Bei diesen Systemen handelt es sich um stark dezentralisierte, d. h. *verteilte Informations- und Kommunikationssysteme*, die in der Regel in der Verantwortung und unter Kontrolle des jeweiligen Fachbereiches betrieben werden. Dadurch ist es auch verständlich, wenn die Entscheidungsträger dieser Funktionsbereiche nachdrücklich ihre Wünsche nach einem verstärkten Ausbau der Informations- und Kommunikationssysteme in ihren Fachbereichen artikulieren. Die Forderung nach geeigneten Verfahren zur strategischen Investitionsplanung neuer Technologien durch die exorbitant gestiegenen Investitionswünsche aus sämtlichen Bereichen eines Unternehmens und der auf der anderen Seite begrenzten Verfügbarkeit von Ressourcen zur Befriedigung dieser Wünsche ist offensichtlich. In den meisten Unternehmen ist das Top-Management gezwungen, eine Alternativenbewertung vorzunehmen, ohne über eine geeignete Planungsmethodik zu verfügen.

Diese Erkenntnisse hat die Hewlett-Packard GmbH veranlaßt, zusammen mit dem Fraunhofer-Institut für Arbeitswirtschaft und Organisation (IAO), die Methodik "Strategic CIM-Analyzer" zu entwickeln. Die Methodik stellt ein Bewertungsverfahren dar, die das Management bei der Ermittlung von Investitionsschwerpunkten in CIM-Technologien unterstützt, wobei im Zentrum dieser Methodik die Auseinandersetzung mit den wettbewerbsstrategischen Auswirkungen von CIM-Technologien steht. Vor diesem Hintergrund ist es deshalb sinnvoll, in einem ersten Schritt zu untersuchen, welche Kräfte die Wettbewerbsfähigkeit einer Unternehmung determinieren und welche Maßnahmen von seiten der

Unternehmensleitung ergriffen werden können, um die Wettbewerbsposition einer Unternehmung durch den Einsatz von spezifischen CAx-Komponenten zu stärken.

Wie kann nun eine Unternehmung seine Wettbewerbsposition verbessern bzw. nachhaltig Wettbewerbsvorteile erzielen? Zur Erreichung dieser Ziele können grundsätzlich drei erfolgversprechende Strategien unterschieden werden, um andere Unternehmen in einer Branche im Wettbewerb zu übertreffen (vgl. Porter 1983):

- Kostenführerschaft
  Hier wird versucht, durch Ausnutzung von Kostendegressionseffekten einen Kostenvorsprung gegenüber der Konkurrenz aufzubauen. Als Beispiele können genannt werden: Einsatz von Informations- und Kommunikationssystemen zur Erzielung von Produktivitätsfortschritten, Optimierung der Produkt-Distribution etc.

- Differenzierung
  Bei einer Differenzierungsstrategie versucht das Unternehmen, sein Produkt gegenüber der Konkurrenz abzugrenzen und etwas zu schaffen, das in der ganzen Branche als einmalig angesehen wird. Eine direkte Konkurrenz zu Mitwettbewerbern wird vermieden und es können überdurchschnittliche Erträge erwirtschaftet werden. So könnte sich z. B. ein Unternehmen durch die Einführung eines innovativen Wartungskonzeptes für seine Produkte von seinen Konkurrenten differenzieren.

- Konzentration auf Schwerpunkte
  Das Unternehmen versucht hierbei, sich auf eine Marktnische zu konzentrieren, da es davon ausgeht, daß ein eingegrenztes Marktsegment besser bedient werden kann als ein ganzer Markt. Auf diesem Marktsegment wird eine Differenzierungsstrategie und/oder Kostenführerschaft verfolgt. Die Unattraktivität dieses kleinen Marktsegments bei Konkurrenzunternehmen ermöglicht dem Unternehmen überdurchschnittlich hohe Gewinne.

Jedes Unternehmen muß sich darüber im klaren sein, welche dieser drei Wettbewerbsstrategien für die jeweiligen Produktbereiche verfolgt werden soll. So ist es für ein Unternehmen sehr risikoreich, wenn es z. B.

versucht, von seiner bisherigen Marktsegmentstrategie dadurch wegzukommen, daß es zukünftig den gesamten Markt bedienen möchte. Dadurch können sich starke Mitwettbewerber, die bisher in dem kleinen Marktsegment des Unternehmens nicht vertreten waren, herausgefordert fühlen und zu einem aggressiven Wettbewerb auch in dem eigenen kleinen Marktsegment übergehen. Vor diesem Hintergrund ist es deshalb einleuchtend, daß die Unternehmensführung gefordert ist, geschäftsfeldspezifische Wettbewerbsstrategien zu formulieren, die den Rahmen für die Ableitung geeigneter operativer Maßnahmen darstellen.

Zur Verfolgung der drei oben genannten Grundstrategien "Kostenführung", "Differenzierung" und "Konzentration auf Schwerpunkte" gibt es generell drei Ansatzpunkte, auf die mit spezifischen Maßnahmen eingewirkt werden kann:

- Markt
  Hier können dadurch Wettbewerbsvorteile erzielt werden, daß z.B. neue Vertriebsformen und Absatzkanäle gefunden werden oder daß die Kunden des Unternehmens durch den Einsatz von neuen Informationstechnologien enger an das Unternehmen gebunden werden.

- Produkt
  Wettbewerbsvorteile können z. B. durch eine höhere Produktqualität (Lebensdauer, Wartungsfreundlichkeit) oder durch einen höheren Neuheitsgrad als vergleichbare Konkurrenzprodukte realisiert werden.

- Prozeß
  Eine höhere Flexibilität und Reaktionsfähigkeit auf Kundenwünsche oder die Erzielung von Kostenvorteilen kann durch die Verbesserung von unternehmensspezifischen Vorgangsketten erreicht werden. Das kann z. B. durch die Verbesserung von Einzelvorgängen (Funktionen) oder durch eine verbesserte Integration von Einzelvorgängen im Rahmen einer Vorgangskette (Wertschöpfungsprozeß) erfolgen.

Investitionen in CAx-Komponenten stellen konkrete Maßnahmen dar, die unter wettbewerbsstrategischen Gesichtspunpten jeweils recht unterschiedlich wirken. So werden Investitionen in ein CAQ-System in erster

Linie das Qualitätsniveau des Produktes erhöhen, während sich z. B. Investitionen zur Verbesserung der internen Logistik primär kostenreduzierend bemerkbar machen werden. Unter wettbewerbsstrategischen Gesichtspunkten ist es zur Bewertung dieser Investitionen notwendig, die Bedeutung des Wettbewerbsparameters Produktpreis in Relation zur Produktqualität zu kennen. Das bedeutet, daß der Handlungsbedarf zur Ergreifung von bestimmten Maßnahmen, wie z.B. Investitionen in CAx-Komponenten aus den Wettbewerbserfordernissen abgeleitet werden muß. Eine Bewertung ist auf der Grundlage der erfolgswirksamen Wettbewerbsparameter durchzuführen. Die nachfolgende Abb. 1 soll diesen Zusammenhang noch einmal verdeutlichen:

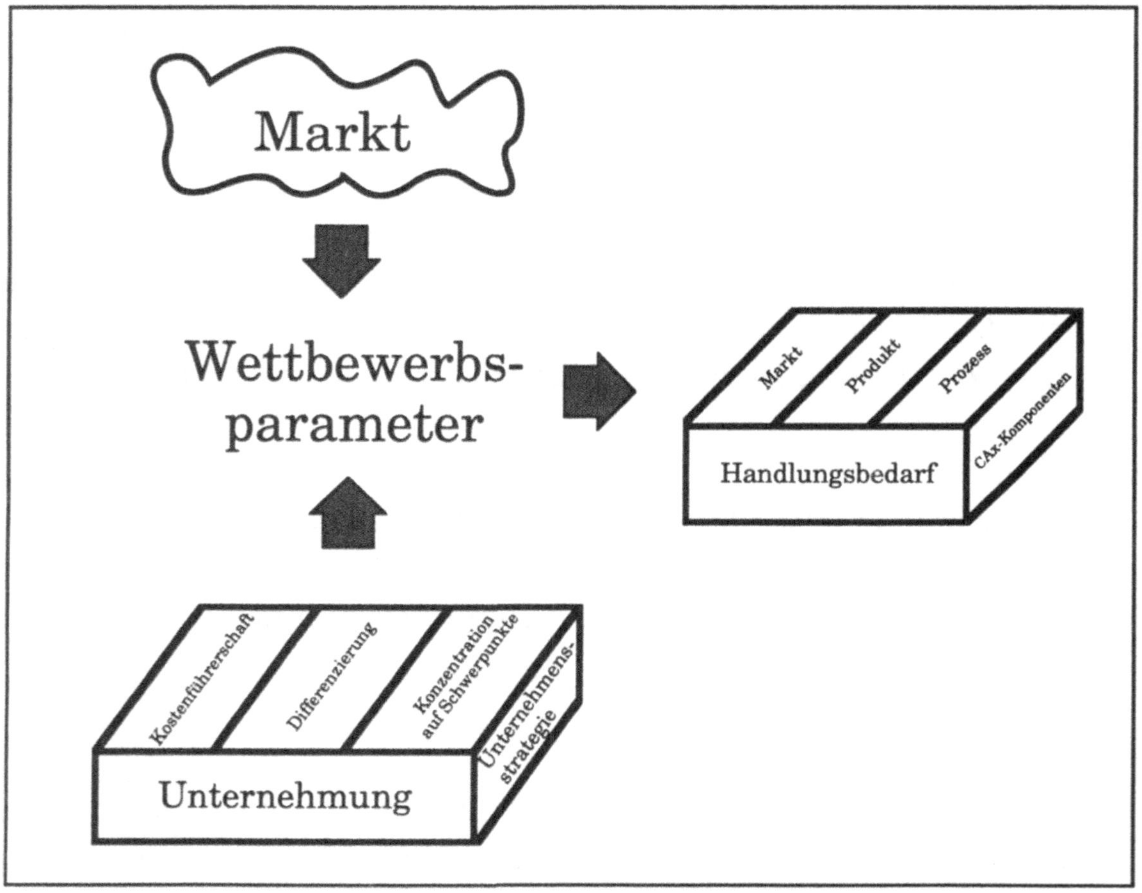

Abb. 1: Wettbewerbsorientierte Planung von Informationssystemen

2. Kritische Wettbewerbsparameter bestimmen den Handlungsbedarf zur Erzielung von Wettbewerbsvorteilen

Die Vielzahl von Maßnahmen in einem Unternehmen, die zur Verbesserung der Wettbewerbssituation führen sollen, sind letztendlich vor dem Hintergrund der Wettbewerbsparameter, d. h. der wettbewerbsdeterminierenden Faktoren zu bewerten. Damit sind auch Investitionen in neue CIM-Technologien im Hinblick der Unterstützung der Wettbewerbsparameter zu beurteilen. Hierzu ist es notwendig, die sogenannten "kritischen Wettbewerbsparameter" zu bestimmen und deren Ausprägung im Rahmen einer Konkurrenzanalyse zu ermitteln, um daraus den Handlungsbedarf zu erkennen. Im Zentrum dieser Analyse steht zum einen die Auseinandersetzung mit der Frage nach dem zu befriedigenden Kundenbedürfnis und zum anderen die Frage, wie gut es der Konkurrenz im Vergleich zur eigenen Unternehmung gelungen ist, dieses Kundenbedürfnis mit seinem Produkt- und Servicespektrum zu befriedigen? Die Wettbewerbsparameter sind ausschließlich aus der Sicht der Kunden zu ermitteln und bezüglich ihres Einflusses auf den Kaufentscheid zu gewichten. Bei der Suche der kaufentscheidenden Wettbewerbsparameter ist davon auszugehen, daß

- o jedes Unternehmen bzw. jede Branche ein dynamisches Portfolio mit sehr individuellen bzw. branchenspezifischen kritischen Wettbewerbsparametern aufweist;

- o die systematische Adressierung von Maßnahmen auf diese wettbewerbsdeterminierenden Parameter eine Änderung der Wettbewerbsposition erlaubt und daß

- o Bedeutungsprofile von Wettbewerbsparametern und Wettbewerbsposition in unmittelbarem Zusammenhang stehen.

Die identifizierten und gewichteten Wettbewerbsparameter spiegeln die kaufentscheidenden Aspekte aus der Sicht des Kunden wider. Diese Erkenntnisse sind jedoch für den Erfolg eines Produktes alleine noch nicht ausreichend. Hinzutreten muß noch die Kenntnis um die Ausprägung des jeweiligen Wettbewerbsparameters im Vergleich zur Konkurrenz. Erst das Wissen um die relative Wettbewerbsposition in den jeweils unterschiedlichen Wettbewerbsparametern ermöglicht die fundierte Ableitung des Handlungsbedarfs für die Ergreifung von

Maßnahmen zur Verbesserung der Wettbewerbsposition. Bei dem Planungswerkzeug "*Strategic CIM-Analyzer*" wird diese Phase der Identifikation und Gewichtung der Wettbewerbsparameter einschließlich ihrer relativen Ausprägung im Vergleich zur Konkurrenz methodisch unterstützt. Im Rahmen dieses Vorgehens wird die Zusammenführung von Bedeutungsprofil und Wettbewerbsposition als das ***Wettbewerbspotential*** der einzelnen Wettbewerbsparameter bezeichnet. Abb. 2 zeigt beispielhaft das Ergebnis nach Abschluß dieser Phase.

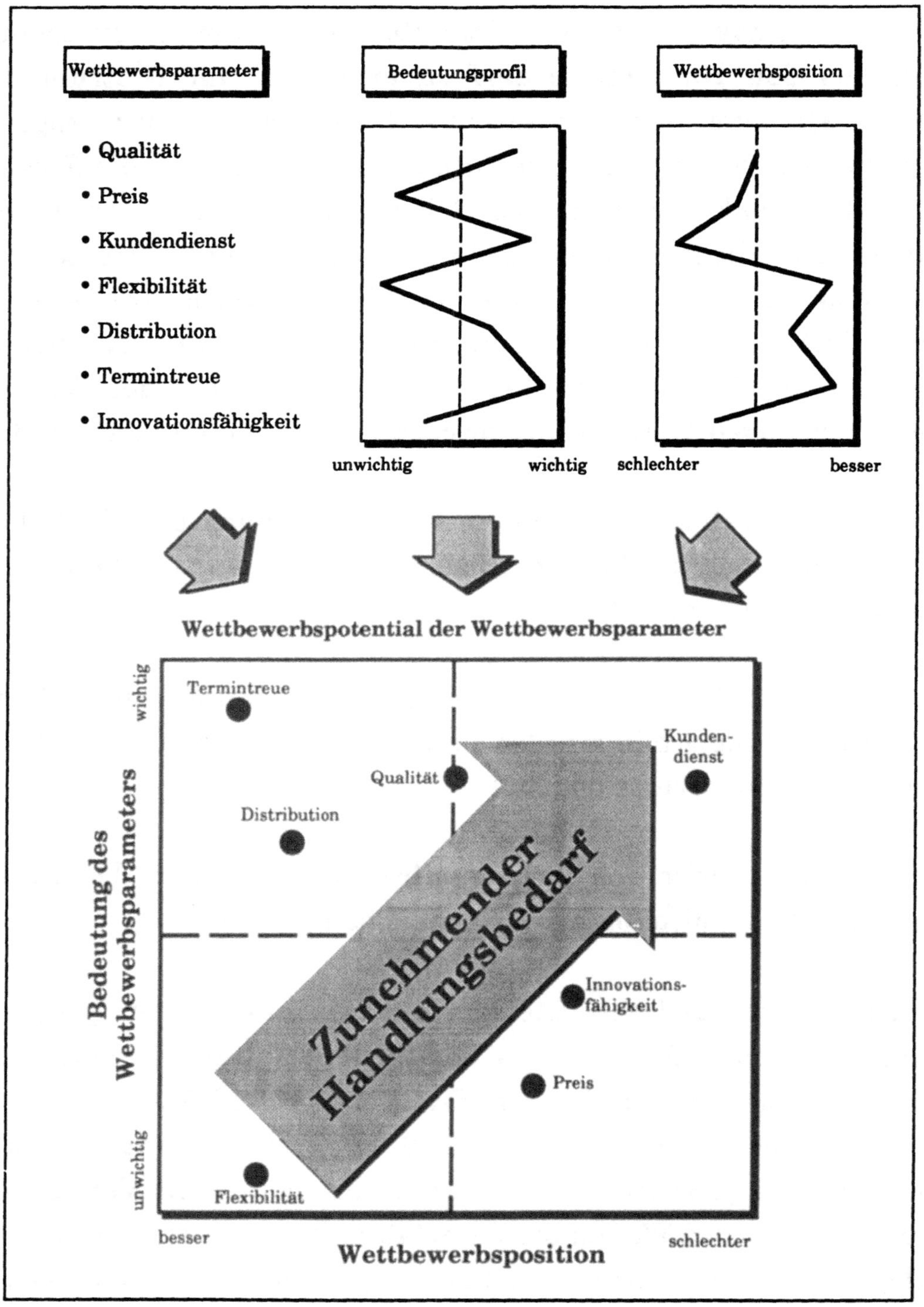

Abb. 2: Das Wettbewerbspotential bestimmt den Handlungsbedarf für ein Unternehmen

3. Die Optimierung der unternehmensspezifischen Wertschöpfungskette als Zielsetzung einer CIM-Strategie

Mit der Bestimmung der Wettbewerbsparameter und der Wettbewerbsposition ist der Grundstock einer wettbewerbsorientierten CIM-Planung gelegt. Für einen umfassenden Betrachtungsrahmen, der konkrete Ansatzpunkte zur Verbesserung, der am Leistungserstellungs- und -verwertungsprozeß der Unternehmung direkt oder indirekt beteiligten Einzelinstanzen beschreibt, ist der Ansatz der Wertschöpfungskette (vgl. Porter, 1986) sehr hilfreich. Mit dem Konzept der Wertschöpfungskette können wesentliche Ansatzpunkte für den Einsatz von CAx-Komponenten identifiziert werden. Unter Wertschöpfung sollen all diejenigen technischen und ökonomischen unternehmerischen Aktivitäten verstanden werden, die zur Bildung der unternehmerischen Leistung im Sinne eines Produktes beitragen wie z. B. Qualität, Preis, Reaktionsfähigkeit auf Kundenwünsche etc. Entsprechend der nachfolgenden Abbildung 3 sind mit diesen Aktivitäten auch solche Bemühungen gemeint, die nicht nur im eigenen Unternehmen, sondern auch in vor- und nachgelagerten Instanzen wahrgenommen werden.

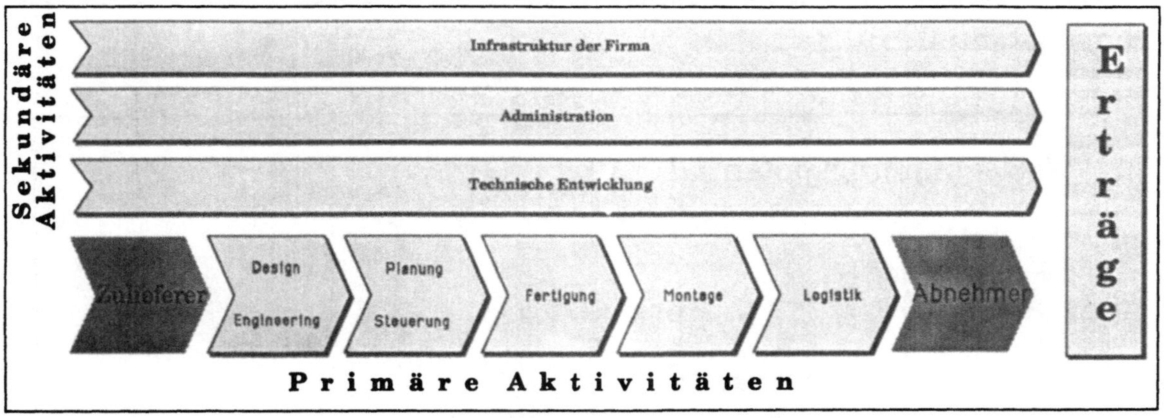

Abb. 3: Die Wertschöpfungskette einer Unternehmung

Die Sicherung der Wettbewerbsfähigkeit durch den gezielten Einsatz von CIM-Komponenten muß sich in der Durchdringung der Wertschöpfungskette durch diese Komponenten widerspiegeln. Eine erhöhte Wertschöpfung ergibt sich dadurch, daß die vorhandenen primären und sekundären Aktivitäten im Unternehmen optimiert werden. Ansatzpunkte für eine intensivere Unterstützung von spezifischen Wertschöpfungsaktivitäten durch den Einsatz von CAx-Systemen ergeben sich aus der relativen Bedeutung der einzelnen Wertschöpfungsaktivitäten für den Unternehmenserfolg. Oder anders formuliert: Es müssen diejenigen

Wertschöpfungsphasen stärker durch Informations- und Kommunikationssysteme unterstützt werden, die die größte Wirkung auf die Wettbewerbsparameter einer Unternehmung besitzen. Diese Wirkung kann als das ***Bedeutungspotential*** der einzelnen Wertschöpfungsaktivitäten bezeichnet werden. Im Rahmen des Planungsverfahrens "Strategic CIM-Analyzer" wird nun, nachdem das Bedeutungspotential der jeweiligen Wertschöpfungsaktivitäten ermittelt wurde, in einem nächsten Schritt das gesamte ***Wertschöpfungspotential*** ermittelt. Das Wertschöpfungspotential bringt die Verknüpfung zwischen Bedeutungspotential der einzelnen Wertschöpfungsaktivitäten und des bereits eingangs ermittelten Wettbewerbspotentials zum Ausdruck. Ein hohes Bedeutungspotential einer Wertschöpfungsaktivität bedeutet daher zum einen eine hohe Relevanz dieser Wertschöpfungsaktivität im Rahmen der betrieblichen Wertschöpfungskette auf einen oder mehrere Wettbewerbsparameter und zum anderen einen hohen Handlungsbedarf bei den Wettbewerbsparametern, die durch diese Wertschöpfungsaktivität wesentlich tangiert werden. Damit werden die Bedeutungen aller Wettbewerbsparameter für die einzelnen Wertschöpfungsaktivitäten zusammen mit den entsprechenden Wettbewerbspotentialen zu adressierbaren Verbesserungspotentialen:

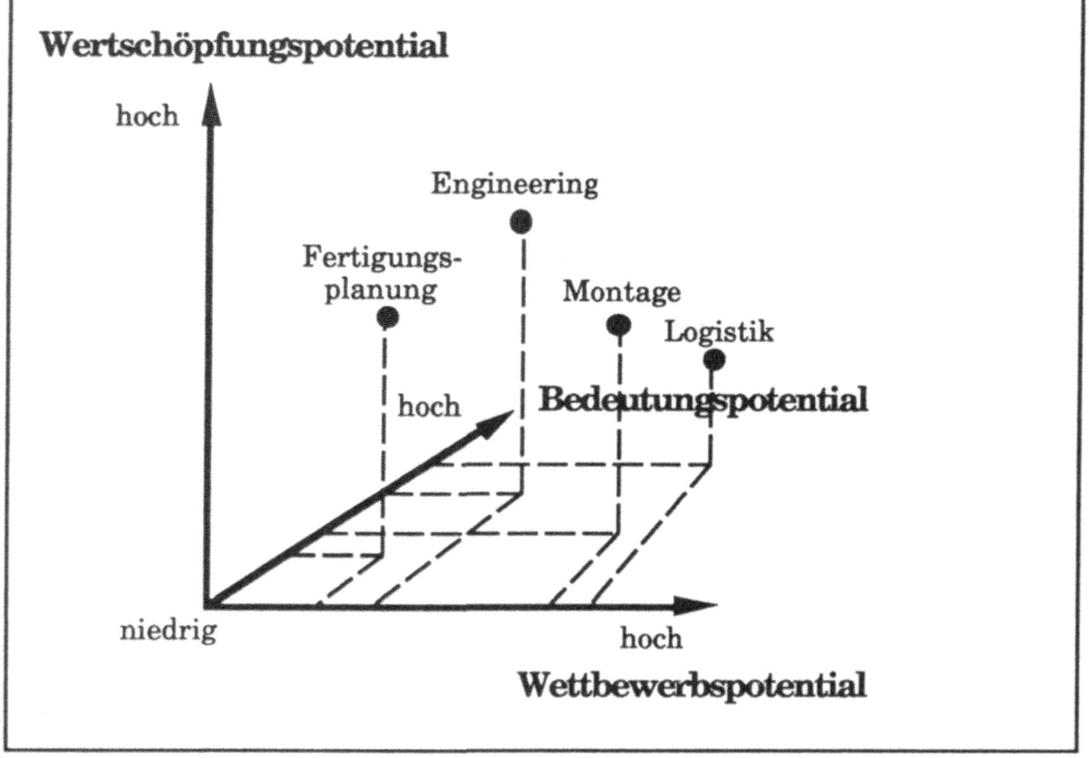

Bild 4: Das Wertschöpfungspotential der Wertschöpfungsaktivitäten

4. Die Analyse implementierter CIM-Bausteine

Die bisherigen Ausführungen definieren das Erfolgspotential spezifischer Wertschöpfungsaktivitäten aus einer wettbewerbsorientierten Sichtweise. Es wird hier davon ausgegangen, daß eine optimale Ressourcenallokation nur dann gewährleistet werden kann, wenn auch nur diejenigen Wertschöpfungsaktivitäten unterstützt werden, die einen hohen Beitrag zum Unternehmenserfolg beisteuern. Auf der anderen Seite ist der derzeitige Status der im Unternehmen implementierten CIM-Bausteine festzustellen und der evtl. Investitionsbedarf zu ermitteln. Denn die detaillierte Analyse der Implementation von Bausteinen der Informationstechnik ergibt ein adressierbares ***Informationstechnik-potential*** je Wertschöpfungsaktivität. Das Ergbnis der Analyse kann als CIM-Status bezeichnet werden. Die Analyse der Technikunterstützung je Wertschöpfungsaktivität erfolgt auf der Basis von vier als besonders wichtig erachteten Bewertungskriterien:

- Modernität des implementierten Techniksystems
  Die Modernität gibt Auskunft über die Stellung der Technologie in ihrem Produktlebenszyklus. Es wird unterstellt, daß das Alter der Technologie sehr eng mit der Höhe des Verbesserungspotentials durch eine Neuinvestition korreliert.

- Informationstechnik-Durchdringung
  Die Informationstechnik-Durchdringung ermittelt den derzeit vorhandenen Einsatz der Technologien im Verhältnis zu dem gewünschten bzw. potentiell als sinnvoll erachteten Technologieeinsatz.

- Anwendungstiefe der Informationstechnik
  Bei der Anwendungstiefe ist die funktionale Seite der Informationstechnik angesprochen. So soll darüber Auskunft geben, wie sich das Verhältnis von tatsächlich vorhandener Funktionalität zu gewünschter Funktionalität in den spezifischen Wertschöpfungsaktivitäten darstellt.

- Integration zwischen den Informationstechnologien
  Hier wird das Verhältnis zwischen vorhandener Integration und der als sinnvoll erachteten Integration zwischen den jeweiligen CAx-Komponenten definiert.

Die Analyse der gesamten Wertschöpfungskette einer Unternehmung auf der Basis von Modernität, Durchdringung, Anwendungstiefe und Integration ergibt das ***Informationstechnikpotential*** je Wertschöpfungsaktivität. Die gemeinsame Betrachtung von Wertschöpfungspotential und Informationstechnikpotential je Aktivität einer Wertschöpfungskette führt letztlich zum realisierbaren Verbesserungspotential durch den Einsatz von Informationstechnik, dem sogenannten ***Informationsverarbeitungspotential***. Abbildung 5 verdeutlicht diese Zusammenhänge noch einmal:

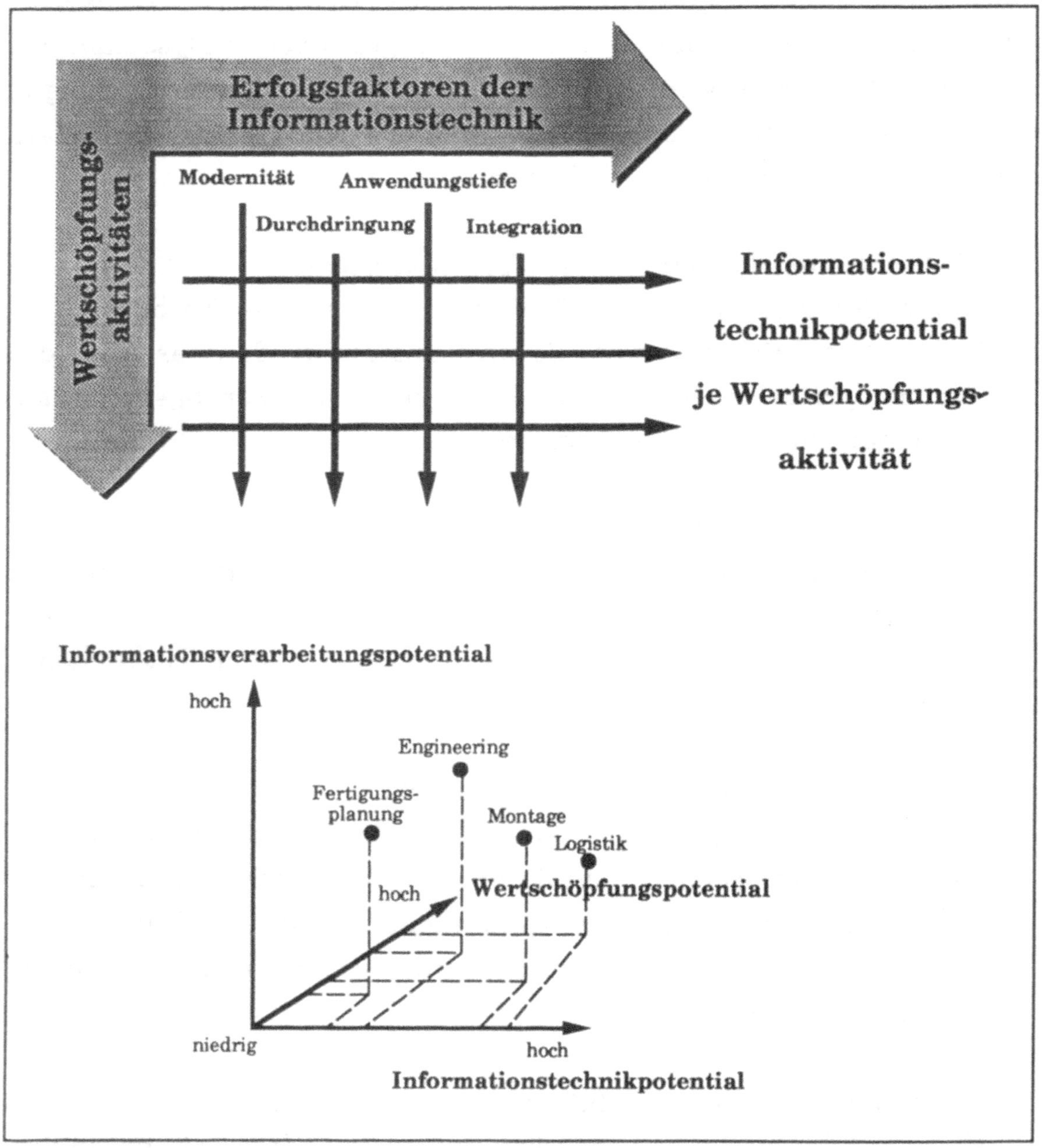

Abbildung 5: Die Ermittlung des Informationsverarbeitungspotentials

5. Zusammenfassung und Schlußfolgerung

Ausgangspunkt der hier dargestellten Planungsmethodik "Strategic CIM-Analyzer" zur strategischen CIM-Planung ist die Analyse der Wettbewerbsparameter und deren Positionierung im Konkurrentenumfeld, um daraus einen Handlungsbedarf für Investitionen in CIM-Komponenten ableiten zu können. Hinzu kommt die Bestimmung der Bedeutung der einzelnen Wertschöpfungsaktivitäten und die Analyse der im Unternehmen implementierten Informationstechnologien. Durch die Ableitung des Handlungsbedarfs aus den Anforderungen der Wettbewerbsumwelt sowie aus den Potentialen und dem Bedarf der Unternehmung kann die strategische Bedeutung von Informationssystemen aufgezeigt und eine Prioritätenliste für die Realisierung erarbeitet werden. So ist sichergestellt, daß ein Gesamtrahmen für die Informationsverarbeitung in einer Unternehmung erarbeitet werden kann. Die Gegenüberstellung von adressierbarem Potential (Informationsverarbeitungspotential) und Investitionsvolumen (Informationsverarbeitungskosten) leitet klare Maßnahmenprioritäten her (Bild 6).

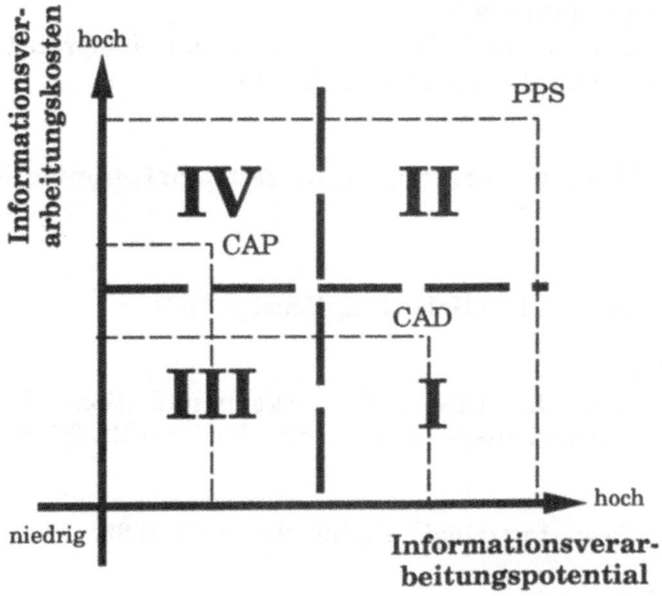

I: Dringend notwendige Maßnahmen, die kurzfristig zu ergreifen sind

II: Wichtige Maßnahmen, die in Abhängigkeit von vorhandenen Ressourcen so schnell wie möglich ergriffen werden sollten

III: Maßnahmen, auf die im Augenblick verzichtet werden könnte

IV: Keine sinnvollen Maßnahmen

Abbildung 6: Kosten-Nutzen-Vergleich

Zusammenfassend kann festgestellt werden, daß

- o durch eine wettbewerbsorientierte Einsatzplanung für Komponenten der Informationstechnik der Zusammenhang zwischen Wettbewerbsumwelt und CAx-Bausteinen verwertbar hergestellt werden kann,
- o die Methode "Strategic CIM-Analyzer" die Erstellung eines wettbewerbsorientierten CIM-Generalbebauungsplanes erlaubt,
- o die Methode keine CIM-Investitionsrechnung ersetzt, aber Synergien und Wettbewerbsfaktoren betont werden,
- o die Methode ohne Detailkenntnisse sowohl für CAx-Nutzer als auch für CAx-Anbieter unmittelbar mit Erfolg einsetzbar ist.

Literaturverzeichnis

Bullinger, Niemeier und Huber 1987
Bullinger, H.-J., Niemeier, J. und Huber, H.: Computer Integrated Business (CIB) - Systeme, in: CIM Management, Nr. 3/1987, S. 12 - 19.

Grabowski 1988
Grabowski, Hans: CAD/CAM - Bausteine einer rechnerintegrierten Fabrik, in: HMD, Nr. 139/1988, S. 12 - 27.

Hales 1986
Hales, Lee H.: CIMPLAN, H. Lee Hales Inc., Houston 1984.

Huber, Niemeier 1988
Huber, H. und Niemeier, J.: CIM und Bürokommunikation: Planung gesamtbetrieblich integrierter Informationssysteme, in: FhG-Berichte Nr. 2/1988, S. 35 - 39.

Hinterhuber 1982
Hinterhuber, H.: Wettbewerbsstrategie, Berlin, New York 1982.

Meyer-Piening und Kreuz1986
Meyer-Piening, A. und Kreuz, W.: Informationsmanagement und -Technologie - Entwicklungstendenzen und Hemmnisse - Ergebnisse einer empirischen Untersuchung. Hrsg. A. T. Kearney: Management Consultants, Düsseldorf/Stuttgart 1986.

Mosler 1988
Mosler, H.-J.: Konzept für das Computer Integrated Manufacturing, in: HMD, Nr. 139/1988, S. 3 - 11.

Nefiodow 1984
Nefiodow, L. A.: Europas Chancen im Computer-Zeitalter, München 1984

Neipp 1987
Neipp, Gerhard: Rechnerintegrierte Produktion, in: BFuP 3/1987, S. 225 - 238.

Nagel 1988
Nagel, Kurt: Nutzen der Informationsverarbeitung: Methoden zur Bewertung von strategischen Wettbewerbsvorteilen, Produktivitätsverbesserungen und Kosteneinsparungen, München und Wien 1988.

Nolan 1979
Nolan, R. L.: Managing the Crisis of Data Processing, in Harvard Business Review, März/April 1979, S. 115 - 126.

Porter 1983
Porter, M. E.: Wettbewerbsstrategie, Frankfurt 1983.

Porter 1986
Porter, M. E.: Wettbewerbsvorteile, Frankfurt 1986.

Porter und Millar 1986
Porter, M. E. und Millar, V. E.: Wettbewerbsvorteile durch Information, in: Harvard Manager, Nr. 1/1986, S. 26 - 35.

Rockart 1982
Rockart, J. F.: The Changing Role of the Information Systems Executive: A Critical Success Factors Perspective, in: Sloan Management Review, Herbst 1982.

Schulz und Bölzing 1988a
Schulz, H., Bölzing, D.: "CIM-Status" für strategische Investitionsplanung, in: CIM Management, Nr. 4/1988, S. 4 - 9.

Schulz und Bölzing 1988b
Vgl. Schulz, H., Bölzing, D.: "Lenkung von CIM-Investitionen, in: CIM Management, Nr. 6/1988, S. 54 - 60.

Simon 1988
Simon, H.: Management strategischer Wettbewerbsvorteile, in: ZfB, Nr. 4/1988, S. 461 - 480.

Strizik 1987
Strizik, Peter K.: Zulieferer müssen enger zusammenarbeiten, in: HARVARD-manager, Nr. 4/1987, S. 16 - 18.

Wildemann 1987
Wildemann, H.: Strategische Investitionsplanung, Wiesbaden 1987, S. 6 ff.

Wildemann 1988
Wildemann, H.: Einführungsstrategien für eine computerintegrierte Fertigung (CIM), in: Informatik Forschung und Entwicklung, Nr. 3/1988, S. 110.

Wiseman 1985
Wiseman, C.: Strategy and Computers: Information Systems are Competitive Weapons, Homewood, Illinois 1985.

Serviceleistung auf der Basis breitbandiger Kommunikationskanäle

H. P. Fröschle

Serviceleistungen auf der Basis breitbandiger Kommunikationskanäle

Hans-Peter Fröschle M.A.
Fraunhofer-Institut für Arbeitswirtschaft und Organisation (IAO)
Nobelstr. 12
7000 Stuttgart 80

1 Strategische Bedeutung von Informations- und Kommunikationssystemen

Erfolge bzw. Mißerfolge von Unternehmen können davon abgeleitet werden, inwieweit sie in der Lage sind, ihre Aktivitäten den jeweiligen Umweltbedingungen anzupassen. Die Beziehungen zur Unternehmensumwelt müssen geregelt, wesentliche Veränderungen erkannt oder vorausgesagt und geeignete Maßnahmen eingeleitet werden. Neben diesen nach außen gerichteten Aufgaben muß die unternehmensinterne Koordination gewährleistet und das organisatorische, technische und personelle Potential zur Bewältigung interner und externer Probleme bereitgestellt werden. Dieser inner- und überbetriebliche Koordinationsbedarf ist bereits heute nur durch den Einsatz informations- und kommunikationstechnischer Unterstützungssysteme und in zunehmendem Ausmaß durch deren Integration über alle Ebenen des betrieblichen Leistungserstellungsprozesses leistbar.

Heterogene Informations- und Kommunikationssystemumgebungen in den Unternehmungen können heute der Notwendigkeit zu einer immer stärkeren betriebswirtschaftlichen Vernetzung betrieblicher Funktionen und der daraus resultierenden Forderung nach einer zunehmenden technischen Vernetzung der Anwendungssysteme nur bedingt gerecht werden. Die Diskussion um CIB-Konzepte (Computer Integrated Busines) verdeutlicht diese Veränderungsprozesse im innerorganisatorischen Bereich. Hier wird derzeit die informations- und kommunikationstechnische Vernetzung bislang separater betrieblicher Bereiche diskutiert, die das Ziel einer informatorischen Integration von Produktion (Computer Integrated Manufacturing) und Administration (Bürokommunikation) verfolgt (vgl. Bullinger/Huber/Niemeier 1987). Informations-

und Kommunikationstechniken beeinflussen hierbei alle Stufen des betrieblichen Leistungserstellungsprozesses. Da es sich bei diesen Prozessen in der Regel um arbeitsteilig organisierte Abläufe handelt, ist das gesamte Unternehmen betroffen. Die Informations- und Kommunikationstechnik erlangt die Bedeutung einer flächendeckenden Infrastruktur für das Unternehmen und wirkt dabei notwendigerweise bereichsübergreifend und hierarchische Ebenen überlagernd.

Aus einer unternehmensübergreifenden Perspektive heraus betrachtet, werden gravierende Auswirkungen für das einzelne Unternehmen und die gesamte Struktur der Volkswirtschaft erwartet (vgl. Porter/Millar 1986, S. 27). Der Aufbau und die betriebliche Nutzung informations- und kommunikationstechnischer Infrastrukturen

- verändern Branchenstrukturen und damit die Regeln des Wettbewerbs;
- schaffen Wettbewerbsvorteile, indem den Unternehmen neue Möglichkeiten zur Verfügung stehen, bessere Leistungen als die Konkurrenz zu erbringen;
- bringen neue Geschäftsfelder hervor, die häufig aus bestehenden Betätigungsfeldern hervorgehen.

Darüber hinaus werden Informations- und Kommunikationstechniken zunehmend Bestandteil von Produkten und Dienstleistungen.

Diese allgemeinen Aussagen über die Wirkungsdimensionen neuer Techniken lassen sich sowohl im Produktionsbereich am Beispiel neuartiger Produktionsstrategien, wie sie unter dem Stichwort "flexible Spezialisierung" (vgl. Piore/Sabel 1985) diskutiert werden, als auch im mehr produktionsfernen Aufgabenfeld betrieblicher Serviceleistungen, konkretisieren.

Da es sich im Rahmen der Informationsbewirtschaftung um strategische Entscheidungen über das Wo, das Wie und das Womit der Etablierung von Unterstützungstechnologien im Unternehmen handelt, ist es wichtig, sich frühzeitig mit den Fähigkeiten und Möglichkeiten von verteilten Systemen vertraut zu machen, um eine Perspektive für eine IV-Strategie entwicklen zu können.

2 Die strategischen Optionen betrieblicher Serviceleistungen

Unternehmen stehen unter einem ständigen Druck, neue Produkte und/oder Dienstleistungen zu generieren und auf den Markt zu bringen. Der Anpassungsdruck durch die Marktkräfte äußert sich dabei im wesentlichen in zwei Richtungen:

- o Durch die Anforderungen von Abnehmern, Marktführern, Ämtern und Industrienorm-Kommissionen werden die Unternehmen zunehmend gezwungen, Standards einzuhalten und ihre Produkte und Leistungen auf identische Technologien zu stützen.
- o Andererseits entstehen für die Unternehmen Marktpotentiale dadurch, daß sie zunehmend komplexere Produkte und Dienstleistungen anbieten.

Bei der ersten Marktforderung liegt die unternehmerische Schwierigkeit darin, sich bei einem hohen Maß an Gemeinsamkeiten auf der Seite des Produktes, am Markt gegenüber den Konkurrenten zu differenzieren. Ein komplexes Leistungsangebot stellt auf der anderen Seite sehr hohe Anforderungen an die Qualität und Aufrechterhaltung der Verfügbarkeit eines Produktes oder einer Dienstleistung. Beide Optionen stellen somit neue Anforderungen an die jeweilige Marktstrategie, die sich im wesentlichen nicht mehr ausschließlich auf das physikalische Produkt stützen kann, sondern in zunehmendem Ausmaß über Marketing und Serviceleistungen vollzogen werden muß.

> *"Ein echtes Produkt ist ein sehr komplexes Ding; es weist eine Vielzahl von Dimensionen auf, die sich alle verändern und entwickeln" (Davidow 1987, S. 52). "Ein Produkt ist die Gemeinsamkeit dessen, was der Kunde kauft. Es ist das physische Gerät oder die Dienstleistung, aus der der Kunde direkten Nutzen zieht, und eine Reihe anderer Faktoren, Dienstleistungen oder Bewußtseinselemente, die das Produkt nützlich, wünschenswert und bequem machen" (ebd. S. 54).*

Gute Serviceleistungen werden in zunehmendem Ausmaß zu einer signifikanten Markteintrittsbarriere. Bevor ein Unternehmen überlegenen Service bieten kann, muß es ein hochwertiges Produkt liefern. Außerdem muß eine geeignete Serviceinfrastruktur verfügbar sein. Das eigentliche Problem liegt nicht nur in der Motivation und Leistungsbereitschaft von Kundendienstmitarbeitern, sondern in vielen Fällen in der Qualität oder Komplexität eines Produktes und der logistischen Organisation des Unternehmens. Dies können Schulungsprobleme, aber auch Probleme bei der Bereitstellung von Ersatzteilen sein. Zentrale Bedeutung ist unter diesem Blickwinkel der Gestaltung der Infrastruktur zur Erbringung kundengerechter Serviceleistungen beizumessen.

3 Gestaltungskonzepte für den Servicebereich

Durch das Leistungspotential neuer Informations- und Kommunikationstechniken ergeben sich neuartige Gestaltungsspielräume für den Aufbau der betrieblichen Serviceinfrastruktur. Das Gestaltungsspektrum reicht von zentralisierten Konzepten bis hin zu stark dezentralen Lösungsmöglichkeiten. Der distributive Charakter der Prozesse zur Erbringung von Serviceleistungen weist hier schon a priori auf dezentrale Lösungskonzepte hin. Dabei ist zu berücksichtigen, daß eine Verteilung von Organisationseinheiten unter verschiedenen Dimensionen zu diskutieren ist (vgl. Picot):

- Räumliche Dimension:
  Tätigkeiten, die bislang an einem oder wenigen räumlichen Zentren erledigt wurden, werden auf mehrere Standorte verteilt. Diese Fragen der physischen Verteilung von Organisationseinheiten werden unter den Stichworten Konzentration - Dekonzentration diskutiert. Typische Zielsetzungen und Vorteile einer räumlichen Verteilung von Organisationseinheiten sind in Fühlungsvorteilen zu Kunden- und Lieferantenmärkten, geringeren Transportkosten, geringeren Raumkosten und teilweise höher qualifiziertem Personal zu geringeren Kosten zu sehen.

- Organisatorische Dimension:
  Im Unterschied zu den Begriffen Konzentration - Dekonzentration, die die räumliche Verteilung von Organisationseinheiten umschreiben, stehen für die organisatorische Dimension der Verteilung die Begriffe Zentralisation - Dezentralisation. Rechte oder Kompetenzen, die bislang gebündelt von wenigen Personen wahrgenommen werden, lassen sich auf eine größere Anzahl von Personen oder Wirtschaftseinheiten verteilen. Als

wesentliche Zielsetzungen können hier die Steigerung der Effizienz, die Reduzierung organisatorischer Komplexität durch Minderung des Delegationsrisikos sowie die Möglichkeit zur Bildung ganzheitlicher Aufgabenstrukturen identifiziert werden.

o Geschäftliche Dimension:
Diese Dimension der Verteilung bezieht sich auf die geschäftlichen Aktivitäten eines Unternehmens. Angesprochen ist hier im wesentlichen die Fertigungstiefe des Unternehmens und deren Veränderungen. Fragestellungen wie "make or buy" oder der Aufbau unternehmensübergreifender Kooperationsketten (z.B. Kunden- und Lieferantenkontakte) sind hier angesiedelt. Typische Vorteile werden in den Möglichkeiten zur Überregionalisierung und Internationalisierung gesehen.

Innerhalb dieses Handlungsraumes ist als weitere Komponente die Technik einzuordnen (vgl. Abbildung 1).

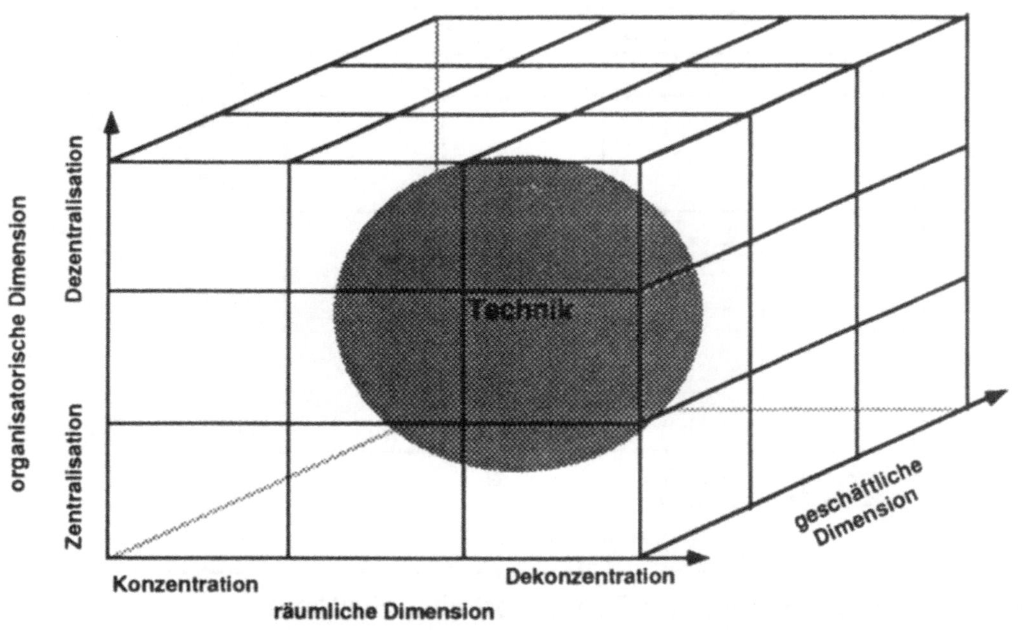

Abb. 1: Verteilungsdimensionen

Technische Ausprägungen verteilter Systeme:

Unter technischen Gesichtspunkten können verteilte Systeme unterschiedliche Ausprägungen auweisen. Eine gebräuchliche Klassifizierung (vgl. Sloman/Kramer 1988, S. 1ff.) unterscheidet nach dem Grad der Verteilung der

- Hardware-Komponenten (z.B. Prozessoren, Speichermedien),
- Steuerungs- und Kontrollkomponenten (z.B. Betriebssystem, Anwendungsprogramme) und
- Daten.

Ein Extrem wird durch ein Modell von Enslow repräsentiert (vgl. Abbildung 2), das verlangt, daß alle drei Komponenten einen bestimmten Grad an Verteilung aufweisen, um von einem verteilten technischen System sprechen zu können (vgl. Enslow 1978).

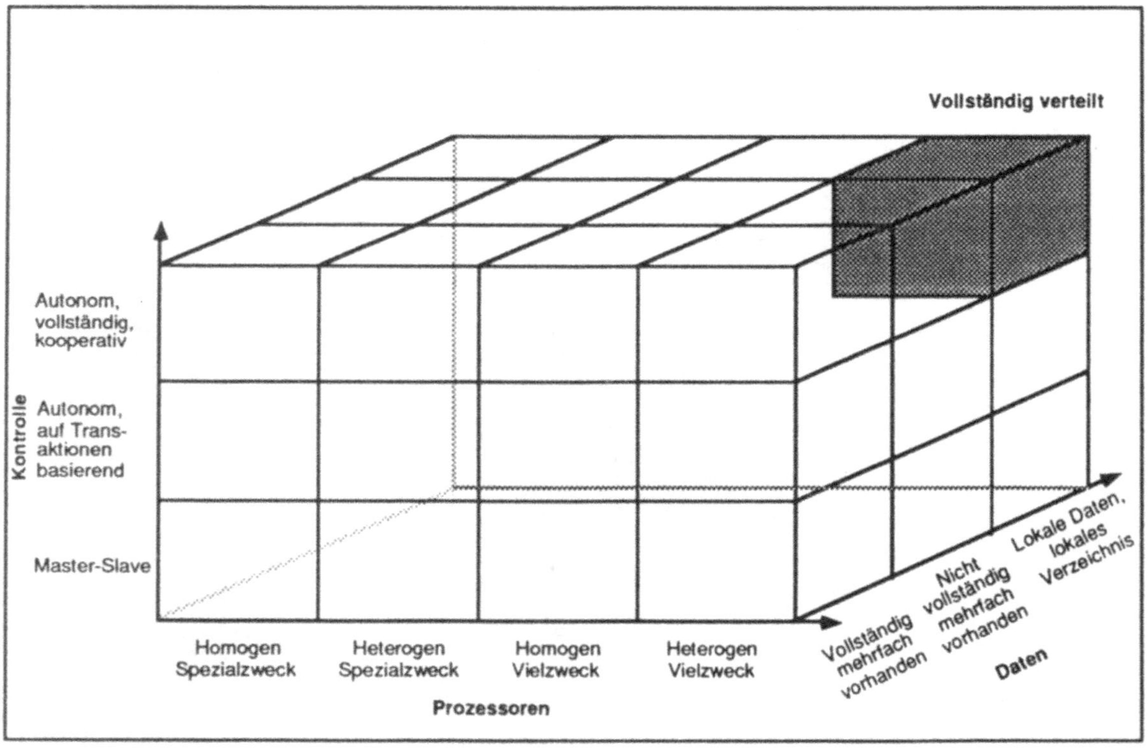

Abb. 2: Eslow`s Modell der Typen verteilter Systeme

Mit verteilten Hardware-Komponenten werden Vorteile wie vereinfachte Planung und Realisation von Techniksystemen auf der Basis von Standards sowie die Reduzierung von Verarbeitungsengpässen erwartet.

Verteilte Steuerungs- und Kontrollkomponenten sollen durch die Möglichkeit einer automatischen Umkonfiguration bei Ausfällen von Teilkomponenten die Verfügbarkeit erhöhen und eine stärkere Flexibilität bei Systemmodifikationen ohne Betriebsunterbrechnungen ermöglichen.

Verteilte Datenhaltung zielt im wesentlichen darauf ab, eine Verkürzung von Antwortzeiten, Reduzierung der Kommunikationskosten (die Daten sollen dort gespeichert sein, wo sie verarbeitet werden) und erhöhte Sicherheit durch die Redundanz kritischer Ressourcen zu erreichen.

Beim heutigen Stand der Technik muß allerdings davon ausgegangen werden, daß verteilte Systeme in dieser extremen Form nicht verfügbar sind. So ist beispielsweise die Technologie der verteilten Datenbanksysteme noch nicht so ausgereift, daß sie in einer operativen Umgebung realisierbar wären. Ein Hauptproblem ist u.a. die Sicherstellung der Datenintegrität auf Netzwerkebene, die heute immer noch in die Anwendungen verlagert und dort gelöst wird (vgl. Kraus 1989). Vor diesem Hintergrund empfiehlt es sich, für die Eingrenzung verteilter technischer Systeme eine pragmatische Definition zugrundezulegen:

> *"Ein verteiltes Datenverarbeitungssystem ist eines, in dem mehrere autonome Prozessoren und Datenspeicher, die Prozesse bzw. Datenzugriffe unterstützen, so kooperierend zusamenarbeiten, daß ein gemeinsames Ziel erreicht wird. Die Prozesse koordinieren ihre Aktivitäten und tauschen Informationen über ein Kommunikationsnetzwerk aus" (Sloman/Kramer 1988, S. 4).*

Die angeführten Dimensionen der Verteilung verdeutlichen, daß in der betrieblichen Praxis eine Diskussion verteilter Anwendungen, die sich allein auf die technischen Ausprägungen konzentriert, zu kurz greift. Die technische Architektur verteilter Unterstützungssysteme muß eingebunden in und abgestimmt werden mit organisatorischen Festlegungen des Betriebs, der Wartung und Pflege sowie der Nutzung der Systeme. Dies soll im folgenden anhand eines konkreten Realisierungsbeispiels eines verteilten Systems zur Serviceunterstützung in einem Unternehmen illustriert werden.

4 Anwendungsbeispiel: Dezentrale Serviceleistungen

Das im folgenden zu beschreibende und zu analysierende Pilotprojekt kann sowohl unter einem organisatorischen Blickwinkel als auch unter technischen Aspekten als verteiltes System bezeichnet werden.

4.1 Ausgangssituation

Angesiedelt ist das Pilotprojekt im Servicebereich der Automobilindustrie. Eine breite und tief gestaffelte Modell- und Variantenpolitik und steigende Forderungen der Kunden nach kurzfristiger Bereitstellung von zunehmenden und komplexen Service-Dienstleistungen verlangt hier neue Formen der Serviceunterstützung, vor allem für dezentrale Organisationseinheiten wie Niederlassungen und Werkstätten.

Inhaltliche Anforderungen an eine effektive Unterstützung beziehen sich auf das gesamte Aufgabengebiet von der Aus- und Weiterbildung des Werkstatt- und Vertriebspersonals, aktueller Schadensdiagnose und -behebung, Ersatzteilwesen und Fahrzeugdaten bis hin zur Bereitstellung aktueller Werkstattliteratur sowie Unterstützung der kommerziellen Auftragsabwicklung. Die hierbei auszutauschenden Informationen treten einzeln und gemischt in den Modi Sprache, Daten, Text und Bild (Grafik, Stand- und Bewegtbild) auf.

Aufgrund gewachsener Organisationsstrukturen und mangels entsprechend leistungsfähiger technischer Kommunikationssysteme sind viele der angesprochenen betrieblichen Funktionen bislang zentral organisiert und bedingen, daß wesentliche Anteile des Kommunikationsbedarfs über den materiellen Transport von Informationsträgern und durch Reisetätigkeiten von Mitarbeitern abgewickelt werden. Zeitliche Verzögerungen, die daraus resultierende geringe Aktualität sowie nicht unerhebliche Abwesenheitszeiten vom Arbeitsplatz und damit einhergehende erhebliche Kosten sind die offensichtlichsten Folgen. Nicht zu unterschätzen sind darüber hinaus der hohe Aufwand bei Aufbau und Pflege der dezentral benötigten Informationen, verbunden mit zeitaufwendigen Rückfragen und teilweise inkonsistenter Informationsbasis vor Ort.

Die Beschreibung der Ausgangssituation verdeutlicht das Dilemma der betrieblichen Servicebereiche, das darin begründet ist, daß in der Regel von dezentralen Stellen auf Informationen zurückgegriffen werden muß, die zentral erstellt, gepflegt und gespeichert sind, andererseits aber gerade die Servicemitarbeiter im direkten Kontakt mit den Kunden aktuelle Informationen sammeln, die heute nur umständlich über die zentralen Instanzen den anderen Servicemitarbeitern zur Verfügung gestellt werden können. Die notwendige Zweiseitigkeit des Informationsflusses ist nur schwer zu verwirklichen.

4.2 Ziele des Pilotprojektes

Das generelle Ziel des Pilotprojektes besteht darin, diesen Prozeß der verteilten Informationsgenerierung, -speicherung, -bearbeitung und -nutzung technisch unterstützt zu optimieren. Daraus ergeben sich u.a. die folgenden Anforderungen an das Informationssystem zur Unterstützung des Servicebereiches:

- Schnelligkeit der Informationsbereitstellung und -verteilung,
- Aktualität der Informationen,
- Zuverlässigkeit der Informationen,
- Konsistenz der Informationen für alle Nutzer,
- Existenz eines Kommunikationskanales, der einen Dialog zwischen den dezentralen Nutzern und den zentralen Instanzen als auch unter den Nutzern ermöglicht und
- eine optimierte Allokation der Informationsbestände, um bei möglichst optimaler Erfüllung der anderen Anforderungen die Kommunikationskosten so gering wie möglich zu halten.

4.3 Organisatorische und technische Umsetzung

Die organisatorischen Maßnahmen und die technischen Komponenten zur Erreichung des Projektzieles und zur Erfüllung der Unterstützungsanforderungen werden im folgenden für die Teilbereiche Aus- und Weiterbildung der Servicemitarbeiter sowie die aktuelle Diagnose von Schadensfällen erläutert. Maßgabe hierbei ist somit eine weitgehende Mehrfachnutzung der technischen Infrastruktur und eine serviceorientierte organisatorische Dezentralisierung.

4.3.1 Organisatorische Maßnahmen

Die Erfüllung der Anforderungen auf dem Gebiet der Aus- und Weiterbildung der Servicemitarbeiter bedeutet auf organisatorischer Ebene die Dezentralisierung der bislang auf ein zentrales Schulungszentrum konzentrierten Ausbildungsmaßnahmen auf die Ebene der Niederlassungen (regionale Schulungszentren) und auf die Ebene der einzelnen Werkstätten.

Für eine aktuelle Diagnose von komplizierten Schadensfällen ist eine kommunikationstechnische Verbindung zwischen Experten in der Zentrale (z.B. Konstrukteuren) und Servicetechnikern in der Werkstatt notwendig.

In dem Pilotprojekt wird eine abgestufte Verteilung relevanter betrieblicher Funktionen über drei Ebenen realisiert, für die sich die folgenden Anforderungen identifizieren lassen:

o **Ebene 1: Zentrale Kundendienstorganisation**
Auf dieser Ebene sind als dispositive Funktionen die Planung und Auswahl von Schulungsthemen und das Management der dezentralen Schulung gegenüber den Niederlassungen mit den Teilaufgaben

- Konfigurationsmanagement (technische Ausstattung der nachgeordneten Organisationseinheiten),
- Netzwerk- und Security-Management und
- Accounting-Management

angesiedelt.

Operativ ist diese Instanz für die zentrale Produktion, Archivierung und Wartung von Informationsbeständen (z.B. Schulungsmaterialien), die kommunikationstechnisch gestützte Verteilung der Informationen an die Niederlassungen sowie die Aus- und Weiterbildung der Instruktoren in den Niederlassungen zuständig.

Die Zielsetzung auf dieser Ebene besteht in der effektiven und effizienten Nutzung von Trainer-, Instruktoren- und Autorenkapazität zur Erstellung der Schulungsprogramme und -materialien und die Konzentration auf Spezialthemen, die auf einen begrenzten Teilnehmerkreis zielen und weiterhin zentral angeboten werden. Somit sind auf dieser Ebene Probleme wie beispielsweise

- Mit welchem Vorlauf werden Schulungsinhalte erstellt?
- Wie ist die Aktualisierung der Informationsbestände zu gewährleisten?
- Wie werden relevante Themen und deren Aufbereitung festgelegt?
- Wer ist bei der Erstellung der Informationsbestände beteiligt?
- usw.

organisatorisch abzufangen.

o **Ebene 2: Niederlassungen (regionale Schulungszentren)**

Den regionalen Schulungszentren obliegen die Aufgaben der Verwaltung der dezentralen Informationsbestände und das Management des Systems gegenüber den Werkstätten (Anwendern). Von hier aus erfolgt auch die Betreuung der Schulungsteilnehmer in den Werkstätten.

Die Zielsetzung auf dieser Anwendungsebene besteht in der flexiblen, nachfrageorientierten und praxisgerechten Bereitstellung von Schulungsinhalten und der anwendernahen Betreuung der Endanwender in den Werkstätten. Daraus ergeben sich unter anderem folgende organisatorische Fragestellungen:

- Wie kann die Verfügbarkeit der Instruktoren bei unplanbaren Rückfragen seitens der Anwender garantiert werden (Warteschlangen, Prioritätenregelungen usw.)?
- Wie sieht das optimale Zahlenverhältnis zwischen Instruktoren in den Niederlassungen und Anwendern in den Werkstätten aus?

o **Ebene 3: Werkstätten (Anwender)**

Hier sitzen die eigentlichen Nutzer des Unterstützungssystems, die aber auch Lieferanten aktueller Informationen sind. Die Bereitstellung eines breitbandigen, bidirektionalen Kommunikationskanals ermöglicht das Einspeisen von Informationen in das Gesamtsystem.

Die flexible Nutzung von Informationsbeständen nach dem aktuellen Bedarf und entsprechend der Kapazitätsauslastung der Werkstatt sind die hier verfolgten Ziele. Daraus resultierende organisatorische Fragestellungen sind auf dieser Ebene unter anderem:

- Wie kann eine arbeitsplatznahe Aufstellung der Terminals erreicht werden?
- Welche Zugangsregelungen zum Unterstützungssystem bestehen für die Anwender (zeitlich, räumlich hierarchisch)?
- Wie kann eine optimale Systemauslastung bei Aufrechterhaltung der produktiven Funktionen der Servicemitarbeiter gewährleistet werden?
- Wie ist die Informationsvermittlung von der Werkstatt zur entsprechenden Niederlassung bzw. zur zentralen Kundendienstorganisation zu gewährleisten?

Über diese, die spezifischen Organisationseinheiten der dezentralen Serviceunterstützung betreffenden Zielsetzungen und organisatorischen Gestaltungsanforderungen hinaus, sind bei der Realisation eines solchermaßen verteilten Unterstützungssystems Fragen zu klären, von denen das Gesamtunternehmen tangiert ist:

- Wie lassen sich Kosten und Nutzen eines solchen Unterstützungssystems erfassen und welcher Organisationseinheit sind sie zuzurechnen?
- Kann das technische System für zusätzliche Anwendungen genutzt werden?
- Wie muß ein unternehmensweites Diffusionskonzept aussehen?

4.3.2 Technische Realisierung

Die technische Infrastruktur zur Unterstützung der organisatorischen Ziele und Maßnahmen der dezentralen Serviceunterstützung ist in der folgenden Abbildung dargestellt.

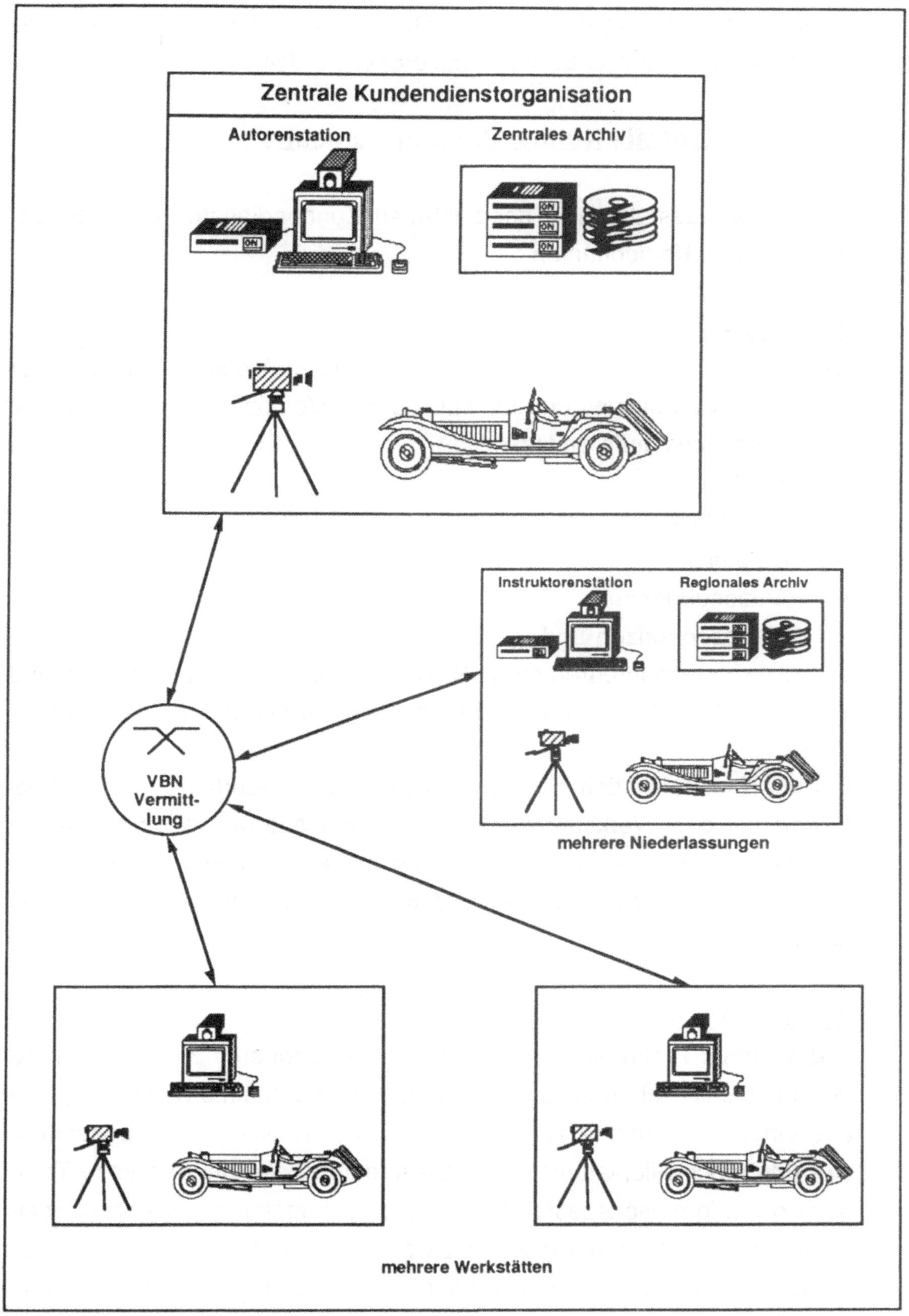

Abb. 3: Technische Infrastruktur zur dezentralen Serviceunterstützung

In Anlehnung an das organisatorische Dezentralisierungskonzept kann die technische Infrastruktur drei Ebenen zugeordnet werden:

- **Ebene 1: Zentrale Kundendienstorganisation**

Die technische Ausstattung in der zentralen Kundendienstorganisation besteht aus den drei Komponenten

- Autorenstation
  Bei der Autorenstation handelt es sich um einen Arbeitsplatzrechner zur Erstellung, Bearbeitung und Verwaltung der Informationsbestände. Diese Informationsbestände umfassen
  - Textfiles,
  - Graphikfiles,
  - Datenfiles,
  - Audiosequenzen,
  - Videosequenzen und
  - Anwendungsprogramme (z.B. Autorensystem, Lernprogramme und dedizierte Programme zur Bearbeitung der Informationsbestände).

  Für die Kommunikation mit Instruktoren in den Niederlassungen und bei Bedarf mit den Werkstattmitarbeitern ist die Autorenstation mit einem Bildtelefon gekoppelt, an das neben einer Personenkamera eine Objektkamera zum Einspielen aktueller Videoaufnahmen angeschlossen werden kann.

- Zentrales Archiv
  Das zentrale Archiv setzt sich aus einer Komponente zur Speicherung der unterschiedlichen Files und Anwendungsprogramme (Festplatte) und aus einer Komponente zur Speicherung der Audio- und Videosequenzen (Mehrfach-Bildplattenspieler) zusammen. Diese physikalische Trennung der Informationsbestände ist heute noch mangels geeigneter Speichermedien (z.B. wiederbeschreibbare Bildplatte für die Anpassung von Videoinformationen an Produktänderungen etc.) notwendig. Die logische Verknüpfung der Informationen erfolgt über die einzelnen Lernprogramme.

o Kommunikationsschnittstelle
Die Kommunikationsschnittstelle (Teilnehmeranschlußeinrichtung/TAE) unterstützt die Sprach- und Bildkommunikation zwischen den Teilnehmern und den Datenaustausch zwischen den Endgeräten.

o **Ebene 2: Niederlassungen (regionale Schulungszentren)**

Die technische Ausstattung in den Niederlassungen entspricht im Prinzip derenigen in der zentralen Kundendienstorganisation:

o Instruktorenstation
Bei der Instruktorenstation handelt es sich um einen Arbeitsplatzrechner zur Darstellung und Verwaltung der Informationsbestände. Hard-und software-technische Komponenten zur Erstellung und Bearbeitung der Informationsbestände können hier jedoch entfallen.

Für die Kommunikation mit den Autoren in der zentralen Schulungsorganisation mit den Werkstattmitarbeitern ist die Instruktorenstation mit einem Bildtelefon gekoppelt, an das neben einer Personenkamera eine Objektkamera zum Einspielen aktueller Videoaufnahmen angeschlossen werden kann.

o Regionales Archiv
Das regionale Archiv setzt sich wie das zentrale Archiv aus Komponenten zur Speicherung der unterschiedlichen Files und Anwendungsprogramme (Festplatte) und aus Komponenten zur Speicherung der Audio- und Videosequenzen (Mehrfach-Bildplattenspieler) zusammen. Auch hier wären wiederbeschreibbare Speichermedien für Videoinformationen notwendig, um die Bewegtbildsequenzen aus dem zentralen Archiv abrufen und lokal speichern zu können.
Die Anzahl der einzelnen Archivkomponenten muß hier allerdings mit der Anzahl der an die Niederlassung angeschlossenen Werkstätten korrespondieren, um eine Verfügbarkeit der Schulungsanwendungen für alle Teilnehmer gewährleisten zu können.

o Kommunikationsschnittstelle
Die Kommunikationsschnittstelle an der Instruktorenstation entspricht derjenigen der Autorenstation.

o **Ebene 3: Werkstätten (Anwender)**

Die technische Ausstattung in den Werkstätten besteht aus einer Arbeitsplatzstation mit Kommunikationskomponente. Lokale Speichermedien für Audio- und Videosequenzen sind nicht vorgesehen; das Herunterladen von Programmen und Daten und deren temporäre lokale Speicherung auf einer Festplatte ist möglich.

o **Kommunikationsnetz**

Die beschriebenen lokalen Komponenten des Serviceunterstützungssystems sind über breitbandige Kammunikationskanäle verbunden. Die netztechnische Infrastruktur bietet das Vorläufer-Breitband-Netz (VBN), ein digitales, leitungsvermitteltes Glasfasernetz mit einer Übertragungsrate von ca. 140 Mbit/s (vgl. Deutsche Bundespost 1988).

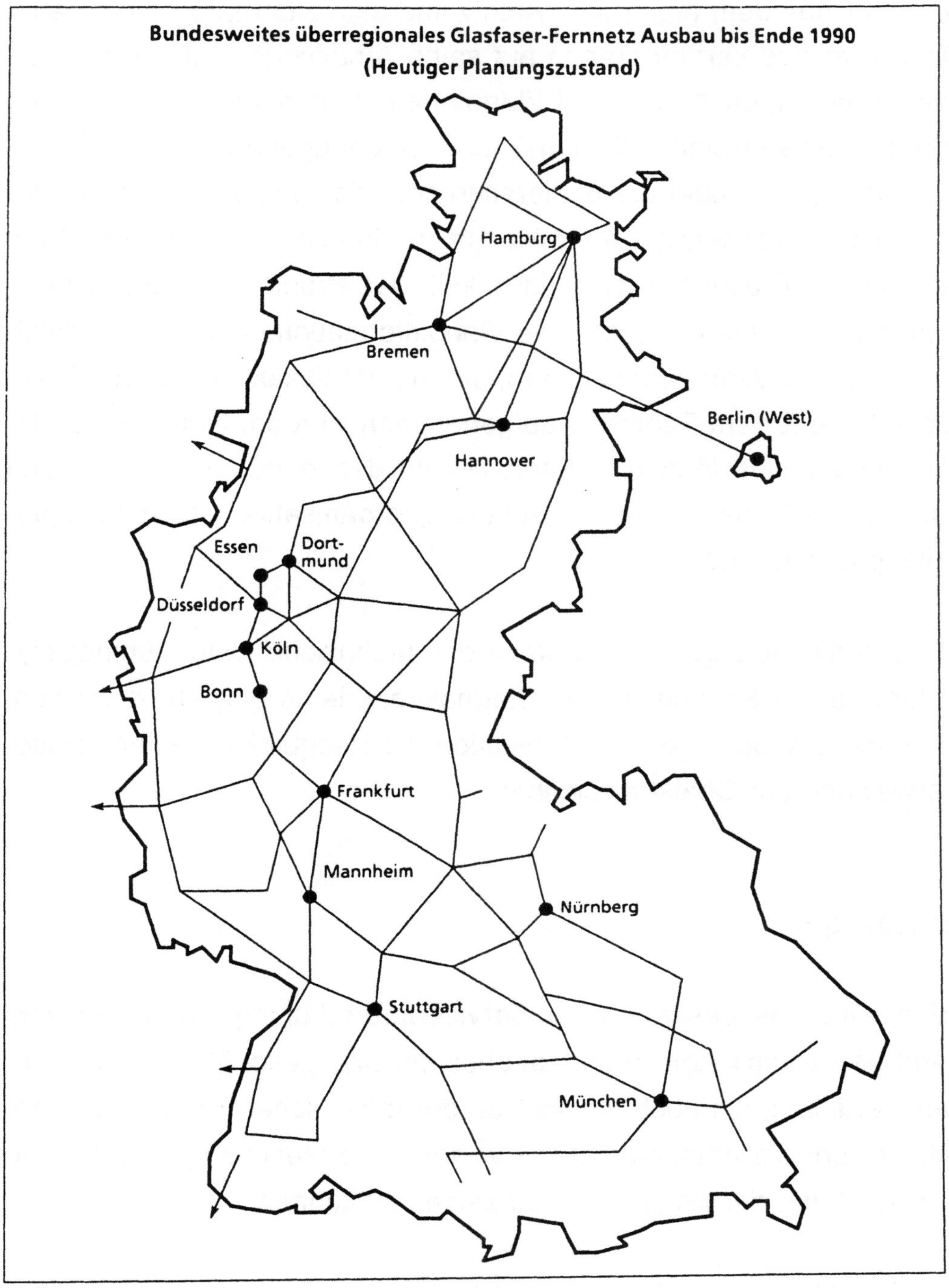

Abb. 4: Ausbau des überregionalen Glasfaser-Overlay-Netzes (Planungsstand 1990) (Quelle. Deutsche Bundespost 1988)

Das Kommunikationsnetz zwischen den Arbeitsplätzen in den unterschiedlichen Organisationseinheiten unterstützt den Informationsabruf des einzelnen Servicemitarbeiters direkt am Arbeitsplatz. So setzt dieser sich beispielsweise in Abstimmung mit seiner Auslastung in der Werkstatt an einen Lernarbeitsplatz und baut die Kommunikation zum nächstgelegenen Schulungszentrum auf. Dort kann er aus dem regionalen Archiv interaktive Lernprogramme auswählen. Dazu wird das Lernprogramm auf seine Arbeitsplatzstation heruntergeladen; die zugehörigen Audio- und Videoinformationen werden ihm online über den breitbandigen Kommunikationskanal zur Verfügung gestellt. Bei Problemen kann er jederzeit über die Bildfernsprecheinrichtung seiner Arbeitsstation mit einem entsprechenden Instruktor im regionalen Schulungszentrum Kontakt aufnehmen. Dieser hat die Möglichkeit, das Problem des Servicemitarbeiters durch Kommentare, zusätzliche Videoinformationen von der Bildplatte oder durch aktuelle Videoinformationen, die mit der Objektkamera an Dokumenten, Modellen oder am Fahrzeug aufgenommen werden, individuell zu lösen. Auf ähnliche Weise läuft die Unterweisung der Instruktoren bei neuen Lernprogrammen zwischen zentraler Schulungsorganisation und den regionalen Schulungszentren ab.

Über reine Lernanwendungen hinaus kann das technische Unterstützungssystem auch für aktuelle Schadens- und Diagnoseprobleme eingesetzt werden. Hier ist durch die breitbandige Kommunikation die Nachbildung einer traditionellen Unterweisung am Objekt erreichbar.

5 Einordnung

Im folgenden wird das beschriebene Serviceunterstützungssystem sowohl entsprechend den räumlichen, organisatorischen und geschäftlichen Dimensionen einer Verteilung als auch hinsichtlich der technischen Verteilungskriterien klassifiziert, um die entsprechenden Vorteile und Gestaltungsmöglichkeiten bei der Erreichung der Projektziele aufzeigen zu können.

Unter räumlichen Gesichtspunkten handelt es sich aufgrund der zentralen Erstellung und Wartung der Informationsbestände und deren dezentraler Nutzung auf Niederlassungs- und Werkstattebene bei dem Serviceunterstützungssystem um eine Mischform der Verteilung. Arbeitsplatznahe Verfügbarkeit relevanter Informationen und reduzierte Reisekosten sind hier die wesentlichen realisierten Vorteile.

Eine abgestufte Verteilung ist auch unter organisatorischen Gesichtspunkten festzustellen. Neben zentral angesiedelten Funktionen zur Gewährleistung der Zuverlässigkeit und Konsistenz der Informationen für alle Nutzer sind weitere dispositive und vor allem operative Funktionen über die regionalen Schulungszentren bis auf die Ebene der einzelnen Werkstätten verteilt.

Durch die traditionell starke Verteilung des Servicebereiches entstehen unter geschäftlichen Gesichtspunkten keine zusätzlichen Anforderungen oder Nutzenpotentiale im Rahmen des Pilotprojektes.

Die folgende Abbildung zeigt die Ausprägungen der Verteilungsdimensionen in dem Pilotprojekt.

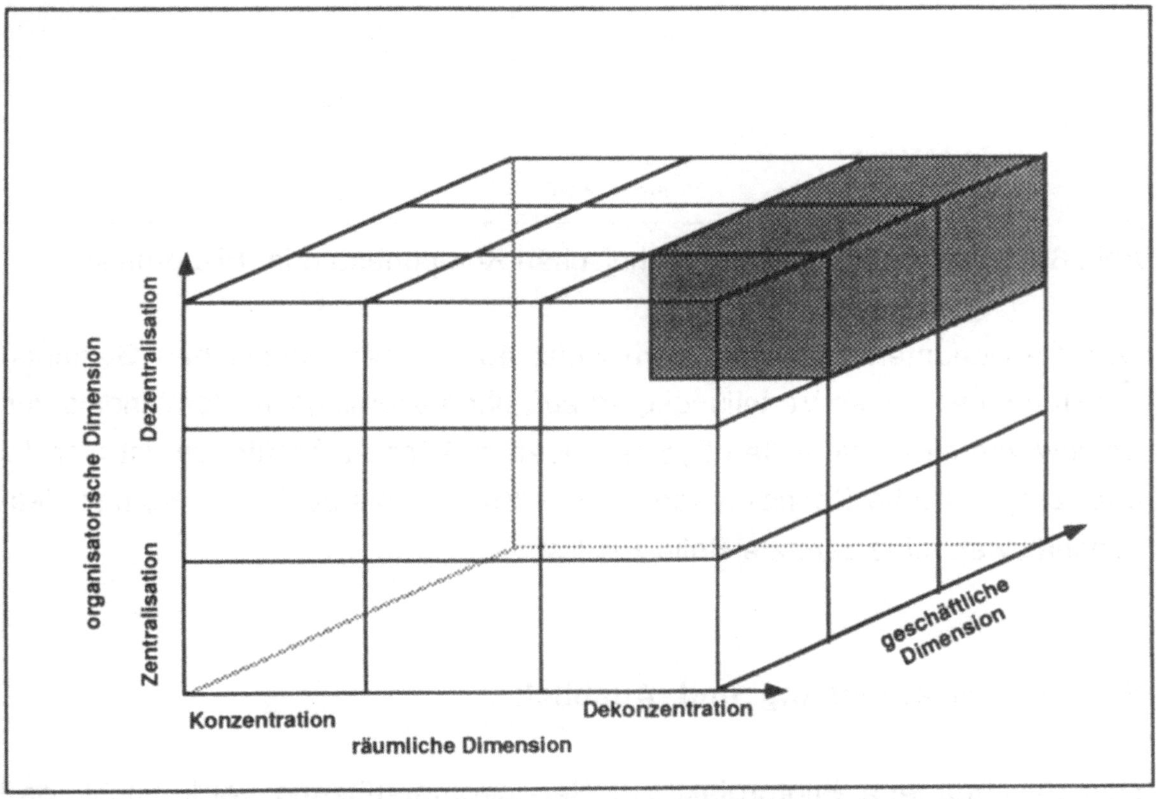

Abb. 5: Ausprägung der Verteilungsdimensionen im Pilotprojekt

Die Einordung der technischen Ausprägungen des Serviceunterstützungssystems in das Modell von Enslow ergibt das folgende Bild:

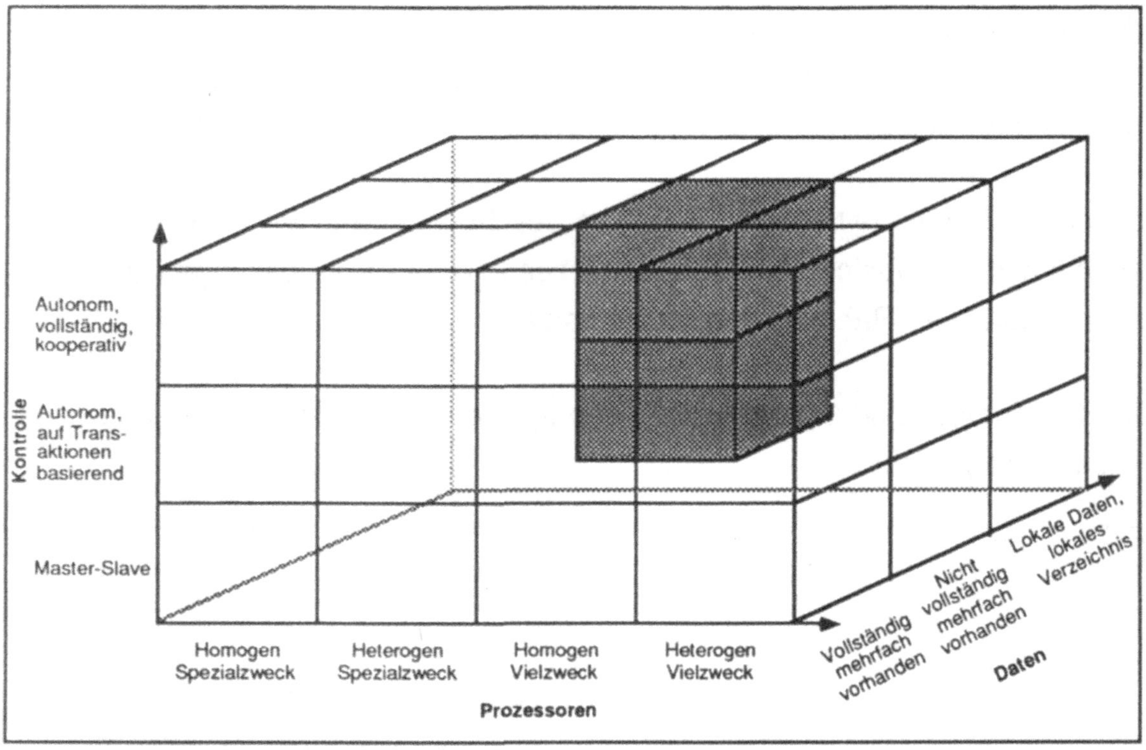

Abb. 6: Verteilungsgrad der technischen Komponenten im Pilotprojekt

Das Serviceunterstützungssystem weist auch unter technischen Gesichtspunkten einen hohen Verteilungsgrad auf, ohne allerdings im Verständnis von Enslow von einem verteilten System reden zu können. Trefffender ist hier die eher pragmatische Definition von Sloman/Kramer, die auch dem Kommunikationsnetzwerk eine zentrale Rolle zuweist.

6 Zusammenfassung und Ausblick

Das beschriebene Pilotprojekt zur Serviceunterstützung verdeutlicht, daß durch verteilte Systeme Nutzungsvorteile in Anwenderorganisationen realisiert werden können. Das dargestellte Beispiel sollte dazu dienen, einige dieser Handlungsoptionen und konkrete Umsetzungsmaßnahmen aufzuzeigen. Gleichzeitig zeigt die pilotartige Realisierung aber auch, daß unter technischen Gesichtspunkten verteilte Systeme heute noch nicht so ausgereift sind, daß sie in voller Konsequenz operativ eingesetzt werden können. Viele Probleme müssen heute noch auf organisatorischer Ebene gelöst werden; neue organisatorische Anforderungen, die mit der Implementierung eines verteilten Systems einhergehen, dürfen nicht unterschätzt werden. Der Verteilungsbedarf ist in den meisten Unternehmen bei bestehenden und geplanten Anwendungssystemen meist nicht unmittelbar erkennbar. Die Entscheidung über die Ausprägung eines verteilten technischen Unterstützungssystems setzt neben einer Abschätzung der strategischen Bedeutung eine globale Informationsbedarfsanalyse zur Abklärung

- o des Aktualitätsbedarfs von Informationen,
- o des Verteilungsbedarfs,
- o des Verteilungsmodells und
- o des Aktualisierungskonzeptes

voraus.

Beziehen sich die Aufgaben von Organisatoren und Systemverantwortlichen heute schwerpunktmäßig auf die geschilderten Problembereiche der Verteilung und Nutzung von meist bestehenden Informationsbeständen, so zeichnen sich zukünftig zusätzliche Aufgabenfelder ab. Perspektive ist hierbei die gemeinsame Nutzung von betrieblichen Informationsbeständen durch verschiedene Anwendungen wie sie in der folgenden Abbildung angedeutet ist.

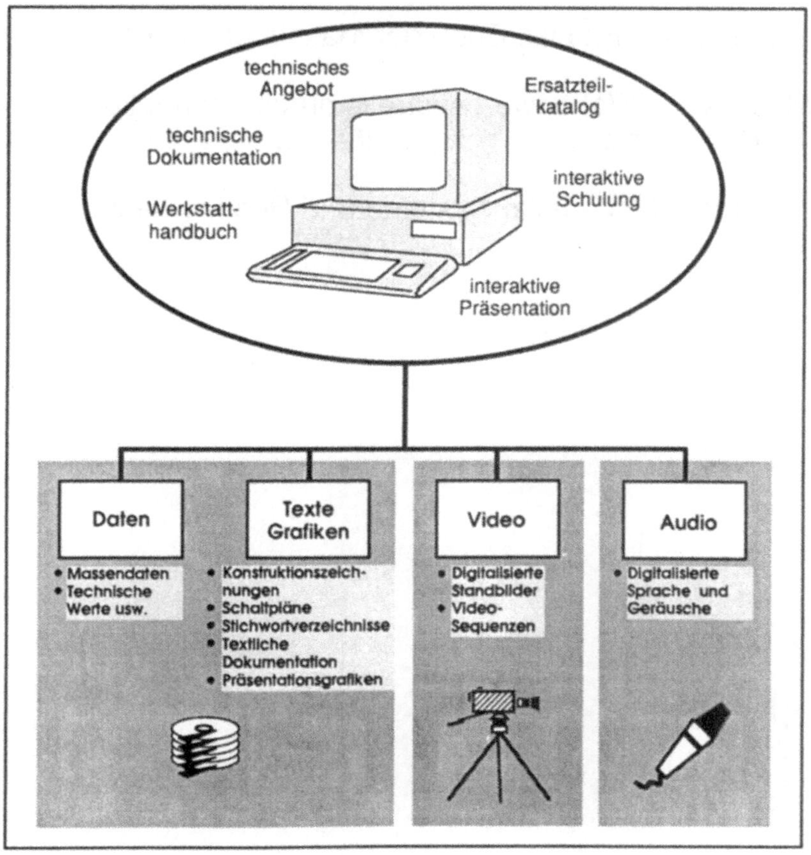

Abb. 7: Kooperative Nutzung von Informationen

Hier geht es nicht mehr "nur" um die Verteilung von Informationsbeständen, sondern auch um deren koordinierte und kooperative Erstellung und Pflege.

Literatur

Bullinger, H.-J.; Huber, H.; Niemeier, J.: Computer Integrated Busines (CIB)-Systeme. In: CIM Management, 3/87, S. 12 - 19.

Davidow, W. H.: High Tech Marketing. Frankfurt 1987.

Deutsche Bundespost (Hrsg.): Mittelfristiges Programm für den Ausbau der technischen Kommunikationssysteme. Bonn 1988.

Enslow, P.H.: What is a "distributed" system? In: Computer, 1/1978, S. 13 - 21.

Kraus, J.: Organisatorische Lösungen täuschen über den Bedarf hinweg. In: Computerwoche, 46/1989, S. 50 - 52.

Picot, A.: Integrierte Telekommunikation und Dezentralisierung in der Wirtschaft. In: Kaiser, W. (Hrsg.): Integreirte Telekommunikation. Heidelberg/Berlin/New York/Tokio 1985, S. 484 - 498.

Piore, M. J.; Sabel, CH. F.: Das Ende der Massenproduktion. Berlin 1985.

Porter, M.; Millar, V.E.: Wettbewerbsvorteile durch Information. In: HARVARDmanager, 1/86, S. 26 - 35.

Sloman, M.; Kramer, J.: Verteilte Systeme und Rechnernetze. München/Wien 1988.

Werkzeuggestützter Aufbau und Optimierung von Netzwerken

H. Meitner und V. Teuber

Werkzeuggestützter Aufbau und Optimierung von Netzwerken

Helmut Meitner
Fraunhofer-Institut für Arbeitswirtschaft und Organisation (IAO)
Senefelderstr. 26, D-7000 Stuttgart 1

Volker Teuber
Siemens AG
Otto-Hahn-Ring 6, D-8000 München 83

Kurzfassung:

Datenverarbeitung findet neben dem zentralen Großrechner auch auf lokalen Arbeitsstationen und persönlichen Rechnern statt. Die Entwicklung geht in die Richtung der Integration der Datenverarbeitungs-Insellösungen zu einem ganzheitlichen Informationssystem. Dabei entstehende Rechnernetzwerke werden umfangreich. Planung, Aufbau und Optimierung während des Betriebs sind durch die große Anzahl der Knoten im Netz und durch die Vielzahl der Konfigurationsmöglichkeiten komplexe Aufgaben. Werkzeuge sind erforderlich, die die Modellierung des Rechnernetzes, die Beobachtung des laufenden Systems und die Entscheidung über Systemänderungen unterstützen.

In diesem Beitrag wird beschrieben, welche Modelle vom Netzwerk benötigt werden, um Konfiguration und Systemadministration zu unterstützen. Es werden Sensoren festgelegt, die periodisch Daten an Beobachtungszentren liefern. Interaktive, rechnergestützte Werkzeuge für den Konfigurator und Systemadministrator nutzen die in den Beobachtungszentren erstellten Statistiken. Sie bereiten die Statistiken graphisch auf, unterstützen Entscheidungen über Systemänderungen und ermöglichen das Erstellen von Änderungsaufträgen. Änderungsaufträge werden von Effektoren und Kontrollzentren abgearbeitet.

1 Einleitung

Die elektronische Verarbeitung von Daten findet nicht mehr ausschließlich in zentralen Mainframes statt. Rechenkapazität wird häufig lokal am Arbeitsplatz zur Verfügung gestellt. Textverarbeitung, Tabellenkalkulation und Datenbanken werden auf persönlichen Rechnern (PCs) erstellt. CAD Arbeiten und Programmierung werden an leistungsfähigen Arbeitsstationen durchgeführt.

Um den Austausch von Daten zwischen den lokalen Stationen zu ermöglichen, werden die lokalen Rechner über ein Netzwerk miteinander verbunden. Netzwerke von lokalen Rechnern sind selbst wiederum Teile von größeren Netzen und müssen im Zusammenhang mit anderen Netzwerkteilen betrachtet werden.

Durch die große Anzahl der Knoten im Netz und durch die Vielzahl der Konfigurationsmöglichkeiten sind Planung und Aufbau des Netzes sowie Optimierung während des Betriebs komplexe Aufgaben. Werkzeuge sind erforderlich, die die Modellierung des Rechnernetzes, die Beobachtung des laufenden Systems und die Entscheidung über Konfigurationsänderungen unterstützen.

Die Werkzeuge sollen dabei nicht als isolierte Teillösungen vorliegen, sondern in ein Gesamtsystem eingebettet sein. Ein produktiver Dienst, d.h. ein Dienst im laufenden Netz wie die automatische Netzüberwachung, muß die Möglichkeit haben, auf konfigurationsbeschreibende Daten zurückzugreifen, die von einem planerischen Dienst, dem Konfigurierer, erstellt wurden. Umgekehrt benötigt der Konfigurierer, damit er dynamisch auf Fehler oder geänderte Anforderungen reagieren kann, Daten, die vom Überwachungssystem ermittelt, gesammelt und ggf. statistisch aufbereitet werden.

In einem Kooperationsprojekt zwischen der Siemens AG und dem Fraunhofer-Institut für Arbeitswirtschaft und Organisation (IAO) werden Komponenten für ein solches **integriertes Netzwerkmanagementsystem** spezifiziert und als Prototypen implementiert. Es werden dazu Netze von Unix Rechnern betrachtet, die den Ethernet Industriestandard verwenden. Beide Projektpartner haben auf dem Gebiet der Rechnernetze bereits Vorarbeiten geleistet.

Im Zentralbereich Forschung und Entwicklung der Siemens AG wurde das Werkzeug CONSENS /LeTe88/ entwickelt, das den Systemadministrator beim Planen und Pflegen von Netzkonfigurationen unterstützt. Dabei wird die Netztopologie und die Hardware berücksichtigt. Der Konfigurator ist so konzipiert, daß er für verschiedene Netz- und Gerätetypen eingesetzt werden kann. Ein Prototyp existiert für Siemens-Netze der Fertigungsautomatisierung.

Grundlagen für die Arbeiten am IAO wurden im Rahmen des ESPRIT Projekts 834 (COMANDOS - Construction and Management of Distributed Office Systems) in Zusammenarbeit mit einem internationalen Konsortium geschaffen. Eine Architektur für die Systembeobachtung (SOF: System Observation Facility) und die Systemmodifikation (SCF: System Control Facility), sowie ein Werkzeug für die Administration eines verteilten Rechnersystems (UsrAdm: User and Host Administration Tool) wurden spezifiziert und prototypisch implementiert /NeSi88/. Die Arbeiten werden im ESPRIT Projekt 2071 (COMANDOS - Construction and Management of Distributed Open Systems) weitergeführt.

Die Werkzeuge SOF und SCF haben direkten Zugriff zum verteilten Informationssystem (vgl. Abb. 1). CONSENS und UsrAdm benützen SOF und SCF, um Informationen aus dem laufenden System zu bekommen bzw. um das laufende System zu verändern.

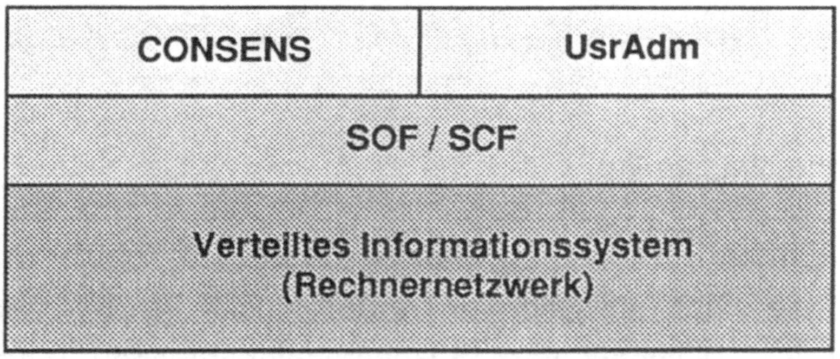

Abb. 1: Zusammenhang zwischen den Werkzeugen

2 Modelle eines Netzwerks

Im Rahmen des hier beschriebenen Projektes wird das Netzwerk unter verschiedenen Aspekten modelliert:

- Netztopologie
- Hardware (Netz und Geräte)
- Systemadministration

Bei der Modellierung der Netztopologie wird eine hierarchische Netzstruktur zugrunde gelegt (vgl. Abb. 2). Ein Netz gliedert sich in eine Menge von Subnetzen, die wiederum in Segmentgruppen zerfallen. Jede Segmentgruppe besteht aus Segmenten, an die die Rechner angeschlossen sind. Auf jeder topologischen Ebene gibt es spezifische Verbindungselemente: Gateways verbinden Netze, Bridges verbinden Subnetze, Router verbinden Segmentgruppen, Repeater verbinden Segmente. Mit Hilfe dieser topologischen Begriffe wird ein Topologiemodell aufgestellt, das beschreibt, wie ein funktionsfähiges Netz strukturiert ist.

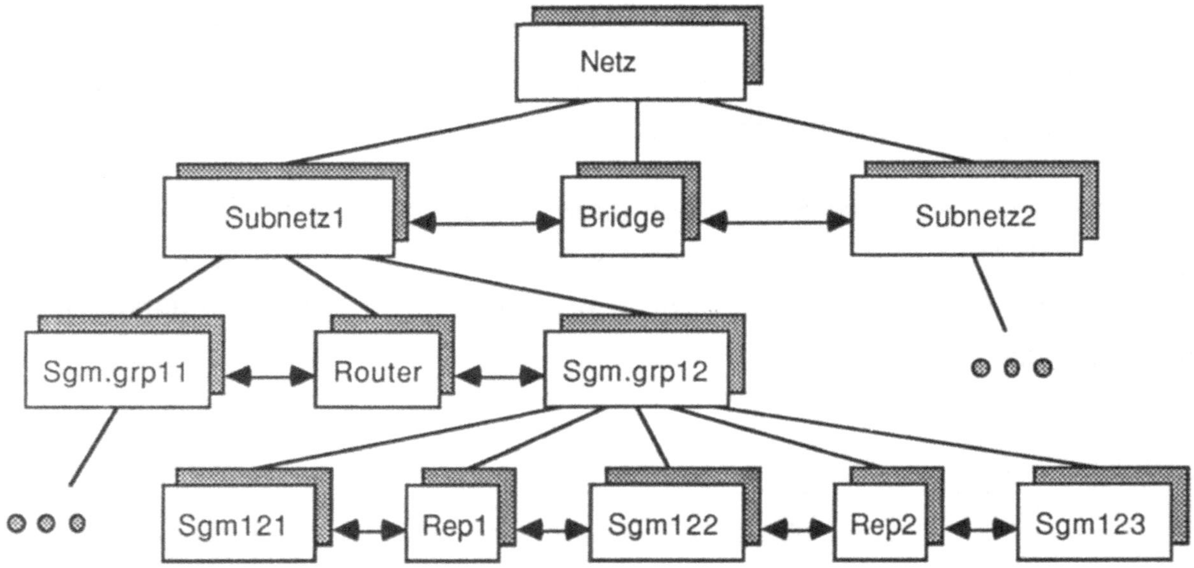

Abb. 2: Hierarchische Netzstruktur

Die Netzhardware umfaßt Busleitungen, Steckleitungen, Buskoppler und Abschlußwiderstände. Auch die einzelnen Rechner werden hinsichtlich ihrer Hardwareausprägung modelliert. Berücksichtigt werden Hauptspeicherausbau, Plattenkapazität, externe Laufwerke, Anschaltungen, Bildschirm, Tastatur, Maus, Zusatzprozessoren, etc. Der Zusammenhang zwischen dem topologischen und dem Hardware-Modell wird mit Hilfe von sogenannten Kompositionsregeln beschrieben. Dort wird für jedes topologische Element spezifiziert, aus welchen topologischen Teilelementen oder Hardware-Bestandteilen es zusammengesetzt werden kann.

Beispiel:

Bussegment ::= *Busleitung (1) + Abschlußwiderstand (2) + Buskoppler (0..n) + Steckleitung (0..n) + Station (0..n)*

Diese Regel besagt, daß das topologische Objekt Bussegment aus genau einer Busleitung, zwei Abschlußwiderständen und einer beliebigen Anzahl von Buskopplern, Steckleitungen und Stationen besteht.

Auf der Ebene der Systemadministration werden Hosts, Benutzer, Hauptkataloge, Accounts und Gruppen modelliert (vgl. Abb. 3). *Hosts* sind physikalische Rechner, wie beispielsweise Großrechner, Arbeitsstationen oder persönliche Rechner.

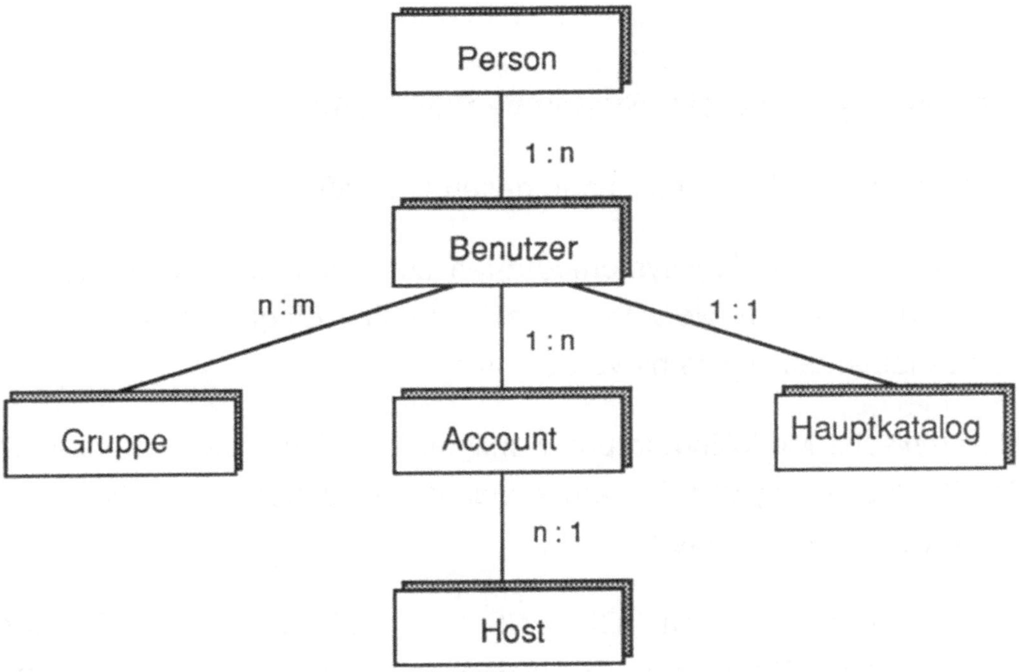

Abb. 3: Beziehungen zwischen den Elementen des Systemadministrationsmodells

Benutzer repräsentieren die Personen in dem System. Jeder Person ist mindestens ein Benutzer zugeordnet. Die Benutzer erhalten *Accounts* auf den einzelnen Hosts. Ein Benutzer darf auf einem Rechner nur dann arbeiten, wenn er dort einen Account hat. Jeder Benutzer kann einen oder mehrere Accounts haben. Der *Hauptkatalog* eines Benutzers ist der Katalog, der ihm beim Anmelden einer Sitzung zugeordnet wird. Ein Benutzer hat genau einen Hauptkatalog, auch wenn er mehrere Accounts hat. Hinsichtlich der Zugriffsberechtigung werden Benutzer in *Gruppen* eingeteilt. Benutzer der gleichen Gruppe haben die gleichen Zugriffsrechte auf Dateien, die der Gruppe gehören.

CONSENS ermöglicht die Modellierung des Netzwerks unter den Aspekten Netztopologie und Hardware. UsrAdm unterstützt die Modellierung auf der Ebene der Systemadministration. Der Schnittpunkt zwischen dem CONSENS-Modell und dem UsrAdm-Modell ist der Host (Rechner): CONSENS modelliert die Topologie, die bis auf Rechnerebene verfeinert wird. Dann folgt die detaillierte Modellierung des Knotens bzgl. Hardware und Elementen der Systemadministration.

3 Beobachtung des laufenden Informationssystems

Um den aktuellen Zustand des Rechnernetzes zu ermitteln und beurteilen zu können, müssen durch Systembeobachtung Daten gesammelt und aufbereitet werden. Die aufbereiteten Daten werden den Modellierungswerkzeugen zur Verfügung gestellt.

3.1 Anforderungen an die Systembeobachtung

Für die systemspezifischen Messungen gelten folgende Anforderungen:

- Die Effizienz von Betriebssystemaufrufen soll durch die Systembeobachtung nicht verringert werden. Es werden deshalb keine Eingriffe in zeitkritische Vorgänge des laufenden Systems vorgenommen.
- Die hierarchische Modellierung und Konfiguration eines Rechnernetzes soll sich bei der Strukturierung von Systembeobachtungszentren (SOC: System Observation Centers) widerspiegeln.
- Die Kontrolle geht stets von CONSENS bzw. UsrAdm aus, d.h. SOCs senden von sich aus keine Daten. Von CONSENS bzw. UsrAdm Programm werden mit den Operationen, die die Programmierschnittstelle der SOF bietet, Informationen der SOC's abgefragt.
- Der Zugriff auf SOC's soll ortstransparent sein, d.h. für die Abfrage von Informationen muß der Ort der Speicherung nicht bekannt sein.
- Durch Sperren von Datenobjekten sollen mehrere gleichzeitige Abfragen oder Aktualisierungen auf dieselben Datenobjekte verhindert werden.
- Ein sichere Übertragung von Messwerten in der richtigen zeitlichen Reihenfolge soll möglich sein.

3.2 Sensoren in Objekten

Die Messwerte werden von Sensoren geliefert, die direkt an Objekte des Systems angeschlossen sind. Die Objekte können Teil des Dateisystems, des Rechensystems oder des Kommunikationssystems sein.

Im Dateisystem werden die Auslastung der Plattenpartitionen, Größe der Hauptkataloge und die Anzahl der Zugriffe auf entfernte Dateien gemessen. Bei der Auslastung der Plattenpartitionen wird vorausgesetzt, daß die Betriebssystemdateien und die Benutzerdateien in unterschiedlichen Partitionen liegen. Für jede Partition wird die Gesamtgröße, die Auslastung und die Anstiegsrate festgehalten. Die Größe der Hauptkataloge wird getrennt für jeden Benutzer ermittelt. Die Anzahl der Zugriffe auf entfernte Dateien bezieht sich auf das Server/Client-Modell des Sun Network File System (NFS). Server stellen Dateisysteme für andere Hosts zur Verfügung. Clients greifen auf Dateisysteme anderer Rechner zu. Für alle Hosts wird die Anzahl der Zugriffe und die Anzahl der mißlungenen Zugriffe jeweils in ihrer Server- und ihrer Client-Rolle gemessen.

Messungen im Rechensystem beziehen sich auf Prozessorlast und Ausfallzeiten. Die Prozessorlast wird durch die mittlere Anzahl der Prozesse in der Warteschlange ermittelt. Die Ausfallzeiten werden durch Verfügbarkeitskennzahlen angegeben. Dazu gehören die Anzahl der Ausfälle, die mittlere Ausfalldauer, die mittlere Zeit zwischen Ausfällen und die Verfügbarkeit als Verhältnis zwischen Betriebszeit und Gesamtzeit.

Im Kommunikationssystem werden Informationen zu "Remote Procedure Call" (RPC) und Socket Kommunikation ermittelt. Analog zu den Zugriffen auf entfernte Dateien sind die Hosts auch bei RPC-Zugriffen in einem Server/Client-Verhältnis. Server bieten Dienste als entfernte Prozeduren an. Clients benutzen entfernte Dienste. Für alle Hosts werden die Anzahl der RPC Aufrufe und die Anzahl der mißlungenen Aufrufe jeweils in ihrer Server- und ihrer Client-Rolle gemessen. Hinsichtlich der Socket Kommunikation werden Informationen über die Anzahl und den Zustand von Sockets geliefert.

3.3 Systembeobachtungszentren

Sensoren nehmen Meßwerte in den überwachten Objekten (z.B. Benutzer, Plattenpartitionen) auf und senden diese an ein SOC (vgl. Abb. 4).

Dort werden die Daten aufbereitet, aggregiert und gespeichert. Ein SOC kann wieder an ein übergeordnetes SOC berichten. Jedes SOC bietet eine Abfrageschnittstelle, über die andere Werkzeuge Statistiken erhalten können. Die Verknüpfung der SOC's muß die hierarchische Struktur eines Rechnernetzes widerspiegeln können.

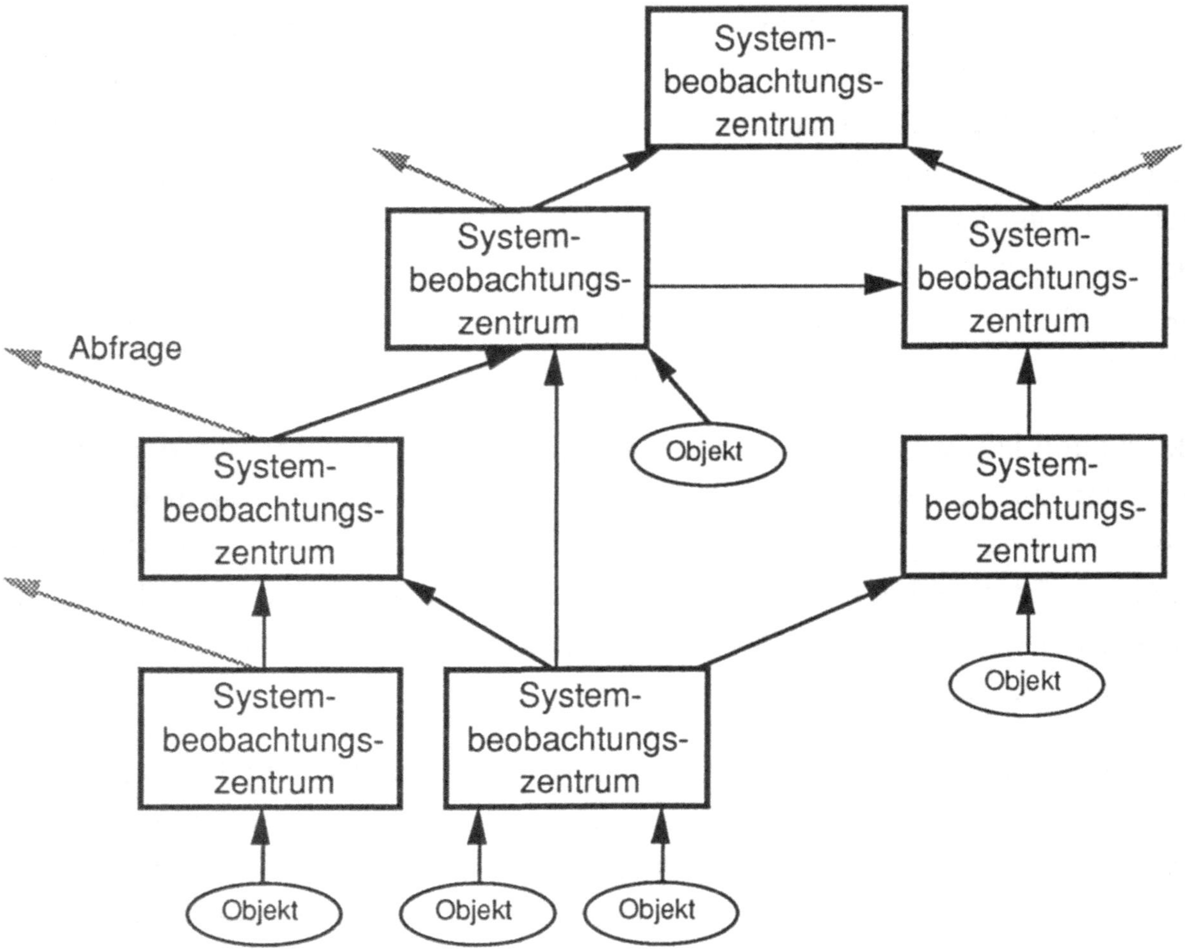

Abb. 4: Hierarchie der Systembeobachtungszentren /NeSi88/

4 Interaktive Modellierungswerkzeuge

Interaktive Modellierungswerkzeuge unterstützen den Systemadministrator bei Aufbau und Optimierung des verteilten Informationssystems. Zwei Werkzeuge stehen derzeit zur Verfügung. Das Werkzeug UsrAdm unterstützt die Modellierung auf der Ebene der Systemadministration. Das Werkzeug CONSENS dient zur Modellierung auf der Hardware-Ebene.

4.1 UsrAdm

Mit UsrAdm wird ein Modell des Systems mit seinen Hosts, Benutzern, Accounts und Gruppen erstellt. Statistiken zu Hosts und Benutzern können vom SOC abgerufen und graphisch dargestellt werden (vgl. Abb. 5 und 6).

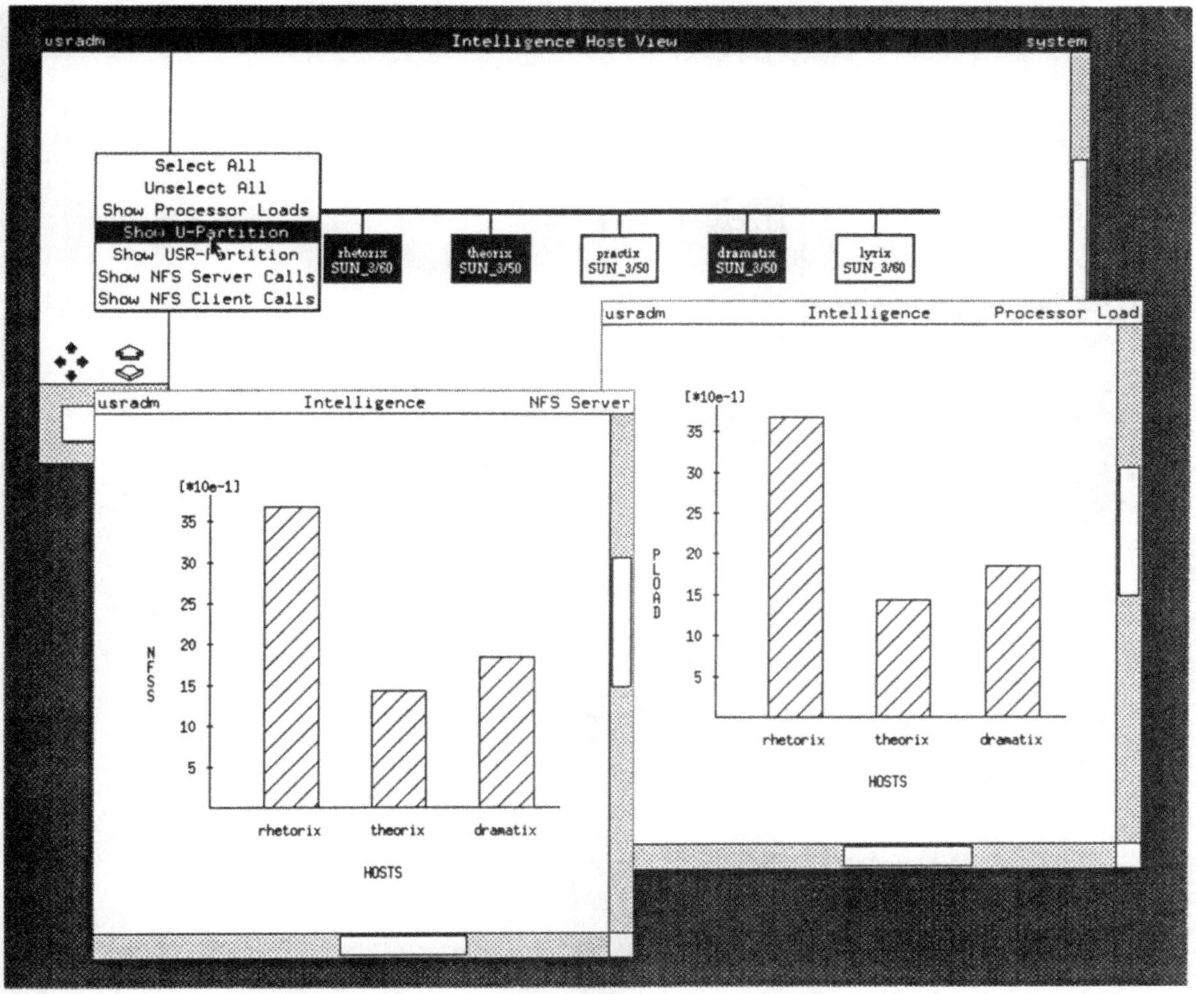

Abb. 5: Statistiken zu Hosts

Die Statistiken, die zu den einzelnen Hosts aufgerufen werden können, sind die Prozessorlast, die Größe von Plattenpartitionen und die Anzahl von NFS Aufrufen. Die Prozessorlast wird mit der mittleren Anzahl der Prozesse in der Warteschlange (pro Stunde) angegeben. Die Graphik für die NFS Aufrufe zeigt die mittlere Anzahl der Aufrufe (pro Stunde).

Für die Benutzer können Statistiken über die Benutzeraktivitäten, die Größe der Hauptkataloge angezeigt werden. Die Ermittlung des vom Benutzer bevorzugten Rechners und die Ausgabe von Änderungsvorschlägen ist möglich. Die Benutzeraktivitäten werden als mittlere Anzahl der CPU-Sekunden (pro Tag) und die Größe der Hauptkataloge in Kilobyte angegeben.

Ausgehend von diesen Informationen können Alternativmodelle erstellt werden oder kann das Systemmodell verändert werden. Änderungen im Systemmodell werden durch Effektoren im realen System umgesetzt.

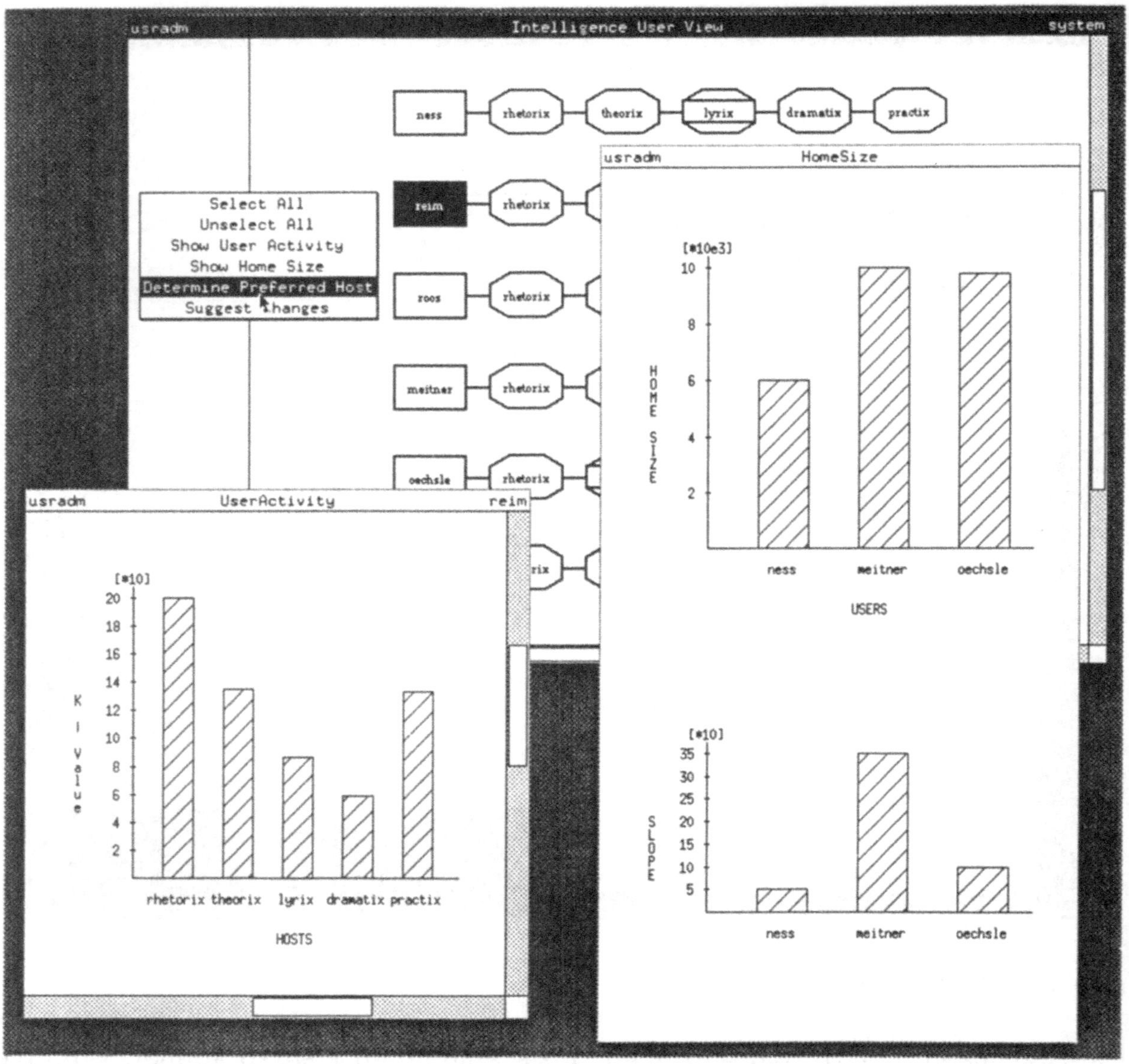

Abb. 6: Statistiken zu Benutzern

4.2 CONSENS

CONSENS ist ein Werkzeug zum Planen und Pflegen von lokalen Rechnernetzen unter dem topologischen und dem Hardware-Aspekt. Das System setzt sich aus drei Komponenten zusammen:

- Der Graphikeditor realisiert eine graphische Oberfläche zur Darstellung und Manipulation des Netzes.

- Der CONSENS-Kern enthält die Mechanismen, die die Konfigurierungsregeln interpretieren und die netzbeschreibende Datenstruktur bearbeiten.

- Das Datenhaltungssystem ermöglicht das Abspeichern und Laden der erstellten Netzbeschreibungen.

Konfigurierungswissen

CONSENS soll als Konfigurator für verschiedene Netz- und Gerätetypen einsetzbar sein. Um diese Flexibilität zu erreichen, wurde ein wissensbasierter Ansatz verfolgt. Es wurde eine Beschreibungssprache entworfen, in der das Konfigurierungswissen für die verschiedenen Geräte formuliert ist. In dieser Sprache können einzelne Eigenschaften der Gerätekomponenten beschrieben und in logischen Ausdrücken verknüpft werden. Folgende Relationen können zwischen den modellierten Komponenten definiert werden:

- hw_requires: gibt an, welche Komponeten von einer anderen benötigt werden

- slot_requires: gibt an, welche Slots von einer Komponente belegt werden

- slot_creates: gibt an, welche Slots durch das Installieren einer Komponente erzeugt werden

In dem folgenden Beispiel wird ein Ausschnitt aus einer Wissensbasis für eine Workstation dargestellt.

Beispiel:

```
(       (Grundsystem
                hw_requires
                        (Ausführung ***) and (Speicher ***)
                slot_creates
                        MonitorPlatz TastaturPlatz V.24 E/ASteckplatz E/ASteckplatz
        )
        (Ausführung
                alternatives
                        (Workstation
                                hw_requires
                                        (Tastatur/Maus) and (Monitor ***)
                        )
                        (Server
                                hw_requires
                                        (Laufwerk ***) and (not_installed Tastatur/Maus) and
                                        (not_installed Monitor ***)
                        )
        (Speicher
                alternatives
                        (8MB) (16MB) (32MB)
        )
        ...
)
```

Auch der gegenseitige Ausschluß einzelner Komponenten kann ausgedrückt werden, indem die Relation "hw_requires" mit dem Attribut "not_installed" versehen wird. Die Tatsache, daß eine Komponente in verschiedenen Ausprägungen (notiert als "alternatives") auftreten kann, wird dadurch berücksichtigt, daß sowohl eine bestimmte Ausprägung als auch eine beliebige (notiert als ***) angesprochen werden kann.

Dialogelemente

Zur interaktiven Manipulation einer Netzkonfiguration steht dem Benutzer eine graphische Bedienoberfläche mit Mehrfenstertechnik zur Verfügung (vgl. Abb. 7). Sie enthält folgende Dialogelemente:

- Fenster zur graphischen Darstellung der Netzkonfiguration
- Formulare zur Ein- und Ausgabe von Daten
- Depots mit vorkonfigurierten Elementen
- Menüs zum Aufrufen der Funktionen.

In einem Fenster wird jeweils ein topologischer Ausschnitt des Netzes dargestellt. Es können parallel mehrere Fenster auf verschiedenen Hierarchieebenen bearbeitet werden. Über die Formulare können textuelle Zusatzinformationen ein- und ausgegeben werden, die graphisch nicht darstellbar sind. Die Depots enthalten vorkonfigurierte Elemente, die mit Minimalkonfigurationen oder mit vom Benutzer festgelegten Defaultkonfigurationen ausgestattet sind. Zum Aufruf der Funktionen stehen statische Menüs und Pop-Up-Menüs zur Verfügung.

Arbeitsweise

Der Benutzer erstellt eine Konfiguration, indem er die benötigten Elemente aus den Depots entnimmt und in das Netz einfügt. Dann kann er die HW-Eigenschaften der einzelnen Rechner modifizieren. CONSENS überprüft dabei zunächst lokal für jeden Rechner, ob der gewünschte Ausbau zulässig ist. Ist dies der Fall, wird überprüft, ob die Konsistenz der Gesamtkonfiguration erhalten bleibt. Notwendige Folgeaktionen werden nach Möglichkeit automatisch durchgeführt. Ergeben sich durch die Umkonfigurierung widersprüchliche Anforderungen, werden dem Benutzer die möglichen Alternativen angezeigt und er wählt die gewünschte Alternative aus. Die fertige Netzbeschreibung kann abgespeichert und später wieder geladen und modifiziert werden.

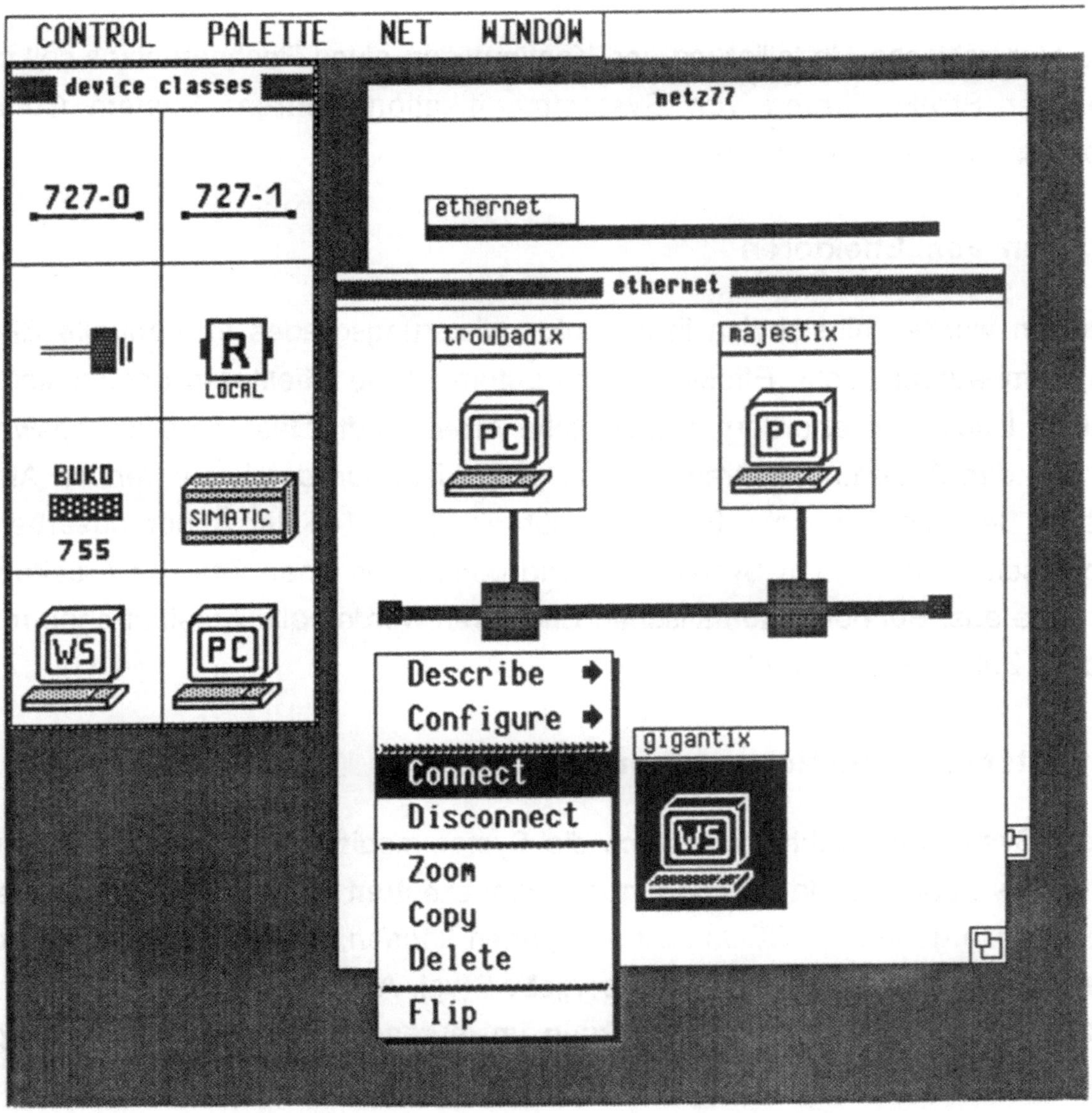

Abb. 7: Bedienoberfläche von CONSENS

5 Umsetzung des Systemmodells

Das mit den Modellierungswerkzeugen erstellte Systemmodell muß in der realen Welt durch Systemmodifikation umgesetzt werden. Die Umsetzung wird durch Effektoren angestoßen.

5.1 Anforderungen an die Systemmodifikation

Für die Systemmodifikation müssen zwei wesentliche Anforderungen erfüllt sein:

- Die Systemmodifikation muß transaktionsorientiert sein. Da ein Änderungsauftrag im allgemeinen Fall aus einer Reihe voneinander abhängiger Aktionen an verschiedenen Stellen des verteilten Informationssystems besteht, müssen Änderungsaufträge als Transaktion durchgeführt werden.

- Die hierarchische Modellierung und Konfiguration eines Rechnernetzes soll sich bei der Strukturierung von Systemmodifikationszentren (System Control Centers, SCCs) widerspiegeln.

5.2 Arten von Effektoren

Effektoren werden hinsichtlich ihres Automatisierungsgrades in manuelle Effektoren, semi-automatische Effektoren und automatische Effektoren unterschieden. Manuelle Effektoren erfordern menschliche Arbeitskraft. Das Modellierungswerkzeug gibt den Änderungsauftrag in Form einer Liste von durchzuführenden Aktionen aus. Semi-automatische Effektoren führen einen Teil der Änderungsarbeiten automatisch im laufenden System aus und geben nur einen Teil der Arbeiten in einer Liste aus. Bei den automatischen Effektoren werden alle Arbeiten ohne menschliches Zutun durchgeführt.

5.3 Systemmodifikationszentren

Wie die Systembeobachtung ist auch die Systemmodifikation hierarchisch strukturiert. Dies bedeutet, daß Systemmodifikationszentren (System Control Centers, SCC) an untergeordnete SCCs Aufträge geben können, die diese ausführen oder wiederum an untergeordnete SCCs übergeben (vgl. Abb. 8). Die Ausführung eines Modifikationsauftrags, d.h. die Änderung im laufenden Informationssystem geschieht durch Ansteuerung von Effektoren in verwalteten Objekten.

6 Ausblick

Ziel ist zunächst, in das bisher rein planerische Werkzeug CONSENS die Dienste SOF und SCF zu integrieren, die am laufenden Netz arbeiten. Die funktionalen Anforderungen und die Implementierungsgrundlagen wurden bereits festgelegt. Zum Handhaben dieser Dienste stellt CONSENS dem Benutzer weitere Dialogelemente mit folgender Funktionalität zur Verfügung:

- Abrufen der von SOF ermittelten Daten

- Darstellung dieser Daten als Tabellen und in Form von Graphiken

- Anstoßen der SCF-Aktivitäten.

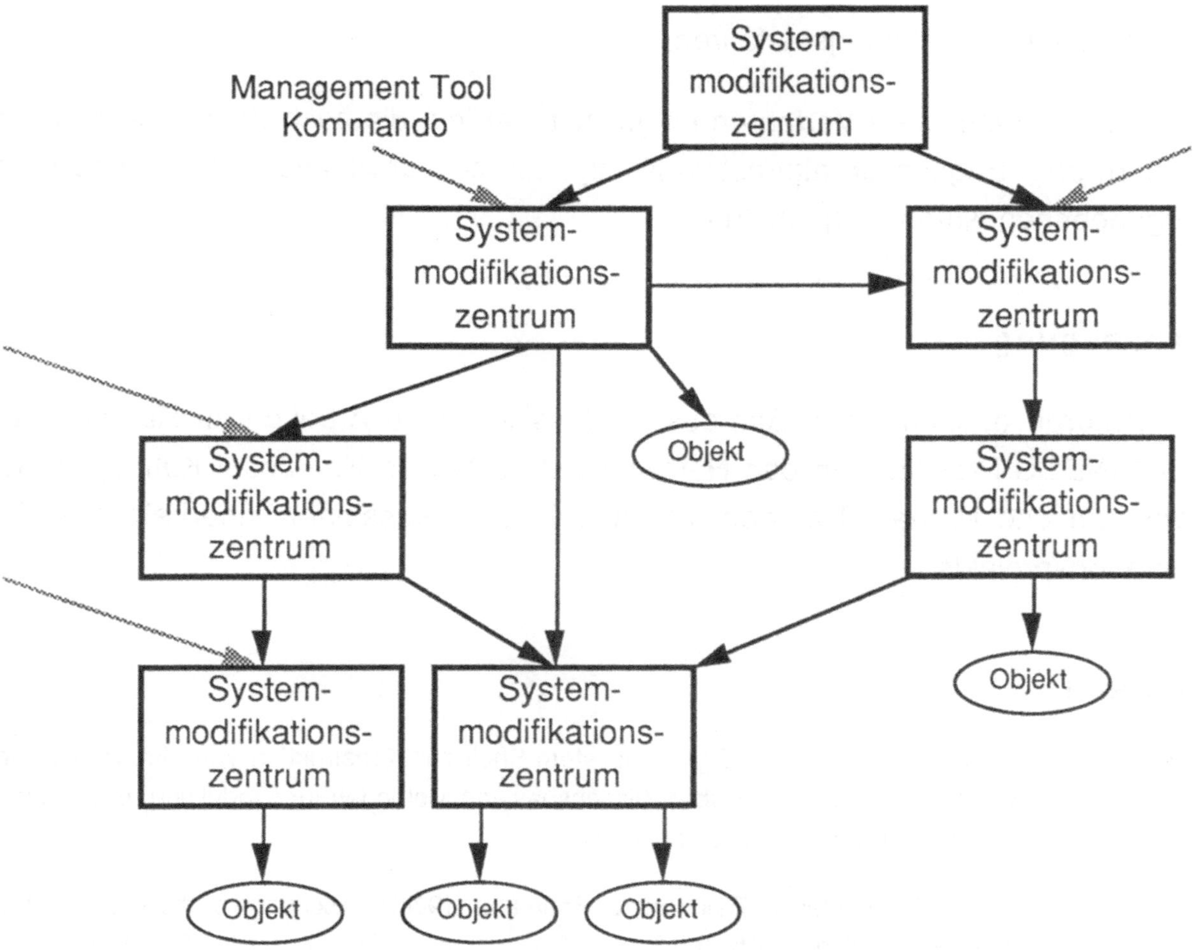

Abb. 8: Hierarchie der Systemmodifikationszentren /NeSi88/

Als weitere Schritte sind funktionale Erweiterungen der SOF und SCF vorgesehen.

- Anwendungsbezogene Sensoren und Effektoren

Neben den bisherigen rein systembezogenen werden auch anwendungsbezogene Sensoren und Effektoren eingeführt. Ein Sensor kann beispielsweise die Häufigkeit und Dauer ermitteln, mit der einzelne Benutzer oder Benutzergruppen eine bestimmte Funktionssoftware benutzen. Der zugehörige Effektor kann dann die Software entsprechend den daraus abgeleiteten Anforderungen verlagern.

- Grad der Automatisierung erhöhen

Die SOF braucht nicht stets von den übergeordneten Komponenten aufgerufen zu werden, sondern können auch aus eigener Initiative aktiv werden, indem sie beispielsweise beim Eintreten bestimmter Ereignisse einen Alarm generieren. Automatisierte Effektoren können selbständig die notwendigen Konfigurierungsmaßnahmen durchführen.

- Einsatz von Optimierungsverfahren

Es können komplexere Verfahren eingesetzt werden, die nach dem Erkennen von Fehlern oder Engpässen alternative Konfigurierungsvorschläge ermitteln und nach vorgegebenen Kriterien optimieren.

Danksagung

Die Autoren danken Herrn Andreas J. Ness für seine Arbeiten im Rahmen des COMANDOS Projekts und den Herren Karsten Becker, Karl-Josef Kuhn, Dietmar Lehmann und Michael Rathgeb für zahlreiche Diskussionen innerhalb des Kooperationsprojekts.

Literatur

/LeTe88/ D. Lehmann, V. Teuber, Expertensystem-Shell zur Konstruktion von Netzwerken, in: WIMPEL 88, 1. Konferenz über Wissensbasierte Methoden für Produktion, Engineering und Logistik, Teubner Verlag Stuttgart.

/NeSi88/ A.J. Ness, M. Siegler, F. Reim und J. Baumann (1988): Description of the Prototypes of System Observation Facility and System Control Facility for a Distributed Office System.

GPSR Compliance

The European Union's (EU) General Product Safety Regulation (GPSR) is a set of rules that requires consumer products to be safe and our obligations to ensure this.

If you have any concerns about our products, you can contact us on ProductSafety@springernature.com

In case Publisher is established outside the EU, the EU authorized representative is:

Springer Nature Customer Service Center GmbH
Europaplatz 3
69115 Heidelberg, Germany

Batch number: 10845484

Printed by Printforce, the Netherlands